TEMPFER-REL.

QUATRIÈME ÉDITION

LA PROCHAINE GUERRE

LA REVANCHE

PAR

Le Général X***

PARIS
A. LÉVY ET Cie, ÉDITEURS
9, PASSAGE SAULNIER, 9
—
1885

LA REVANCHE

IMPRIMERIE ÉMILE COLIN, A SAINT-GERMAIN

GÉNÉRAL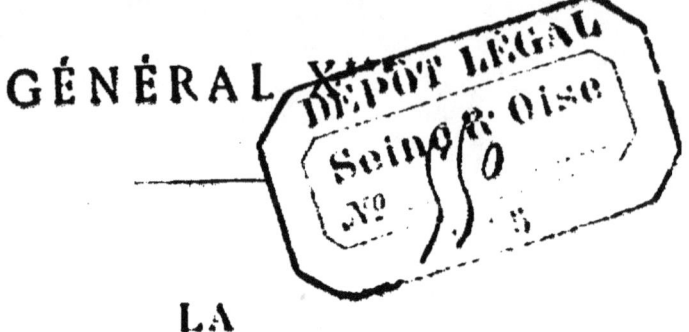

LA

REVANCHE

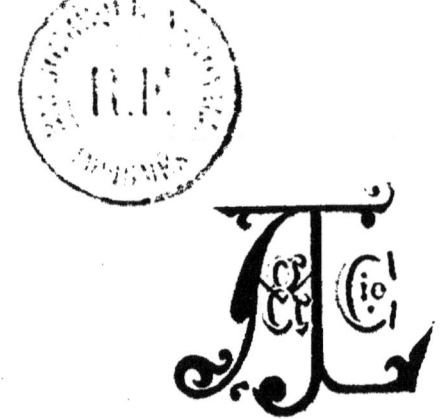

PARIS

A. LÉVY ET Cⁱᵉ, ÉDITEURS

9, PASSAGE SAULNIER, 9

1885

A LA PATRIE

C'est au pays, c'est à la Patrie que je dédie ce livre.

J'espère qu'il sera digne de son objet, — au moins dans l'intention.

La forme fantaisiste, dont j'ai cru devoir le revêtir, en quelques-unes de ses parties, n'est qu'un habit destiné, non pas à dissimuler la vérité, mais à la rendre d'aspect moins sévère.

J'ai écrit ce livre, parce que je le crois bon, utile, nécessaire même.

« Ce n'est pas un droit, a dit Paul-Louis

Courier, c'est un devoir, étroite obligation de quiconque a une pensée, de la produire et mettre au jour pour le bien commun. »

C'est pour obéir à ce devoir, dont parle Paul-Louis, que je publie cet ouvrage, et non dans un but de spéculation.

Aussi, loin d'exciter les passions, me suis-je attaché à faire, dans la mesure du possible, une œuvre de conciliation et d'apaisement, ma seule ambition étant de servir les intérêts de mon pays.

Je m'adresse à tous les hommes de sincérité et de bon vouloir, aux patriotes, aux Français vraiment dignes de ce nom.

Quant à ceux qui placent leurs intérêts de parti ou leurs avantages personnels au-dessus de la cause nationale, je les renie pour mes concitoyens.

Qu'ils ne lisent point ce livre, il est écrit non pour eux, mais contre eux.

Que se passe-t-il à l'heure présente? Que voyons-nous, que pouvons-nous prévoir? Quelles trames ourdit-on contre la France? Quels sont les événements qui se préparent? Voilà les questions qui se posent et que tout sincère patriote cherche à résoudre.

Je n'ai pas la stupide prétention de me faire passer pour un prophète, ni l'impudence d'affirmer que l'avenir consacrera absolument l'authenticité de cette histoire de demain qu'on va lire, mais je puis sans témérité oser dire que toutes mes prédictions ne seront point vaines, attendu qu'elles ne s'écartent pas un moment de la logique des faits et que, quelles que soient les circonstances inattendues qui peuvent se produire, il y a dans la vie des peuples, aussi bien que dans celle des individus, des lois inéluctables dont les effets ne sauraient être modifiés.

Je ne suis pas de ces pessimistes qui voient tout en noir et vont semant autour d'eux la défiance et le découragement, mais je ne suis pas non plus de ceux qui voient tout en rose et marchent aux abîmes la bouche souriante et le cœur léger.

Exagérer le péril est parfois une faute, le nier est souvent un crime.

Je sais bien que la plupart des optimistes sont inconscients; mais, à côté des aveugles, à côté des ignorants ou des fous, il y a les endormeurs, les panégyristes des sécurités trompeuses, les apôtres de l'insouciance et du bien-vivre quand même.

Ces derniers, je n'hésite pas à le proclamer, sont les pires ennemis d'une nation : ils en sont le fléau.

Sans vouloir enfin jeter le cri d'alarme, il me paraît opportun de dire aux patriotes : « Sentinelles du pays, veillez! »

*
* *

Dans la séance du 22 décembre 1883, M. Barodet a prononcé, à la Chambre des députés, les paroles suivantes :

« Souvenez-vous que les ennemis de la République ont deux points faibles pour l'atteindre, pour la frapper : la trouée territoriale des Vosges et la trouée politique de la Constitution. »

Ces paroles sont d'une saisissante actualité.

Oui, la République française est, à l'heure actuelle, en butte à deux périls également redoutables : le péril extérieur et le péril intérieur ; c'est-à-dire au dehors l'Allemagne, au dedans l'orléanisme.

Je m'explique.

Personne ne niera que, depuis 1870, l'épée de l'Allemagne ne reste suspendue au-dessus de la France. Bien des gens cependant s'obstinent à penser qu'à l'intérieur du moins, la République ne court aucun danger. C'est là une grave erreur.

La Constitution monarchique de 1875 n'a organisé qu'une République nominale. Si au fronton de l'édifice on peut lire ces mots : Liberté, Égalité, Fraternité, il est hors de doute que les clefs du portail sont restées entre les mains des monarchistes. J'entends d'ici les objections.

Les hommes qui sont actuellement au pouvoir sont républicains, dira-t-on. — La majorité du Parlement est républicaine, ajoutera un autre. D'accord, mais qu'est-ce que cela prouve?

Un Deux-décembre est bien vite fait.

Les orléanistes n'ont pas la crânerie des Bonapartistes? Soit, mais ils ont l'argent.

Non qu'ils songent le moins du monde à éventrer leur caisse et à jeter dans la circulation les quarante-huit millions qu'ils se sont si patriotiquement fait octroyer par la France aux abois, après la guerre.

Ce serait mal les connaître que de leur prêter un pareil projet. Les orléanistes font de la corruption, cela est certain; ils payent les concours dont ils peuvent avoir besoin, cela est sûr, mais toujours avec l'argent des autres, jamais avec le leur, — voilà ce qui est plus vrai encore.

L'orléanisme est tout entier dans cette parole de M. Guizot : « Enrichissez-vous ! c'est-à-dire agiotez, tripotez, pillez, faites argent de tout. La fortune, la richesse avec son cortège de jouissances et de vices, tel doit être l'objectif de tout effort humain. Est-il étonnant qu'avec de pareilles maximes la monarchie de Juillet ait conduit la France où nous l'avons vue. On peut le dire, c'est sur le fumier orléaniste qu'est poussé le champignon vénéneux du second empire.

Ceux qui m'ont déjà reproché d'avoir servi l'empire et dont la mauvaise foi ne désarme pas, ne manqueront pas de s'étonner du langage que je viens de tenir. Qu'ils s'étonnent à leur aise, je ne leur ferai pas l'honneur d'y prendre garde. Soldat, j'ai servi mon pays et non pas les partis au pouvoir. Républicain militant, je ne pouvais l'être. L'uniforme que je portais, le respect de la discipline, tout m'interdisait de me mêler aux luttes politiques. Le soldat n'a pas même le droit de vote, comment pourrait-il prendre position dans les querelles de partis. Cependant, j'ai toujours aimé la liberté par instinct et par nature, et je puis dire que, dès ma prime jeunesse, je n'ai jamais cessé d'être animé de sentiments républicains.

Je hais le régime orléaniste autant comme soldat que comme républicain, car son plus grand crime est d'avoir énervé chez nous le patriotisme.

Quand des hommes en arrivent à faire de l'égoïsme et de la soif d'argent la règle d'une nation, lorsque l'enthousiasme patriotique a fait place aux fièvres de la spéculation, les liens de solidarité qui unissent les citoyens se relâchent et l'idée de patrie finit peu à peu par s'effacer des cerveaux. Lorsque la gangrène a complété son œuvre et gagné le pays tout entier, c'en est fait : le peuple est mûr pour toutes les servitudes.

Est-ce à dire que nous en soyions là ?

Grands dieux ! non.

S'il en était ainsi, il ne resterait plus aux derniers Français qu'à aller se noyer, mais il n'en est pas moins vrai que le *mal orléaniste* a fait de profonds ravages dans le pays, et qu'il est temps, grand temps d'y remédier.

Veut-on une preuve de ce que j'avance?

Il s'est fondé chez nous, depuis quelques années, une *Ligue des patriotes.* Certes, personne plus que moi n'applaudit à la pensée généreuse qui a inspiré la création de cette ligue.

Mais n'est-il pas étrange que dans un pays comme le nôtre, il ait été nécessaire de fonder une ligue de ce genre?

Une ligue des patriotes!...

Est-ce que cette ligue ne devrait pas se confondre avec la nation elle-même? Est-ce qu'elle ne devrait pas être naturellement formée de tous les membres de la famille française?

Les fondateurs de cette ligue ont donc jugé indispensable de réveiller le patriotisme français?

A quoi attribuer cette somnolence coupable

dont quelques citoyens de cœur ont entrepris de nous tirer, si ce n'est à l'influence néfaste de l'esprit orléaniste ?

*
* *

Reste le péril allemand.

Je crois qu'il est inutile d'entrer dans de longs développements à ce sujet.

Je me bornerai à rappeler les incidents qui ont signalé ces derniers temps et qui se rattachent à la politique extérieure. L'arrivée du roi d'Espagne à Paris au lendemain de sa nomination comme colonel d'un régiment de uhlans, a déchiré le voile qui recouvrait jusqu'alors la politique allemande. A partir de ce jour il fut bien évident que l'Allemagne entrait dans l'ère des provocations. C'est à cette même époque, on s'en souvient, que M. de Bismarck fit arrêter le vaillant député de Metz, M. Antoine, dans l'espérance qu'une émeute, ou tout au moins une manifestation se produirait en Alsace-Lorraine et aurait en France un contre-coup favorable à ses projets. La sagesse populaire déjoua ces calculs, ce que voyant, M. de Bismarck s'avisa d'exploiter les sifflets qui avaient accueilli à Paris son nouvel allié, le roi Alphonse XII. M. Jules Ferry, si arrogant avec la Chine, le fut beaucoup moins avec l'Allemagne. Pour désarmer le Teuton, il n'hésita pas à sacrifier un ministre de la guerre dont la récente tournée d'inspection sur notre frontière de l'Est avait éveillé les susceptibilités ombrageuses de l'Allemagne.

Il y eut une accalmie dont nos vainqueurs profitèrent pour donner une impulsion nouvelle à leurs préparatifs militaires. Je tiens de source absolument sûre que pendant les mois d'octobre et novembre derniers, l'armée prussienne fut littéralement surmenée par des manœuvres de toutes sortes et qu'elle opéra une série de mouvements destinés à rapprocher les différents corps des points de concentration arrêtés par l'état-major. Le mois de décembre fut signalé par les voyages du prince impérial d'Allemagne en Espagne et en Italie.

Je n'ai pas besoin d'insister sur la signification de ces voyages. J'aurai d'ailleurs l'occasion d'y revenir plus tard.

Je rappellerai seulement que le prince impérial d'Allemagne profita de son séjour en Espagne pour se rendre à Séville, où il fut reçu par le duc de Montpensier, oncle du comte de Paris.

Voici les paroles que prononça à cette occasion le prince impérial d'Allemagne en s'adressant à son hôte :

« Au moment présent, l'union s'impose à tous les souverains contre l'ennemi redoutable qui les menace tous indistinctement : la Révolution. Toutes les maisons royales doivent s'allier contre l'ennemi commun, et, quand je dis : *toutes*, monseigneur, ma pensée s'étend à la maison royale de France, dont votre gendre et neveu est aujourd'hui le digne et honoré chef. »

C'est assez clair.

N'oublions pas que le comte de Paris s'est rendu cet hiver en Espagne pour y visiter le roi d'Espagne, et son oncle et beau-père le duc de Montpensier.

Niera-t-on maintenant qu'il y ait entente entre les ennemis de la France et les d'Orléans et qu'il était urgent d'expulser ces derniers des rangs de l'armée française ?

∴

Dernièrement, M. Ruchonnet, président de la Confédération helvétique, a porté, à l'issue d'un banquet militaire, un toast qui se terminait ainsi :

« Quant à l'époque où ces guerres éclateront, nul ne pourrait la préciser. Les uns la disent prochaine, d'autres la prévoient pour le printemps, d'autres assignent encore deux ans de repos à l'Europe. »

D'un autre côté, et à la même époque, le

général Wolseley tenait le langage suivant en Angleterre :

« Les rêveurs seuls ne s'aperçoivent point qu'une terrible guerre, à laquelle presque toute l'Europe prendra part, est en train de se préparer. »

On voit que nos voisins n'ont aucune illusion sur les événements que l'avenir tient en réserve.

Serons-nous moins clairvoyants qu'eux. Je ne le crois pas autrement, après nos effroyables désastres de 1870, il faudrait désespérer que la France profitât jamais des leçons du passé.

Quoi qu'il en soit, le livre que je publie aujourd'hui paraît à son heure. L'heure des grands devoirs est près de sonner.

Puissent les salutaires avertissements que le lecteur trouvera dans les pages qu'on va lire porter leurs fruits. Ma seule ambition est d'apporter une pierre, si modeste soit-elle, au relèvement de la France. J'aurai atteint mon but et je serai assez payé de mes efforts si ce livre a le pouvoir de secouer les torpeurs de quelques indifférents et de leur inspirer la haine des traîtres à la patrie.

Général X***.

Janvier 1884.

PREMIÈRE PARTIE

LA PROCHAINE GUERRE

LA COALITION

LA PRÉFACE DES ÉVÉNEMENTS

. . . .

Ce fut comme un coup de foudre.

L'Allemagne avait rompu toutes relations avec notre ambassadeur à Berlin. On n'en fut informé qu'en apprenant la mobilisation de l'armée allemande.

La guerre contre nos ennemis de 1870 allait donc recommencer.

Ne pouvant aboutir cette fois qu'à l'écrasement définitif de la France ou à la dislocation de l'empire germanique, elle devait être implacable de part et d'autre.

Comment cette explosion s'était-elle produite ?
Ici quelques explications sont nécessaires.

Depuis longtemps, M. de Bismarck avait comploté la perte de la République française. Tant que nos divisions intérieures lui donnèrent l'espérance que la République ne parviendrait jamais à s'affermir en France, il demeura, au moins en apparence, spectateur indifférent de nos luttes politiques.

Il avait encouragé secrètement les tentatives de restauration monarchique du 24 mai et du 16 mai; ces tentatives avortées, il reprit son rôle expectant, convaincu que, quoi qu'il dût arriver, la chute de la République était inévitable.

Il ne tarda pas à reconnaître son erreur.

Déjà, en 1871, il s'était singulièrement abusé lorsqu'il avait cru porter à la France un coup dont elle ne se relèverait jamais.

La rapidité avec laquelle nous avons reconstitué notre matériel de guerre, et réparé la brèche faite à nos finances par les milliards payés à son empereur, lui prouvèrent qu'il avait peut-être faussé, mais nullement brisé le ressort de la nation française.

En tablant sur la chute de la République, il ne se berçait point d'une moindre illusion. Il s'en aperçut et imprima aussitôt à sa politique une direction nouvelle.

Des signes certains de l'influence française sur le mouvement des esprits en Europe lui donnaient d'ailleurs de graves sujets d'inquiétude.

M. de Bismarck comprit que par sa seule existence et par son affermissement en France, ce berceau de la Révolution, la République était une menace permanente pour le principe monarchique et compromettait la sécurité des trônes européens.

Déjà, l'Italie et l'Espagne, nos sœurs latines, se signalaient par des velléités d'indépendance et par des tendances d'affranchissement. Dans ces deux pays, l'idée démocratique avait fait de rapides progrès.

L'Allemagne, elle-même, se trouvait atteinte par la contagion.

Le parti libéral allemand était devenu assez puissant pour oser manifester ses aspirations, pour mettre en échec la politique intérieure du grand chancelier et rendre douteuse la victoire du gouvernement impérial aux prochaines élections.

D'un autre côté, la Hongrie s'agitait; l'hégémonie de la maison d'Autriche sur les provinces danubiennes se trouvait ébranlée.

Un vent de liberté soufflait sur l'Europe.

Le vieux monde craquait de toutes parts, les trônes vermoulus s'effritaient et menaçaient de s'écrouler et de s'engloutir sous le flot montant des démocraties.

L'heure semblait proche où les peuples, arrivés à l'âge de majorité, secoueraient le joug de leurs avides tuteurs, procéderaient eux-mêmes à l'administration de leur fortune, à la direction de leurs affaires et se déclareraient seuls responsables de leurs destinées.

M. de Bismarck comprit que la lutte suprême allait s'engager entre le principe dynastique et le principe républicain, entre les maîtres et les sujets et qu'il y avait des chances pour que la victoire restât à ces derniers.

C'est à partir de ce moment qu'il résolut d'atteindre l'idée républicaine à son foyer, c'est-à-dire en France, et d'écraser, dans l'œuf, en quelque sorte, l'aigle naissant des souverainetés populaires.

Il commença par nous isoler, en contractant des alliances avec les grands États européens. Par son entente avec les rois d'Italie et d'Espagne, il réussit à nous enfermer dans un cercle d'hostilités politiques et à menacer chacune de nos frontières.

Par son traité avec l'Autriche, il s'assura, pour ainsi dire, contre le danger d'une alliance entre la Russie et la France.

La quadruple alliance fut donc une œuvre de réaction internationale. C'est ainsi que M. de Bismarck devint, en réalité, le chef et le pivot de la ligue monarchique contre les aspirations démocratiques et les partis de protestation.

Malgré l'immensité des forces qu'il était arrivé à grouper, le grand chancelier ne se tenait point encore pour entièrement rassuré sur l'issue de la lutte qu'il méditait d'entreprendre.

La France n'était plus ce qu'elle était en 1870.

Elle avait, en grande partie du moins, reconstitué son armée. Ses armements étaient considérables, ses lignes de défense présentaient un front redoutable.

De plus, son énergie et sa vitalité, énervées par vingt ans d'empire, s'étaient retrempées dans la République.

La grande vaincue était sortie régénérée de ses désastres, et se dressait aujourd'hui devant le colosse allemand, calme et fière, prête aux luttes nouvelles, confiante désormais dans la force de son épée et de son droit.

Si tous ses enfants étaient unis, s'ils marchaient ensemble à la frontière, émus d'un même enthousiasme patriotique, avec l'élan sublime que donne seul l'amour de la liberté, s'ils retrouvaient enfin, en présence du danger commun, les énergies de leurs ancêtres de Valmy et de Jemmapes, il était à craindre qu'en dépit de leur masse, les armées coalisées ne subissent le sort des armées de Cobourg et que le triomphe des soldats de la République française ne fût la ruine immédiate et définitive des pouvoirs absolus en Europe.

Mais si, au contraire, les ambitions et les haines de partis pouvaient semer la division en France, s'il était possible de fomenter dans son sein des conspirations contre l'ordre politique établi, si enfin la France pouvait être attaquée à revers et frappée dans le dos, pour ainsi dire, par des dissidents et des traîtres, il y avait des chances pour que la République, ayant à faire face à deux dangers, à l'ennemi du dehors en même temps qu'à l'ennemi du dedans, fût écrasée dans l'étau.

M. de Bismarck se souvint qu'après la mort du fils de Napoléon III et du comte de Chambord, les princes d'Orléans étaient les seuls représentants de la monarchie en France, qu'ils avaient donné la mesure de leur patriotisme en se faisant octroyer par l'Assemblée nationale, et au lendemain de nos désastres, quarante-huit millions ; il se rappela aussi qu'ils avaient du sang allemand dans les veines, et qu'en conséquence ils étaient pour lui des alliés naturels.

Ils étaient désignés pour entrer dans la grande alliance monarchique qui avait pris à tâche de ruiner l'idée républicaine.

L'entente devait se faire : elle se fit.

Le voyage du prince Fritz en Espagne au mois de décembre 1883 en a été la preuve.

On se souvient des paroles que le prince impérial d'Allemagne adressa au duc de Montpensier, au moment où il prit congé de lui à Séville.

A ce propos, nous citerons le passage d'un article qui parut à cette époque dans un journal espagnol, la *Discussion* :

« On sait que l'ambition constante du duc de Montpensier a été d'élever au trône un membre de la famille d'Orléans. Ne pouvant réaliser ce vœu en Espagne, il a jeté les yeux du côté de la France, espérant profiter d'une situation troublée pour asseoir sur le trône de France son neveu le comte de Paris, avec le concours des baïonnettes des monarchies autoritaires, etc. »

Ajoutons que, peu de temps après, le comte de Paris, ayant acheté une magnifique résidence à Séville, vint s'installer auprès de son oncle et beau-père, se souciant peu de rester en France, où sa sécurité aurait pu être compromise le jour où la conspiration orléaniste eût été découverte.

La prudence de MM. d'Orléans n'a jamais été prise en défaut.

L'union monarchique ainsi constituée et fonctionnant dans les conditions que je viens d'indiquer, il ne restait plus à trouver qu'un motif plus ou moins plausible d'une prise d'armes contre la France.

Il ne fallait pas compter sur une agression de celle-ci.

La paix est l'intérêt des peuples libres, et, d'ailleurs, toute guerre offensive est incompatible avec le principe même des Républiques.

Il était donc nécessaire de créer des prétextes.

On y travailla sans relâche et sans succès, il faut le dire.

Mais l'empereur Guillaume étant mort sur ces entrefaites, on se décida à agir sans plus attendre.

Avec le vieil empereur avaient disparu les dernières hésitations de ceux qui craignaient de compromettre, par un échec, le prestige du glorieux fondateur de l'empire allemand.

Les intrigues des d'Orléans avaient porté leurs fruits en France.

L'administration et l'intendance de l'armée étaient peuplées de leurs créatures. Tous les services publics étaient aux mains de gens à leur dévotion.

Les ministres eux-mêmes, par haine du radicalisme, s'étaient rapprochés d'eux et leur avaient livré les secrets d'État.

Les mêmes hommes qui, naguère encore, saluaient dans Gambetta l'incarnation du patriotisme, trahissaient aujourd'hui, pour des honneurs et des fonctions, leur patrie trop confiante.

Plutôt que de s'incliner devant la volonté du pays, et de céder la place aux représentants des idées nouvelles, ils avaient préféré unir leur cause à celle des monarchistes et spéculer, dans leur monstrueux égoïsme, sur de nouveaux désastres nationaux, afin de retenir entre leurs mains au moins quelques parcelles du pouvoir qui était sur le point de leur échapper sans retour.

D'un autre côté, le pape s'était souvenu de la visite que lui avait faite le nouvel empereur, au mois de décembre 1883, alors qu'il n'était encore que prince héritier. Par ses évêques, le clergé avait reçu l'ordre de travailler plus activement que jamais à la ruine de la République libre-penseuse ou athée.

Ce n'est pas tout encore.

L'Allemagne avait trouvé dans les rangs des anarchistes de précieux auxiliaires. Un grand nombre de ces ouvriers en redingote, qu'on ne vit jamais travailler, vivaient de ressources inconnues, passant leur temps à fomenter de ridicules émeutes et à semer l'inquiétude et le trouble dans le monde paisible des travailleurs.

En créant le péril anarchiste et, en le présentant comme le fruit naturel des libertés démocratiques, le machiavélisme allemand se réservait de l'exploiter contre la France au nom de la sécurité générale menacée par les négateurs de tout ordre social.

Les divers complots où la dynamite joua un rôle fournirent à l'Allemagne l'occasion de s'ériger en gendarme des nations.

Sous prétexte de péril européen, le gouvernement allemand fit des concentrations de troupes sur son territoire et renforça les corps d'armées postés aux frontières.

A cette nouvelle, plusieurs députés français s'émurent et menacèrent le gouvernement de l'interpeller, s'il n'obtenait des explications catégoriques de l'ambassade allemande.

Le gouvernement promit d'en référer au prince de Hohenlohe.

Ce dernier était absent de Paris depuis quelques jours. On télégraphia à Berlin.

Tandis qu'on attendait la réponse de notre ambassadeur, un mouvement insurrectionnel éclata en Espagne, à peu de distance de notre frontière en Biscaye.

En même temps, un complot anarchiste éclatait au Creuzot et un autre à Francfort.

Dans cette dernière ville, deux postes de police sautèrent presque à la même heure.

Au Creuzot, des mains restées inconnues firent sauter, à l'aide de dynamite, la façade de la mairie.

Il y eut une échauffourée et de nombreuses arrestations furent opérées.

Ces événements s'étaient à peine accomplis que de graves désordres éclatèrent en Alsace, à Mulhouse.

Le télégraphe apporta la nouvelle qu'un complot contre la sûreté de l'État venait d'être découvert; qu'à Mulhouse, Metz, Strasbourg, etc., on avait procédé à de nombreuses perquisitions et que plusieurs personnages, connus par leurs sentiments francophiles, venaient d'être arrêtés par les autorités allemandes.

L'émotion causée par ces pénibles nouvelles était loin d'être calmée quand on apprit tout à coup que nos relations diplomatiques étaient rompues avec Berlin et que l'armée allemande venait de recevoir des ordres de mobilisation.

A PARIS

M. de Bismarck disait, avant 1870, au colonel Stoffel, notre attaché militaire à Berlin :

« Jamais nous ne voudrons la guerre, il faudra que vous veniez nous tirer des coups de fusil, chez nous, à bout portant. »

Le Machiavel prussien, qui marchait de plus en plus dans son rêve de pangermanisme, parlait maintenant d'autre style.

Avec la fortune, l'audace était venue aux Allemands.

Ils avaient compté longtemps sur notre aventureuse témérité, et espéré que, les premiers, nous engagerions la partie. Déjoués dans leurs calculs, déçus dans leurs prévisions, ils se décidaient à sortir de l'expectative et osaient nous attaquer sans qu'aucune provocation de notre part leur eût fourni le moindre prétexte.

Il était neuf heures du soir quand parvint à Paris la dépêche annonçant le retour de notre ambassadeur. Ce fut comme une traînée de poudre. En moins d'une heure, la population tout entière connut la nouvelle.

Les théâtres, qui regorgeaient de public, car Paris même au milieu des plus terribles préoccupations, n'abdique pas son droit au plaisir, se transformèrent sur les places, dans les rues, des assemblées de citoyens se formèrent en comices. Il y eut quelques heures d'indescriptible émotion. L'enthousiasme patriotique atteignait le paroxysme, s'échauffait de l'indignation qu'on ressentait pour ces ennemis qui nous attaquaient si traîtreusement.

Paris, ce soldat toujours debout pour la patrie et pour le droit, criait : aux armes! de ses deux millions de voix. Des fanfares, des sociétés orphéoniques réunies comme par un mystérieux mot d'ordre parcouraient les boulevards, jouant et chantant la *Marseillaise*, suivies de cette foule sublime et si calomniée qui s'appelle le peuple de Paris.

Si Paris s'amuse, il travaille aussi, c'est le laboratoire des deux mondes, et comme l'a dit Théophile Lavallée, un historien peu suspect d'esprit révolutionnaire : « C'est l'âme de la France, le foyer des révolutions européennes, la métropole de la civilisation moderne, l'être multiple, passionné, intelligent, mobile, qui prend l'initiative, le fardeau et la gloire de tous les progrès, qui résume, concentre, exprime les sentiments, les idées, les intérêts, la puissance, le génie de tous. Il suffit de quelques mots tombés de cette tribune du genre humain pour éveiller chez les peuples les plus éloignés des sentiments inconnus; les idées ont besoin de passer par sa bouche pour avoir droit de cité; le froncement de ses sourcils ébranle le monde. »

Il n'y a rien à ajouter à cette éloquente appréciation. Paris, en effet, n'a jamais déserté la cause du progrès et n'a jamais combattu que pour les idées de liberté. Lorsqu'il s'indigne, c'est que l'esprit de justice est en péril.

Paris se mit donc à rugir en apprenant de quelle lâche agression la France avait à se défendre. C'est qu'il comprenait qu'au sort de la France était intimement lié celui de la civilisation. Voilà pourquoi le patriotisme français est un sentiment qui s'agrandit considérablement et qui n'a rien de commun avec l'étroitesse du patriotisme allemand. Défendre la France, ce n'est pas seulement défendre sa famille, la vie de ses enfants, l'avenir du pays, c'est défendre l'humanité tout entière.

Les pouvoirs publics se réunirent d'urgence dans la soirée. Le ministre de la guerre envoya immédiatement les ordres de mobilisation.

Le lendemain, quand le peuple de Paris, après une nuit d'angoisses et d'insomnie, redescendit dans les rues, les murs étaient couverts d'affiches contenant une proclamation du gouvernement et un décret nommant généralissime des armées françaises un général bien connu par ses opinions orléanistes. Les intrigues de MM d'Orléans avaient abouti.

Le syndicat de tripoteurs opportunistes, qui formait alors le gouvernement, était arrivé à ses fins.

Après avoir, pendant nombre de mois, mis la France en coupe réglée, après l'avoir exploitée, comme on exploite une ferme ou un placer, les plagiaires de l'empire s'étaient accrochés, cramponnés au pouvoir, dans l'espérance qu'une guerre prochaine leur permettrait bientôt de couronner leur œuvre.

Si un pays comme la France est, en temps de paix, d'un rendement avantageux pour certains Robert-Macaires, il est évident qu'une guerre est une source bien plus considérable encore de revenus.

Sous la pression des événements, on passe de gros marchés, on fait des approvisionnements hâtifs : alors, pas de contrôle, aucune des garanties qui entourent d'ordinaire les traités passés avec les fournisseurs de l'État. On n'a pas le temps de procéder à des adjudications. On traite de gré à gré et l'on empoche de fortes remises. Après cela, que la France crève ou se tire d'affaire, qu'importe? Les millions dont on a les poches pleines consolent ces patriotes des malheurs du pays.

C'est sur les ruines de la patrie que s'édifient toujours les plus magnifiques fortunes. Qu'on se rappelle 1870. Est-il beaucoup de financiers que nos désastres n'aient enrichis?

A la nouvelle de la déclaration de guerre, l'émotion fut grande à Paris surtout. Il y eut des désordres, des tentatives d'émeutes aussitôt réprimées.

L'état de siège fut proclamé pour toute la France.

Cela fait, le gouvernement déclara que Paris devait s'apprêter à subir un nouvel investissement.

Il s'efforça, il est vrai, de rassurer en même temps les populations, en affirmant que, grâce aux immenses approvisionnements qui allaient être accumulés dans la capitale, plusieurs corps d'armée pourraient trouver, sous Paris, transformé en immense camp retranché, un formidable point d'appui.

Dans ces conditions, une grande partie des forces allemandes devait être immobilisée autour de Paris, ce qui permettrait, à nos armées évoluant en province, d'organiser la défense nationale avec de grandes chances de succès.

Cependant, le premier moment d'effarement passé, la nation se ressaisit promptement et retrouva son enthousiasme patriotique des meilleurs jours de notre histoire.

Les ordres de mobilisation s'exécutaient déjà et, de tous côtés, affluaient des volontaires dont les uns n'avaient pas vingt ans, dont les autres avaient dépassé la quarantaine.

Parmi ces derniers, on remarquait beaucoup d'anciens soldats qui avaient fait la campagne de 1870.

De tous côtés, on réclamait l'organisation de compagnies franches. Le gouvernement s'y refusa.

Les corps francs, en dépit des immenses services qu'ils auraient pu rendre, étaient suspects. Qu'un mouvement politique éclatât, n'était-il pas à craindre que ces corps vinssent s'unir au peuple pour renverser le gouvernement qui n'avait su ou n'avait voulu rien prévoir, rien organiser ?

Le salut de la France ne devait-il pas passer après celui des hommes au pouvoir ?

Cette décision du gouvernement causa un sourd mécontentement dans le pays.

Cependant, en présence du péril commun, on s'abstint de toute manifestation hostile qui eût pu entraver l'œuvre de la défense.

L'ARMÉE ALLEMANDE

Avant d'aller plus loin, nous sommes obligés de dire quelques mots de l'organisation de l'armée allemande, et d'entrer dans certains détails stratégiques, afin que le lecteur puisse suivre la marche des événements qui vont se dérouler sous ses yeux. Il est nécessaire, en outre, de donner un aperçu général de la configuration géographique du théâtre de la guerre.

L'armée allemande est partagée en 18 corps

d'armée, plus une division hessoise. Aucun territoire particulier n'est affecté à la garde. Les autres corps sont répartis entre les diverses régions territoriales de l'empire d'Allemagne.

La garde comprend 8 régiments d'infanterie, 1 de fusiliers, 2 bataillons de chasseurs, 1 brigade d'artillerie (régiments, 1° et 2°, de la garde), comptant 19 batteries, dont 3 à cheval; une division de cavalerie, comprenant 8 régiments répartis en 3 brigades, savoir :

1re brigade : régiment cuirassé des gardes-du-corps et régiment de cuirassiers de la garde.

2e brigade : hussards, 1er et 3e uhlans de la garde.

3e brigade, 2e hussards, 1er et 2e dragons de la garde.

Les autres corps comprennent : 2 divisions d'infanterie à 8 régiments, quelquefois 9, 5 ou 6, etc.; 1 régiment de fusiliers, sauf les 12e et 13e corps, qui en sont dépourvus; 1 bataillon de chasseurs, sauf également ces deux derniers corps; 1 brigade d'artillerie à 2 régiments.

Une division de cavalerie est adjointe au 12e corps (Saxons); les autres régiments de cavalerie (sauf une troisième division, dite d'Alsace-Lorraine) sont formés en brigades et rattachés, seulement pour la forme, aux divisions d'infanterie.

La division hessoise se compose de 4 régiments d'infanterie; le 1er corps bavarois, de 9 régiments d'infanterie et de 2 bataillons de chasseurs; le 2ᵉ corps bavarois, de 10 régiments d'infanterie et de 2 bataillons de chasseurs.

Au total, pour l'infanterie, 147 régiments d'infanterie, 14 de fusiliers, 20 bataillons de chasseurs, soit 503 bataillons, auxquels il faut ajouter 161 quatrièmes bataillons, 5 bataillons de réserve de chasseurs, 263 bataillons mobiles de landwehr, 66 bataillons de garnison, 161 bataillons de dépôt d'infanterie, 5 bataillons de dépôt de chasseurs, 37 bataillons de dépôt de landwehr.

La plupart de ces bataillons étant de 1,000 hommes environ, l'infanterie allemande, pour 1,201 bataillons, comprend environ 1,095,000 hommes.

La cavalerie, comprenant 35 brigades (autant que de divisions d'infanterie) et la division de la garde, soit 93 régiments à 5 escadrons, autrement dit, pour l'ensemble, 465 escadrons à 150 sabres environ.

Au total, la cavalerie allemande, en y comprenant 148 escadrons de réserve (2 régiments de cavalerie de réserve par chaque corps d'armée, plus 1 régiment adjoint à la division hessoise), se compose de 613 escadrons, soit 103,000 cavaliers.

L'artillerie allemande comprend 37 régiments (1 brigade par corps d'armée, plus 1 régiment adjoint à la division hessoise et 3 attachés à la 11ᵉ brigade), formant 340 batteries.

Chaque batterie, sur le pied de guerre, compte 6 pièces. En cas de mobilisation, chaque régiment formant 2 batteries de dépôt, on voit que l'artillerie allemande se compose de 414 batteries qui, ajoutées à 54 batteries de réserve, donnent un total de 468 batteries ou de 2,808 canons.

Mentionnons en outre 10 équipages de siège comptant 1,352 pièces d'artillerie de forteresse. En somme, 150,000 hommes environ composent le personnel de l'artillerie.

De plus, il faut compter pour le génie 35,000 hommes et 50,000 pour le train, le personnel des états-majors, des non-combattants, etc.

N'oublions pas d'ajouter que le *landsturm* peut donner théoriquement près d'un million d'hommes.

En définitive, en additionnant les contingents de l'armée active, de la réserve, de la landwehr, des volontaires d'un an, de la réserve de recrutement, de landsturm, les rengagés, etc., on obtient un total de plus de 2,700,000 hommes, instruits ou en voie de l'être.

Il va de soi que ces chiffres sont ceux du pied de guerre, l'effectif de paix ne comprenant que 427,000 hommes.

Quant aux ressources fournies par le recrutement, elles pourraient atteindre 3,200,000 hommes.

Si l'on se rappelle qu'en 1870-1871 l'Allemagne a mobilisé 42,000 officiers et 1,452,000 sous-officiers et soldats, soit 1,494,000 hommes dont

1,460,000 ont passé notre frontière, on peut évaluer qu'en raison de son organisation militaire renouvelée depuis 1870, l'empire allemand était à même, au début des hostilités, de lancer sur la France des forces beaucoup plus considérables, soit 2,500,000 hommes à peu près, dont 1,000,000 mobilisables en quinze jours.

LA FRONTIÈRE MILITAIRE DE LA FRANCE

Jetons maintenant un coup d'œil sur notre frontière de l'Est.

A la simple inspection, on reconnaît bien vite que la nouvelle frontière, dont le tracé nous a été imposé par le traité de Francfort, est absolument dépourvue de défenses naturelles.

Cette ligne-frontière part, au sud, de la frontière suisse, un peu au-dessous de Delle, traverse la trouée de Belfort à 12 kilomètres à l'est de cette ville, coupe les Vosges à la ligne de partage des eaux jusqu'au mont Donon, s'infléchit au nord-ouest, le long des collines de la rive gauche de la Seille, côtoie la Moselle un peu au-dessous de Pont-à-Mousson, traverse un peu plus loin cette rivière, puis coupe la ligne de Verdun à Metz, pour aller s'amorcer à la frontière luxembourgeoise, à 10 kilomètres à l'est de Longwy.

Depuis la frontière suisse jusqu'à la frontière du Luxembourg, soit sur un développement de 285 kilomètres, notre frontière, en dépit du massif vosgien à travers lequel elle passe au ballon d'Alsace au-dessus de Belfort, n'a aucune propriété défensive. Le versant oriental de cette partie des Vosges appartenant à l'Allemagne, on devait prévoir qu'en raison de la multiplicité des voies ferrées qui rayonnent en Alsace, les troupes allemandes couronneraient les hauteurs vosgiennes avant l'arrivée des troupes françaises.

Le génie militaire français fut donc obligé de chercher en arrière de la ligne frontière une ligne de défense naturelle. On fut ainsi obligé de reculer jusqu'à la Meuse.

Toutefois, la Meuse prenant sa source au plateau de Langres et présentant jusqu'à la frontière belge un développement de 260 kilomètres environ, il est facile de comprendre que cette frontière ne pouvait être utilisée d'un bout à l'autre en raison de ce fait que nous aurions présenté à l'ennemi un front beaucoup trop étendu, ce qui nous aurait obligés à éparpiller nos forces et à couvrir notre ligne de défense d'un mince rideau facile à percer et à franchir. Il faut remarquer, en effet, que tandis que nous nous trouvions dans la nécessité de garnir de troupes un front de 260 kilomètres, les Allemands disposant d'excellents points d'appui naturels et ayant leur droite couverte par la Moselle, Metz et Thionville, et leur gauche par le Rhin et Strasbourg, c'est-à-dire sur un front de 140 ou 150 kilomètres au plus, nous auraient opposé des forces d'autant plus redoutables qu'elles eussent été concentrées sur un plus petit espace. En outre, rien ne leur eût été plus facile de se porter de leur base d'opérations, et en un ou deux jours au plus, sur les divers points vulnérables de la ligne de la Meuse.

Si l'on réfléchit toutefois que les deux grandes routes d'invasion, la route de Metz-Verdun-Reims Paris et celle de Strasbourg-Nancy à Châlons-Paris sont coupées par la Meuse qui, à ses points d'intersection, se trouve bordée par des hauteurs d'une valeur défensive importante, on reconnaîtra que ces parties du cours de la Meuse devaient être, sans conteste, utilisées par nos ingénieurs militaires.

Mais, d'un autre côté, il faut considérer que rien n'empêchait les Allemands d'envahir la trouée de Belfort, d'entrer en Franche-Comté et de déboucher dans la vallée de la Seine, de manière à couper nos communications avec le Midi et à prendre à revers notre armée postée à la frontière.

On reconnut donc la nécessité de fermer la trouée de Belfort et de relier cette dernière ville à la frontière suisse par une série d'ouvrages échelonnés de Belfort à Montbéliard et de Montbéliard au mont Lomont, point terminus de la frontière suisse. Cette ligne d'invasion se trouva ainsi fermée.

Les deux autres lignes d'invasion que nous avons signalées plus haut furent également obstruées par les ouvrages avancés qu'on accumula autour de la ville de Toul et autour de Verdun. Mais cela ne suffisait pas, il fallait encore relier ces deux villes par une série de forts d'arrêt se commandant les uns les autres. La configuration du sol entre Toul et Verdun se prêtait merveilleusement à la réalisation de ce plan.

A partir de Neufchâteau, le cours de la Meuse est, en effet, bordé par une longue chaîne de collines dont le versant oriental est des plus abrupts, tandis que le versant occidental ne présente que des pentes douces. Cette ligne de hauteurs relie en quelque sorte Toul et Verdun et se prolonge au nord de cette dernière ville jusqu'aux environs de Dun.

Ces hauteurs, appelées Côtes ou Hauts de Meuse, constituent donc un excellent système défensif.

D'ailleurs, on remarquera qu'en arrière de ces côtes se trouve la chaîne de l'Argonne qui oppose un second rempart naturel à l'invasion.

La ville de Montmédy, près la frontière belge, est fortifiée, mais on ne construisit aucun fort d'arrêt entre cette ville et Verdun. On laisse donc ouverte la partie comprise entre Verdun et la frontière belge et qui est connue sous le nom de trouée de Stenay.

Pourquoi n'éleva-t-on aucun ouvrage de fortification pour couvrir cette trouée?

On prétendit que la profusion de forts d'arrêt sur notre frontière aurait pour conséquence l'immobilisation d'un trop grand nombre de troupes; on ajouta qu'en laissant certains débouchés à l'invasion, on imposerait en quelque sorte à l'ennemi un plan d'attaque d'autant plus facile à déjouer qu'il serait prévu.

Ce raisonnement prouve que dans les hautes sphères de l'armée française, on reconnut la nécessité d'une organisation en vue seulement d'une guerre défensive.

D'autre part, il importait de relier Épinal à Belfort; autrement, on se serait exposé à perdre le bénéfice de la solide barrière établie entre Belfort et la frontière suisse.

Épinal fut, en conséquence, transformé en véritable place de guerre, et rattaché à Belfort par une série d'ouvrages défensifs d'une grande solidité.

De Toul à Épinal, la Moselle forme une ligne de défense assez sérieuse, mais non infranchissable. De plus, la ville de Toul n'est pas à une grande distance de la Meuse. On songea à réunir les deux lignes de défense formées par ces deux rivières et on y parvint par l'établissement de certains ouvrages de fortifications.

On construisit en outre une ligne de forts en

flèche sur Épinal. Le dernier de ces forts, celui de Pont-Saint-Vincent, est à une distance de 50 kilomètres du fort Dogneville, le plus au nord de tous ceux qui ont été construits en avant d'Épinal. La Moselle étant le seul front de défense qu'on pût opposer à l'ennemi dans cette partie de notre frontière militaire, on dit que cette trouée était voulue, comme celle de Stenay, afin d'y amener l'ennemi, de lui livrer bataille et de prendre ensuite l'offensive, en cas de succès.

Sans apprécier autrement la valeur de cette conception stratégique, nous dirons qu'en tout état de cause on aurait mieux fait de fermer ces trouées et de ne laisser aucune solution de continuité entre la frontière suisse et la frontière belge.

Il n'y avait, selon nous, aucun inconvénient à porter notre front de bataille en avant de notre ligne de forteresses, puisque, en cas de retraite, nous aurions été protégés par les canons de nos forts, tandis qu'un double succès des armées allemandes sur la Meuse, au nord de Verdun, et, sur la Moselle, au sud de Pont-Saint-Vincent, pouvait entraîner pour nous les plus déplorables conséquences.

« Un tien vaut mieux que deux tu l'auras », a dit le bon La Fontaine. C'est surtout à la guerre que ce proverbe est vrai, car il ne faut pas oublier, en dépit du caractère scientifique de la guerre moderne, que le hasard est un facteur dont on doit tenir compte dans les opérations militaires même les mieux combinées et les mieux conduites.

Ce n'est pas tout. L'imprudence de notre comité de défense prend un caractère de gravité plus grand encore quand on songe que, pour lutter avec avantage contre l'assaillant, il était indispensable que la concentration de nos forces s'opérât au moins en même temps que celle des armées ennemies.

Or, pouvait-on être assuré que la mobilisation s'opérerait chez nous avec autant de rapidité que chez les Allemands ? Ceux-ci ont depuis longtemps expérimenté leur système de mobilisation ; c'est un instrument dont ils possèdent le maniement, étant donné, en outre, que leur réseau de chemins de fer stratégiques est autrement complet que le nôtre.

Quant à nous, au moment où la guerre nous a surpris, nous n'avions jamais fait la moindre expérience, même partielle, de notre système de mobilisation. Notre plan de mobilisation était sans doute admirable... sur le papier, mais pouvait-on prétendre qu'il était sans défaut, sans lacunes, et comment était-il possible de s'en assurer et de remédier aux imperfections qui auraient été constatées, puisqu'on n'avait pu ou voulu faire aucune expérience, aucune étude pratique de ce plan ?

Nous sommes obligés d'entrer ici dans quelques détails sur la mobilisation de l'armée allemande. Ces détails sont nécessaires pour l'intelligence des événements dont nous allons tracer le récit.

LA MOBILISATION ALLEMANDE

Si l'on observe la carte des chemins de fer allemands, on reconnaît que les forces allemandes se formeraient sur les bords du Rhin en trois grandes armées : la première au nord entre Cologne et Coblentz; la deuxième au centre, entre Mayenne, Francfort et Manheim ; la troisième au sud, entre Saverne et Colmar.

Jetons les yeux sur cette carte, qui donne une idée des principales voies ferrées en Allemagne, de l'échelonnement des corps d'armée le long de ces voies et de la disposition des trois armées d'invasion.

A la simple inspection, on reconnaît bien vite avec quelle rapidité pouvait s'opérer la concentration des armées allemandes.

L'ordre de mobilisation donné à l'improviste, c'est-à-dire vingt-quatre heures en avance sur nous, faisait gagner à l'Allemagne un temps considérable.

Au moment où le ministre de la guerre donnait de Paris l'ordre de mobiliser, les concentrations s'exécutaient en Allemagne avec une promptitude et une précision toutes mathématiques.

Il est à remarquer que, depuis longtemps nos

ennemis avaient diminué le nombre de leurs garnisons pour en renforcer les unités tactiques. En évitant l'éparpillement de leurs forces, ils avaient ainsi rendu plus faciles les opérations de concentration.

Jetons les yeux sur la carte.

Que voyons-nous ?

Deux faisceaux principaux de lignes ferrées aboutissant à la frontière, le premier au nord, passant par Cologne ; le second, au sud, passant par Mayence, Francfort et Manheim. Ces deux faisceaux sont réunis par un système de voies latérales.

Entre Cologne et Mayence se trouve la grande ligne qui part de Berlin et passe à Coblentz pour aboutir à Metz.

Cette disposition implique le groupement des armées allemandes en deux grandes masses distinctes, l'une au nord, l'autre au centre de la frontière.

Entre ces deux groupes se forment la garde prussienne arrivant en droite ligne de Berlin sur le Rhin à Coblentz et le 3e corps arrivant de Postdam.

Le groupe nord comprend les 6e, 7e, 9e et 10e corps prussiens, ainsi qu'une division du 8e corps.

Le groupe central comprend les 4e, 5e et 11e corps prussiens, le 12e corps (saxon) et le 2e corps (bavarois).

Au sud, il n'y a plus de faisceaux de chemins de fer, à cause de la configuration orographique du sol, mais on trouve de nombreuses voies ferrées qui suivent les montagnes et permettent aux 1ᵉʳ, 13ᵉ et 14ᵉ corps (Bavière) de se concentrer rapidement sur le Rhin.

Dans ces conditions, l'objectif de l'Allemagne, dans la pensée de l'état-major français, était de grouper trois armées sur la frontière : la première, sous Metz; la seconde, en face de Nancy ; la troisième, en avant de Strasbourg.

Ajoutons que le 15ᵉ corps, dit d'Alsace-Lorraine et qui garde la frontière, est des plus forts, puisqu'il comprend, en troupes de campagne seulement, 13 régiments d'infanterie, 2 bataillons de chasseurs, 3 régiments de cavalerie composés chacun de 5 escadrons, et enfin 2 régiments d'infanterie.

Nous n'entrerons pas dans le détail de la mobilisation allemande; nous dirons seulement qu'en évaluant la vitesse moyenne des trains à 25 kilomètres à l'heure, leur nombre à 15 par jour sur les lignes à simple voie et à 30 sur les lignes à double voie, soit 85 trains environ pour le transport de chaque corps d'armée, matériel compris, la mobilisation de l'armée allemande devait s'effectuer en cinq jours au plus.

Le cinquième jour, au soir, les transports pour la frontière devaient commencer.

Le dixième jour, ces opérations préliminaires

étant à peu près complètement terminées, les généraux prussiens pouvaient se déclarer prêts à prendre l'offensive.

Or, au moment où l'Allemagne avait déjà plus de cinq cent mille hommes à la frontière, notre mobilisation était à peine achevée, et l'on commençait seulement à procéder aux premiers transports pour la frontière.

Il nous fallait encore au moins dix jours pour effectuer complètement les transports des troupes et du matériel.

Ce que nombre d'hommes des plus compétents avaient depuis longtemps prévu, se réalisait donc.

Outre l'infériorité de notre réseau de chemins de fer, au point de vue stratégique, le service des voies ferrées, faute d'exercices suffisants, fonctionnait dans les plus déplorables conditions. Sur nombre de lignes les employés, en dépit des prescriptions de la loi, n'avaient reçu aucune instruction et ne se trouvaient nullement initiés aux diverses manœuvres d'embarquement des troupes et du matériel.

Il en résulta des pertes de temps considérables, des à-coups de toutes sortes, une indescriptible confusion aux stations d'embranchement. A tout instant la marche des trains était obligée de se ralentir, sinon de s'arrêter. Ici, la voie était obstruée; là, il y avait des encombrements, de graves accidents faillirent survenir.

C'était là le fruit de la trop constante impéritie de nos gouvernants.

Le pays cependant n'avait pas manqué, à de nombreuses reprises, de faire entendre sa voix. Depuis 1870, il y avait eu de sa part une longue suite de réclamations et une doléance continue pour hâter l'exécution des travaux publics.

Mais, en dépit de ces plaintes réitérées, il ne s'est fait en France, ainsi que l'a déclaré tout dernièrement M. de Freycinet au Sénat, que 5 à 600 kilomètres de chemins de fer par an, alors que les nations voisines, l'Allemagne, par exemple, dans une période comprise entre 1870 et 1880, en construisait 1,400 kilomètres par an.

NOTRE ARMÉE

On sait que l'armée française se trouvait divisée en 19 corps d'armée, non compris les troupes du gouvernement de la place de Paris.

Le 1er corps avait son quartier général à Lille. le 2e à Amiens, le 3e à Rouen, le 4e au Mans, le 5e à Orléans, le 6e à Châlons, le 7e à Besançon, le 8e à Bourges, le 9e à Tours, le 10e à Rennes, le 11e à Nantes, le 12e à Limoges, le 13e à Clermont-Ferrand, le 14e à Lyon, le 15e à Marseille, le 16e à Montpellier, le 17e à Toulouse, le 18e à Bordeaux.

Ces divers corps étaient, on le voit, disposés en lignes concentriques. Quant au 19ᵉ corps, il était affecté à l'Algérie.

Pour comble de malheur un mouvement insurrectionnel survint en Catalogne et dans la Navarre, au moment même où venait de commencer la mobilisation.

Ordre fut immédiatement donné au 16ᵉ, 17ᵉ et 18ᵉ corps de se porter sur la frontière des Pyrénées, de l'autre côté de laquelle s'opéraient de grands mouvements de troupes espagnoles. Ces trois corps, placés en observation sur la frontière d'Espagne, se trouvèrent donc immobilisés du coup.

Ce n'est pas tout.

A peu près en même temps, on apprit que l'Italie, qu'un traité d'alliance offensive et défensive liait depuis longtemps à l'Allemagne, mobilisait son armée. Le doute n'était plus permis. Nous allions avoir à lutter contre une formidable coalition des puissances monarchiques qui nous entouraient.

Le 15ᵉ corps et le 14ᵉ, que dut renforcer aussitôt le 13ᵉ, se trouvèrent dans la nécessité de faire face à la frontière italienne et ne purent, en conséquence, détacher aucun de leurs contingents sur la frontière allemande.

Pendant ce temps, quelles forces avions-nous à opposer aux Allemands prêts à franchir la frontière? Nous n'avions pour la défense que quelques régiments de cavalerie à 4 escadrons, disséminés à Lunéville, Nancy, Pont-à-Mousson, Épinal; 1 brigade d'infanterie à Nancy; 2 bataillons de chasseurs à Saint-Nicolas et à Saint-Dié, et quelques batteries à cheval dans la région de Lunéville, Nancy, Pont-à-Mousson.

Qu'était-il advenu des réformes militaires promises et depuis si longtemps attendues?

A part la création de l'artillerie de forteresse, rien ou presque rien n'avait été fait dans ce sens. Ni la loi sur le service de trois ans, ni celles sur le recrutement, sur l'avancement, les cadres, etc., n'avaient pu aboutir, grâce à l'inertie du Parlement, entraîné dans le sillage financier du gouvernement.

La guerre du Tonkin avait compromis encore une fois l'œuvre de notre réorganisation militaire. N'est-il pas vraiment honteux que, depuis nos désastres, nous n'ayions pu terminer cette tâche patriotique, alors que le souvenir de l'Assemblée nationale de 1789 se dresse devant nous?

« En moins de deux ans, dit le colonel Jung, l'Assemblée nationale avait su achever la réorganisation des forces militaires françaises. Et ce qu'elle avait fait pour l'armée de terre, elle l'avait exécuté avec tout autant de promptitude pour l'armée navale.

« Elle avait touché à tout, examiné tous les cas,

tenté de résoudre, sinon résolu, tous les problèmes.

« En cela, elle avait agi honnêtement, car elle avait su comprendre que la question d'un mécanisme aussi compliqué que celui de l'armée n'était pas de celles dont la solution pouvait se traiter à bâtons rompus ou se remettre indéfiniment, sous prétexte de difficultés insurmontables à vaincre ou d'intérêts inavouables à satisfaire. »

Que d'amères réflexions ce simple rapprochement ne suggère-t-il pas?

Il faut bien le dire, l'Assemblée nationale de 1789 s'occupait moins des intérêts des banquiers que des intérêts de la patrie.

C'est en vain que, depuis longtemps, on avait réclamé le renforcement en artillerie et infanterie des garnisons de l'Est, la création de nouvelles garnisons, organisées les unes et les autres de manière à pouvoir se mobiliser le jour même et sur place. Rien ou presque rien n'avait été fait en ce sens, de même qu'on s'était refusé à faire de la place de Nancy un vaste camp retranché pouvant s'appuyer sur Toul, Frouard et Pont-Saint-Vincent.

Si l'on jette un coup d'œil sur la carte de France, on remarque que le 1er, 6e et 7e corps d'armée, en raison de leur situation sur la frontière Est, étaient seuls à même, au début de la guerre, de faire face à l'ennemi.

Les 2e, 3e, 4e, 5e, 8e, 9e, 10e et 11e corps se dirigeaient en toute hâte vers la frontière ; malheureusement, nous l'avons dit, il y eut des retards considérables et il nous fut impossible, comme on le verra plus loin, d'entrer en ligne assez à temps pour arrêter le débordement des armées allemandes.

Mais, fussions-nous arrivés à temps, il est encore permis de se demander si nous aurions été à même de résister d'une façon sérieuse, étant donné, ne l'oublions pas, que six de nos corps d'armée se trouvaient immobilisés sur les frontières espagnole et italienne.

Il n'est pas inutile de rappeler ici les bases de notre organisation militaire.

On sait qu'en France la loi dispose des citoyens depuis l'âge de 21 ans jusqu'à celui de 40 ans. Ils comptent pendant 5 ans à l'armée active, pendant 4 ans dans la réserve de l'armée active, pendant 5 ans dans l'armée territoriale, et pendant 6 ans dans la réserve de l'armée territoriale.

Tous les citoyens, indistinctement, doivent le service militaire. Toutefois, des dispositions particulières dispensent du service militaire, mais en temps de paix seulement, les fils ou petits-fils de veuve, les aînés d'orphelins, les frères des militaires sous les drapeaux et, dans une certaine proportion, les jeunes citoyens regardés comme soutiens indispensables de leurs familles.

L'armée compte également des engagés volontaires, âgés au moins de dix-huit ans, qui s'engagent pour cinq ans.

Il y a, en outre, les engagés conditionnels d'un an, ou volontaires d'un an, qui, sous condition de verser une somme de 1,500 francs à l'État, et après avoir justifié d'une certaine instruction devant un jury spécial ou de la possession de brevets ou diplômes, jouissent de la faveur de ne rester qu'un an sous les drapeaux.

L'armée est divisée en armée active et en armée territoriale : la première combat en première ligne, la seconde est destinée à la garde des places fortes et à la défense du territoire. Toutefois, cette dernière peut être appelée à prendre rang à côté de l'armée active. L'organisation de ces deux armées est la même, c'est-à-dire que l'une et l'autre comportent infanterie, cavalerie, artillerie, génie, train, gendarmerie, troupes d'administration, des états-majors et des services administratifs.

L'armée combattante est organisée généralement en régiments et, par exception, en bataillons, escadrons et compagnies, pour certains corps spéciaux.

Deux régiments de même arme forment une brigade, deux brigades forment une division.

L'effectif des différentes armes est proportionné à l'importance du rôle qui leur incombe. Si l'on prend l'infanterie pour unité, la proportion de la cavalerie varie de 1/6 à 1/10, celle de l'artillerie est moindre. On la calcule à raison de 4 pièces pour 1,000 hommes d'infanterie.

La division comporte en général 4 régiments d'infanterie, soit 12,000 hommes, 4 batteries d'artillerie et quelquefois 1 régiment de cavalerie. Le divisionnaire a sous ses ordres 2 généraux de brigade.

Le corps d'armée est la plus grande unité capable d'opérer isolément. Il contient les trois armes, c'est-à-dire qu'il est composé de 8 régiments d'infanterie, d'un bataillon de chasseurs, d'une brigade de cavalerie, de 2 régiments d'artillerie, dont l'un fournit l'artillerie divisionnaire, et l'autre forme l'artillerie du corps d'armée. Il comprend, en outre, deux compagnies du génie, un escadron du train des équipages, un détachement de gendarmerie et des troupes d'administration, ambulances, etc. ; en tout 35.000 hommes environ.

Une armée proprement dite se compose de la réunion de plusieurs corps d'armée, jusqu'à concurrence de 200,000 hommes au plus.

La cavalerie, divisée en grosse cavalerie (12 régiments de cuirassiers), en cavalerie de ligne (26 régiments de dragons), en cavalerie légère (20 régiments de chasseurs et 12 de hussards), au total 70 régiments, forme 18 brigades de corps d'armée (36 régiments); — les 7 régiments d'Afrique sont affectés au 19ᵉ corps — et un certain nombre de brigades et de divisions indépendantes, dont l'effectif est à peu près égal à celui des brigades de corps d'armée.

L'artillerie comprend des batteries montées et des batteries à cheval. Dans les premières, les servants sont à pied; dans les secondes, tout le personnel est à cheval. Les batteries montées sont armées du canon de 90 m/m, les batteries à cheval du canon de 80 m/m. Le tir efficace de ces canons ne dépasse par 3,000 mètres, bien qu'à tir perdu leur portée puisse être de 7,000 mètres.

Il y a 38 régiments d'artillerie formant 19 brigades, plus un corps dit d'artillerie de forteresse.

Il ne faut pas perdre de vue que l'artillerie constitue la véritable charpente de la ligne de bataille, par les points d'appui qu'elle procure à l'infanterie et à la cavalerie, et, qu'en conséquence, elle joue un rôle prépondérant en campagne.

L'infanterie comprend 144 régiments, à 4 bataillons de 4 compagnies, plus une de dépôt; 30 bataillons de chasseurs à pied, à 4 compagnies, plus une de dépôt; les troupes suivantes spécialement affectées au 19e corps :

4 régiments de zouaves, 3 régiments de tirailleurs algériens, 1 régiment de légion étrangère, 3 bataillons d'infanterie d'Afrique, 5 compagnies de discipline.

Les 144 régiments d'infanterie forment 72 brigades et 36 divisions. En outre, 18 bataillons de chasseurs à pied sont affectés aux 18 corps d'armée qui occupent le territoire de la France et rattachés pour ordre à une brigade; les 12 autres bataillons de chasseurs ont des affectations particulières.

En temps de guerre, les effectifs des régiments sont portés, à l'aide des réserves, à 1,000 hommes par bataillon.

On sait que l'infanterie est armée du fusil Gras, qui peut porter à 1,800 mètres.

Le génie comprend 4 régiments à 5 bataillons et 4 compagnies d'ouvriers militaires de chemins de fer. Un bataillon est attaché à chaque corps d'armée dont il porte le numéro.

En somme, le personnel des vingt classes de l'armée française peut se décomposer comme suit :

5 classes de l'armée active. .	704,700 hommes.
4 classes de la réserve. . . .	510,300 —
5 classes de l'armée territoriale.	582,500 —
6 classes de la réserve territoriale.	625,600 —
Soit.	2,423,100 hommes.

Il faut ajouter à ce total 1,330,000 hommes appartenant à la catégorie des citoyens n'ayant reçu aucune instruction militaire, mais qui sont classés dans les services auxiliaires (services administratifs, ambulances, etc.). Cette catégorie comprend les membres de l'Université, les séminaristes, les fils aînés ou petits-fils de veuves, etc. En définitive, l'effectif du pied de guerre peut être porté à la rigueur à 3,753,000 hommes, sur lesquels deux millions et demi de combattants à peu près.

On voit que dans ces conditions, l'armée française était numériquement supérieure à l'armée allemande.

Au point de vue de l'armement, nous n'avions rien à envier à nos voisins.

Mais cela suffisait-il ? Assurément non.

Ce qui importait le plus, c'était d'arriver en ligne, en même temps que l'ennemi, de façon à ne point lui permettre de déborder nos positions, à ne point nous laisser surprendre, en un mot, comme avait été surprise, en 1866, l'armée autrichienne.

Il ne faut pas perdre de vue, d'un autre côté, que la politique allemande nous obligeait à tenir l'arme au pied sur nos frontières italienne et espagnole six corps d'armée, soit plus de 180,000 combattants de l'armée active.

Si l'on tient compte des effectifs immobilisés en Afrique ou dans les dépôts, c'est 1,400,000 combattants au maximum qu'il nous était possible d'opposer aux forces allemandes dont les armées d'invasion pouvaient être portées à plus de 2,000,000 d'hommes dont 700,000 mobilisables en dix ou douze jours.

Il est évident que, si nous avions eu l'appui de la

Russie, la situation n'aurait rien eu de particulièrement inquiétant pour nous, mais outre qu'il était chimérique de compter sur une alliance avec le czar, la Russie se trouvait trop épuisée et trop travaillée à l'intérieur pour se livrer à une entreprise guerrière quelconque.

Nous restions donc seuls, bien seuls, en face de l'Allemagne et de ses alliées.

LES ALLEMANDS SE PRÉPARENT A VIOLER LE TERRITOIRE BELGE

Revenons maintenant à l'état respectif des armées française et allemande au début des opérations militaires.

L'armée française se concentrait d'autant plus lentement qu'en dépit des observations présentées depuis longtemps par les meilleurs esprits, l'état-major français s'était obstiné à faire arrêter la plupart des trains militaires à une assez grande distance de notre frontière, sous prétexte qu'aux lieux de débarquement ils eussent été exposés aux entreprises de l'ennemi.

Il en résultait que les troupes, à partir de la station de débarquement, étaient obligées d'atteindre par étapes leurs points de concentration.

En Allemagne, au contraire, la concentration

s'effectuait avec une rapidité effrayante, non point comme nous l'avons dit plus haut, c'est-à-dire selon les prévisions de l'état-major français qui avait assigné d'avance la place des trois armées allemandes, l'une sous Metz, l'autre faisant face à Nancy et la dernière en avant de Strasbourg, mais d'une façon bien différente et qui ne laissait plus aucun doute sur les intentions de l'état-major allemand.

Ce fut, en effet, un coup de foudre chez nous, quand on apprit qu'une armée allemande se concentrait entre Cologne et Aix-la-Chapelle.

On voit, à l'examen de la carte de l'Europe, qu'une immense voie ferrée relie directement Paris à Berlin, en passant par Namur, Liège, Aix-la-Chapelle, Cologne, etc. C'est assurément la voie la plus courte pour venir de Berlin à Paris. On voit, d'un autre côté, que Paris se relie directement à Vienne au moyen de la voie ferrée Strasbourg, Stuttgard, Munich, etc.

Certes, il est bien clair que l'Allemagne devait réunir au moins deux armées en Alsace-Lorraine pour faire face aux forces imposantes que nous pouvions lui opposer à l'abri de notre frontière fortifiée ; aussi n'y manqua-t-elle point, mais, en même temps, elle concentrait sur la voie ferrée Cologne, Aix-la-Chapelle, Liège, une formidable armée qui allait devenir sa véritable armée d'attaque contre la France. A la guerre, il n'y a d'autre loi que la nécessité. Or il était aisé de comprendre qu'il y avait nécessité pour l'Allemagne de nous attaquer par la frontière belge.

Le lecteur sait, en effet, qu'aucune offensive contre nos lignes, en avant de Strasbourg, ne présentait de sérieuses chances de succès. Depuis Épinal jusqu'à la frontière suisse, notre frontière militaire était, en effet, solidement fortifiée.

Le fort Dogneville, au nord d'Épinal, commande la Moselle, en amont de Châtel. Les forts qui couronnent les hauteurs autour d'Épinal font de cette place un vaste camp retranché. Au sud d'Épinal, la Moselle débouche d'un massif transversal qui commande la plaine. Une armée appuyée sur ce massif, garantie contre toute attaque à revers, devait être à même de se porter à tout instant sur le flanc gauche d'une armée allemande qui se serait engagée dans la trouée de la Moselle, accessible entre Dogneville et Pont-Saint-Vincent. En admettant que l'envahisseur eût laissé sur son flanc des forces imposantes, afin de protéger ses mouvements contre cette attaque, l'armée française pouvait se porter sur la rive gauche de la Moselle, du côté de Mirecourt, et reprendre sur son flanc et à revers l'armée allemande, engagée dans la trouée.

D'un autre côté, avant d'aborder la trouée de la Moselle, l'ennemi aurait dû débusquer nos troupes, solidement établies sur le plateau de la Haye et dans la forêt qui couvre ce plateau. Ce plateau, défendu par ses pentes très raides, par la place de Toul, à l'ouest ; par le fort de Fouard, au nord ; à l'est et au sud-ouest par le fort de Pont-Saint-Vincent, était difficile à balayer. Les Allemands auraient dû cependant l'occuper, car, du haut de ce plateau, les troupes françaises auraient pu facilement tomber sur le flanc droit de l'armée allemande.

Cette attaque, coïncidant avec celle des troupes massées au-dessus d'Épinal, eut rendu très critique la situation des Allemands, qui auraient passé la Moselle entre Pont-Saint-Vincent et Châtel, à Bayon, par exemple.

Si l'on tient compte, en outre, que l'armée allemande, qui aurait réussi, après avoir franchi la trouée, à atteindre Neufchateau pour se diriger ensuite par la vallée de la Marne sur Paris, se fût trouvée menacée sur son flanc gauche et sur ses derrières par les forces réunies au plateau de Langres, comme elle l'eût été également sur son flanc droit par les troupes rayonnant des défilés de l'Argonne, on comprendra aisément que les Allemands ne se fussent nullement souciés de tomber dans le piège que nous avions espéré leur tendre en leur laissant ouverte la trouée de la Moselle. Certes, nous ne médisons point du système des fortifications, mais il a ceci de fâcheux qu'il démasque les plans de défense et qu'un ennemi avisé ne s'y laisse pas prendre.

Le champ de bataille préparé, repéré et voulu par l'état-major français, à la hauteur de la trouée de la Moselle, était sans doute excellent, à la condition que les Allemands eussent accepté l'espèce d'invite qu'on leur faisait.

Malheureusement ces derniers n'eurent pas autant de débonnaireté qu'on leur en avait prêté et conçurent leur plan de campagne en raison inverse, pour ainsi dire, de notre plan de défense.

Il est à remarquer que les Allemands se sont peu préoccupés de couvrir de forteresses leur frontière et leur territoire. A vrai dire, ils ont une ligne de défense admirable : le Rhin ; mais outre que cet obstacle n'est pas infranchissable, ils n'ont en arrière de cette frontière naturelle qu'un petit nombre de places dont l'importance n'est pas des plus considérables.

En avant, ils ont Metz et Strasbourg. Ces deux places de guerre sont défendues par des ouvrages qui leur donnent sans doute une grande force, mais on verra plus tard qu'elles n'opposent pas d'insurmontables obstacles au passage d'une armée d'invasion.

Le petit nombre des forteresses allemandes ne permettait donc de préjuger que très difficilement le plan de campagne qui serait adopté par les Allemands pour la défense de leur territoire, en cas d'invasion par les armées françaises. Il est évident qu'ils plaçaient depuis longtemps toute leur confiance dans l'extrême mobilité de leurs armées et l'habileté stratégique de leurs manœuvriers.

A leurs yeux, le sort d'une guerre dépend plus de la science des généraux et de la rapidité avec laquelle opèrent les troupes que de l'accumulation des ouvrages défensifs.

L'idée d'une attaque sérieuse de l'ennemi sur le front de la Moselle, au-dessous de Toul, étant écartée, devait-on supposer qu'il porterait tout son effort sur la trouée de Stenay, c'est-à-dire dans l'espace compris entre Verdun et Stenay ?

Pas davantage, et voici pourquoi.

Certes, les Allemands pouvaient à la rigueur entreprendre le passage de la Meuse à Consenvoye, à 30 kilomètres au nord de Verdun.

Il est vrai que, sur les hauteurs qui bordent la rive gauche de la Meuse, ils auraient pu trouver un gros de notre armée qui leur eût énergiquement disputé ce passage ; mais enfin l'opération n'était pas impraticable, et l'on pouvait admettre que les Allemands forceraient la Meuse.

Ceci, d'ailleurs, rentrait également dans les prévisions de notre comité de défense.

Le lecteur se rappelle que la trouée de Stenay, qu'il eût été facile de fermer au moyen d'ouvrages construits à Dun, etc., était *voulue* comme celle de la Moselle.

On admettait même l'hypothèse de l'investissement de Verdun qui, quoi qu'on en ait dit, n'était pas imprenable, attendu que sur le front ouest, les hauteurs de Sivry-la-Perche n'étant pas défendues, laissaient une brèche dont l'ennemi aurait pu profiter pour attaquer un fort voisin et s'en emparer.

Mais, en arrière de Verdun, les armées allemandes se dirigeant sur Paris par la ligne de Metz-Verdun-Reims, se seraient inévitablement heurtées à notre front de places de seconde ligne, dont la place de Reims est en quelque sorte la clef.

Cette place, on le sait, a été admirablement fortifiée depuis quelques années.

Mais avant de la décrire, disons quelques mots de cette seconde ligne de défense qui commence à Besançon, passe par Dijon et Langres pour venir se raccorder à Reims avec les lignes de Laon et La Fère.

En jetant les yeux sur la carte, on voit que l'Aisne, dont la source est dans l'Argonne ; l'Aube, la Marne et la Seine qui descendent du plateau de Langres ou des collines environnantes, décrivent en arrière de la ligne Meuse et Moselle une série de courbes infléchies à l'ouest.

Ces cours d'eau sillonnent la plaine aride de la Champagne pouilleuse.

Au nord-ouest, cette plaine est arrêtée par une ligne de hauteurs qui, s'amorçant non loin du confluent de la Seine et de l'Yonne, près de Moret, suivent le fleuve jusqu'à Nogent-sur-Seine, se dirigent vers Épernay où elles sont coupées par la Marne, vers Reims où l'Aisne les traverse, puis vers Laon et viennent enfin mourir à La Fère, sur l'Oise.

La Fère, Laon et Reims ont été fortifiées en avant de cette ligne de hauteurs, c'est-à-dire dans la partie comprise entre l'Oise et la Vesle qui passe à Reims ; des ouvrages auraient dû être construits autour d'Épernay afin de compléter cette ligne de défense jusqu'à la Marne.

Entre la Marne et la Seine, il n'existe aucun ouvrage fortifié.

On a pensé, non sans raison peut-être, qu'une armée de réserve massée le long de la Seine avec Moret-Melun, comme têtes de pont offensives, et se reliant avec l'enceinte fortifiée de Paris, au moyen d'une série de batteries et d'ouvrages du moment, suffirait à arrêter l'ennemi et à couvrir la capitale, d'autant plus qu'au moyen des lignes stratégiques cette armée se trouverait en communication constante avec les forces défensives massées au nord de Paris.

On voit donc que les armées allemandes qui auraient passé la Meuse au-dessus de Verdun, et la Moselle au-dessous de Toul, viendraient inévitablement se heurter, la première à la place de

Reims, la seconde aux positions de Moret-Fontainebleau-Melun.

En outre, si l'on réfléchit que la place de Langres, située sur un plateau élevé, et admirablement défendue par sa ceinture de forts détachés, pouvait devenir le point de concentration d'une armée considérable qui se formerait des contingents arrivés par les lignes du sud, on comprendra aisément que les Allemands, engagés dans les plaines de la Champagne, auraient eu sans cesse leurs flancs et leurs derrières menacés par l'armée de Langres.

Pour éviter le danger d'avoir leurs communications coupées, ils se seraient trouvés dans la nécessité de détacher sur Langres un gros de leur armée afin d'observer cette place, ce qui eût été une cause d'affaiblissement pour eux.

Ajoutons que l'armée qui aurait passé la Meuse n'aurait pas été moins menacée par Verdun.

Les troupes massées sous cette ville auraient pu, en effet, au moyen d'une vigoureuse attaque de flanc sur la gauche de l'ennemi, en avant de la place, le couper de ses communications avec Metz ; de plus, les troupes concentrées dans l'Argonne auraient pu également l'attaquer en arrière de Verdun.

La prise, ou tout au moins l'investissement de Verdun, de Toul et de Langres s'imposait donc aux Allemands, dès le début des opérations, dans le cas où ils auraient décidé de franchir la Meuse et la Moselle.

Ils étaient, en outre, dans l'obligation, comme nous l'avons dit plus haut, d'occuper le plateau de Haye, comme aussi de détacher des forces imposantes pour masquer Épinal.

Menacés sur leurs flancs et sur leurs derrières, exposés, de plus, à se heurter à Reims et à Fontainebleau contre un deuxième front de défense des plus solides, les Allemands devaient donc, ou renoncer à envahir le territoire par la Meuse et la Moselle, ou, s'ils adoptaient le plan contraire, se résigner à immobiliser, chemin faisant, des forces considérables pour observer les diverses places de guerre qu'ils auraient laissées derrière eux.

Dans les deux cas, la tentative présentait de graves inconvénients. Il était rationnel de supposer que les Allemands n'hésiteraient pas à envahir la Hollande, la Belgique et le Luxembourg qui ne pouvaient leur opposer aucune résistance, et à s'emparer des lignes qui aboutissent directement en France dans la vallée de l'Oise.

L'état-major français ne put jamais se résigner à faire entrer dans ses calculs l'éventualité de la violation des territoires belges et luxembourgeois par l'Allemagne.

Avec l'esprit de routine qui le caractérise, il rejeta, comme inacceptable, l'idée que l'Allemagne jetterait le gant à l'Europe, garante de la neutralité belge.

Comme si les traités comptaient pour quoi que ce fût en temps de guerre ! Comme si elle n'était pas de M. de Bismark lui-même, cette parole dont nous avons éprouvé en 1871 la cruelle application : La force prime le droit.

Est-ce que le Luxembourg, avec sa poignée de soldats, était à même de résister au torrent d'une armée allemande ?

Est-ce que la Belgique, avec ses 100 ou 120,000 hommes de troupes qu'elle ne pouvait réunir d'ailleurs à temps voulu, était en état de s'opposer à la marche de plusieurs corps d'armée allemands faisant tout à coup irruption sur son territoire, mettant la main sur les chemins de fer et s'emparant sans coup férir de tous les centres de communication ?

Quant aux puissantes garanties, comment seraient-elles intervenues ?

Est-ce l'Angleterre, ébranlée en Égypte par les événements du Soudan et menacée aux Indes, qui aurait été à même d'intervenir ?

Est-ce la Russie, paralysée, comme elle l'était, par le parti nihiliste ?

Était-ce l'Autriche ?...

L'Autriche !

On venait d'apprendre à Paris qu'elle armait contre nous, qu'elle mobilisait plusieurs corps d'armée et que ses troupes allaient se joindre aux troupes allemandes pour entrer en campagne.

Nous allions donc avoir à lutter contre l'Europe centrale et l'Europe méridionale coalisée contre nous.

L'ARMÉE AUSTRO-HONGROISE

On sait que l'armée austro-hongroise se compose d'une armée permanente commune à l'Autriche et à la Hongrie, d'une landwehr cisleithane et d'une landwehr hongroise.

Tout homme compris dans le contingent de l'armée active passe 3 ans sous les drapeaux, puis il est versé dans la réserve dont il fait partie pendant 7 ans, et enfin dans la landwehr où il reste 2 ans : en tout 12 ans de service.

En somme, il y a en Autriche-Hongrie 12 classes de plus de 123,000 hommes chacune, soit au total, défalcation faite des contingents de la marine (annuellement 1,500 hommes) et des déchets résultant des décès, réformes, etc., 1,275,000 hommes se décomposant de la façon suivante :

Armée active, réserves et volontaires d'un an (3,000 environ tous les ans)...........................	871.000
Landwehr.....................	310.000
Réserve de recrutement...........	94.000
	1.275.000

L'effectif de paix est de 250.000 hommes.

A ces éléments, il faut ajouter le *landsturm*, qui n'est formé que de volontaires, excepté dans le Tyrol et le Voralberg, où, en cas de guerre, tous les hommes de 18 à 45 ans peuvent être appelés pour faire partie du landsturm.

L'infanterie austro-hongroise comprend 102 régiments de ligne à 4 bataillons, 1 régiment de chasseurs tyroliens de l'empereur à 10 bataillons et 32 bataillons de chasseurs proprement dits : en résumé 450 bataillons. L'effectif de paix d'un bataillon est de 352 hommes dont 15 officiers, l'effectif de guerre est d'environ 900 hommes.

Il y a, en outre, les bataillons formés par les dépôts.

Le nombre des bataillons de la landwehr hongroise est de 92 pouvant être portés à 124, par suite de la formation des bataillons mobiles. au moment du passage au pied de guerre, la landwehr cisleithane comprend 91 bataillons dont les bataillons de carabiniers territoriaux du Tyrol et du Voralberg, plus l'effectif de guerre, 41 bataillons mobiles (dont 10 de carabiniers du Tyrol).

En résumé :

450 bataillons actifs dont
    42 de chasseurs...... 405.000 hommes.
  10 bataillons de chasseurs

---

460 bataillons. *A reporter* 405.000 hommes.

460 bataillons. *Report*..	405.000	hommes.
tirés des dépôts......	9.000	—
124 bataillons hongrois (honved)............	112.000	—
20 bataillons de carabiniers du Tyrol.......	18.000	—
122 bataillons de landwehr cisleithane..........	110.000	—
7 bataillons d'état-major.	6.000	—
102 bataillons de dépôt de ligne...............	102.000	—
46 bataillons de landwehr...............	46.000	—
881 bataillons. Total..	808.000	hommes.

La cavalerie de l'armée active comprend 41 régiments (14 de dragons, 11 de uhlans, 16 de hussards). Il n'y a pas de grosse cavalerie en Autriche.

Ces régiments sont, sur le pied de paix, à 6 escadrons. Ils comportent, en outre, un peloton de pionniers, et un dépôt.

En cas de mobilisation, le dépôt de chaque régiment forme 2 escadrons, un mobile dit de réserve, un autre de remplacement ou de dépôt proprement dit. Les dépôts, comme dans l'infanterie, forment en outre des pelotons d'état-major (2 par chaque régiment) pour la garde des convois, le service des postes, etc.

La cavalerie de la landwehr hongroise comprend 10 régiments de hussards, soit 40 escadrons, à 150 sabres environ sur le pied de guerre.

La cavalerie de la landwehr cisleithane se compose de 12 escadrons de dragons, 13 de uhlans, 2 de carabiniers montés du Tyrol et du Voralberg et 1 escadron dalmate, en tout 28 escadrons.

En somme, sur le pied de guerre, la cavalerie de l'Autriche-Hongrie comprend :

246 escadrons actifs.........	37.000 hommes.
41 escadrons de réserve....	6.000 —
68 escadrons de landwehr..	10.000 —
25 escadrons d'état-major..	4.000 —
10 escadrons de pionniers..	1.000 —
57 escadrons de dépôt.....	9.000 —
447 escadrons. Total...	67.000 hommes.

L'artillerie austro-hongroise se compose de 13 régiments.

En cas de guerre, chaque dépôt de régiment met sur pied 2 batteries dites *lourdes de 9^c*, et se forme lui-même en batterie de dépôt ou de remplacement.

Sur le pied de guerre, les batteries montées sont à 8 pièces, les batteries à cheval à 6 pièces.

Au total :

>169 batteries actives.
>26 batteries mobiles provenant des dépôts.
>13 batteries de dépôt.

Total : 208 batteries, soit 1,644 canons.

A ce total, il faut ajouter 22 batteries de montagne à 4 pièces, fournies par l'artillerie de forteresse, qui comprend 12 bataillons à 5 compagnies, plus un cadre qui, en cas de mobilisation, se transforme en une 6e compagnie, ce qui donne en tout 72 compagnies de forteresse, non compris les batteries de montagne.

La landwehr ne fournit pas d'artillerie.

Mentionnons également le génie (2 régiments), un régiment des chemins de fer, un régiment de pionniers, etc.

En cas de mobilisation générale, l'armée austro-hongroise forme 15 corps d'armée, plus 4 divisions d'infanterie indépendantes. Chaque corps d'armée comprend, en moyenne, 38,000 hommes d'infanterie, 13 batteries à 8 pièces, soit 104 canons. Les 13 premiers corps d'armée sont seuls pourvus d'une brigade de cavalerie. Les autres brigades de cavalerie se forment en divisions indépendantes.

L'ARMÉE ITALIENNE

L'ordre de mobilisation générale en Autriche-Hongrie ayant été immédiatement suivi d'un ordre analogue en Italie, nous devons donner également la composition de l'armée italienne.

En Italie, la durée du service est de 12 ans (9 ans seulement pour la cavalerie), après quoi les hommes sont versés dans la milice territoriale jusqu'à l'âge de 39 ans. La durée du service est donc, en général, de 19 ans.

Le contingent annuel de l'armée active est de 75,000 hommes. Cette première catégorie doit passer 3 ans sous les drapeaux, sauf certaines exceptions.

On peut diviser l'armée en trois catégories. Dans la première catégorie se trouvent :

L'armée active, comprenant 3 contingents à 75.000 hommes, soit..........	217.000 hommes.
La 1re réserve de l'armée active, 5 contingents donnant un total de..........	328.000 —
La milice mobile, 4 contingents.................	240.000 —
A reporter..	785.000 hommes.

Report..	785.000 hommes.
La milice territoriale, 7 contingents................	375.000 —
Il y a, en outre, 19 contingents de volontaires d'un an (1,000 environ chaque année)................	19.000 —
Total..........	1.175.000 hommes.

La dernière catégorie comprend :

La 2ᵉ réserve de l'armée active, 5 contingents de 44,000 hommes..........	206.000 hommes.
La réserve de la milice mobile, 4 contingents.....	150.000 —
La milice territoriale, 10 contingents...............	326.000 —
Total..........	682.000 hommes.

La 3ᵉ catégorie comprend :

La milice territoriale, 10 contingents de 60,000 hommes...................	928.000 hommes.
Total général....	2.785.000 hommes.

On voit que l'effectif idéal de l'armée italienne est relativement considérable.

Hâtons-nous de dire que l'effectif réel est loin les chiffres que nous venons de donner.

De même qu'en Autriche, l'armée sur le pied de guerre ne compte pas plus de 800.000 hommes, de même, en Italie, l'armée mobilisée ne produit pas plus de 1.100.000 hommes actuellement. Dans quelques années, ce total aurait pu être porté à un chiffre beaucoup plus élevé.

L'infanterie italienne comprend 80 régiments à 3 bataillons, 10 régiments de chasseurs (bersaglieri) à 4 bataillons et 6 régiments alpins formant 20 bataillons en tout.

Au total, 300 bataillons d'infanterie, dont 40 de chasseurs et 20 alpins.

Il y a, en outre, les bataillons de milice.

En résumé l'infanterie, sur le complet pied de guerre, comprend :

280 bataillons actif, dont 40 de chasseurs......	252.000 hommes.
20 bataillons alpins.....	18.000 —
150 bataillons de milice, dont 19 de chasseurs..	135.000 —
10 bataillons alpins de milice...............	9.000 —
460 bataillons.	414.000 hommes.

A ces totaux il faut ajouter 23 bataillons de ouaniers, dont l'effectif est de 15,000 hommes.

La cavalerie se compose de 20 régiments, savoir : 4 régiments de lanciers lourds, 6 régiments de lanciers légers, 10 régiments de chevau-légers. En somme, sur le pied de guerre, 120 escadrons actifs de 150 hommes, soit 10,000 hommes et 4,000 hommes de dépôt (1/4 de l'effectif mobilisé).

L'artillerie de campagne comprend 10 régiments à 12 batteries, soit 120 batteries montées. Il n'y a pas de batteries à cheval. La batterie italienne est de 8 pièces sur le pied de guerre.

L'artillerie de campagne de la milice mobile formes 12 groupes ou brigades de 4 batteries à 8 pièces et 4 batteries de montagne.

L'artillerie de forteresse fournit 5 régiments à 12 compagnies, plus un dépôt. La milice mobile fournit de son côté 33 compagnies de forteresse.

Si on ajoute aux effectifs dont nous venons de parler ceux du génie et des services auxiliaires, on arrive, comme nous l'avons dit plus haut, à un total de 1,100,000 hommes, chiffre assez respectable, comme on voit.

NOTRE FRONTIÈRE DU NORD

Résumons maintenant la situation telle qu'elle se présentait du nord au sud sur toute notre frontière de l'Est, au moment de la rupture de nos relations diplomatiques avec l'Allemagne, l'Autriche et l'Italie.

De Dunkerque à Longwy, la frontière qui sépare la France de la Belgique et du Luxembourg est purement artificielle. Cette frontière, qui a une longueur de 300 kilomètres, peut être divisée en trois secteurs militaires correspondant à trois régions topographiques différentes.

Le premier secteur, depuis Dunkerque jusqu'à la Sambre, qui prend sa source en France au-dessous de Landrecies, entre en Belgique à Maubeuge et va se jeter dans la Meuse à Namur, le premier secteur, disons-nous, présente un front de 150 kilomètres environ. Cette région, qui fait partie du bassin de l'Escaut, présente l'aspect d'une plaine qui s'étend depuis les collines de l'Artois et se prolonge en Belgique jusque dans les Pays-Bas.

L'Escaut, dont la source est en France, au plateau de Saint-Quentin, la traverse, passe à Cambrai, Valenciennes, entre en Belgique à Tournai, passe à Anvers et va se jeter dans la mer du Nord par deux énormes bras, qui confondent leurs eaux avec celles du Rhin et forment entre eux les îles de Walcheren, de Nord et Sud-Beveland, qui appartiennent à la Hollande. L'Escaut, par ses inondations, contribue au système de défense de la forteresse d'Anvers.

Le second secteur est compris entre les collines qui bordent la Sambre et le point où la Meuse entre en Belgique, au nord de Givet. Cette région est plus accidentée et plus boisée que la première; les Ardennes occidentales y projettent un fort rameau entre la Meuse et la Sambre.

La Meuse, qui sépare ce secteur du troisième, que nous allons décrire, rejoint, aux environs de Sedan, les Ardennes et forme, jusqu'au delà de Givet, une vallée d'un accès difficile. En Belgique, elle traverse Namur, Liège, Maestricht en Hollande et va confondre ses eaux avec celles des bouches du Rhin et de l'Escaut dans la mer du Nord.

La troisième section de la frontière est comprise entre Givet et les sources du Chiers, près de Longwy. C'est là que s'amorce la chaîne des Ardennes orientales qui se projette en Belgique.

Le premier secteur de cette partie de notre frontière pouvait être envahi par une armée allemande qui, après avoir débouché en Hollande et s'être emparée des chemins de fer, se serait jetée en Belgique.

Il était à prévoir que l'armée belge se bornerait à se retirer sous les murs d'Anvers pour observer la marche des événements et attendre le moment où elle se tournerait, soit contre nous, soit contre les Allemands, selon que le sort des armes nous serait défavorable ou favorable.

Supposons qu'une armée allemande ait établi sa base d'opérations en Hollande.

Elle s'empare de la ligne Gand-Lille, qui, par Arras et Amiens, mène directement sous Paris et se trouve ainsi à même d'opérer au nord de notre frontière une puissante diversion.

L'ennemi, il est vrai, vient se heurter à la ligne de défense qui s'étend de Dunkerque à Maubeuge.

La ville de Dunkerque, qui s'appuie à la mer, est à même de commander toute la région comprise entre le littoral et la Lys. Elle forme un des sommets du quadrilatère Dunkerque, Bergues, Bourbourg et Gravelines. L'espace compris entre Dunkerque et Bergues peut être rendu infranchissable au moyen d'inondations.

Entre Gravelines et Dunkerque, nous avons la mer; entre Gravelines et Bourbourg, ainsi qu'entre cette dernière ville et Bergues, le front de défense est représenté par des canaux. Ajoutons que ces différentes places sont reliées par des forts.

La position de Dunkerque peut donc être éventuellement une excellente base d'opérations pour une armée française qui voudrait menacer le flanc droit des armées allemandes parvenues dans le bassin de la Seine.

La place de Lille, que nous trouvons au-dessous de Dunkerque, a été considérablement fortifiée depuis 1870.

Une série de forts détachés entourent cette ville et en rendent l'investissement impossible, à moins que l'ennemi ne dispose de forces importantes.

Lille est le nœud d'un grand nombre de routes, de canaux et de voies ferrées.

L'envahisseur ne pourrait donc négliger cette place, dont l'enceinte stratégique ne mesure pas moins de 50 kilomètres et dont les forts commandent au nord Armentières et au sud Orchies, dont la distance de Marchiennes sur la Scarpe n'est que de 7 kilomètres.

De ce côté, l'ennemi devait donc rencontrer une sérieuse résistance.

L'espace compris entre la Scarpe, l'Escaut et la Sambre n'est pas moins fortifié.

Entre Valenciennes et Condé se trouve la forêt de Raismes.

Ajoutons que les écluses de l'Escaut permettent d'inonder les plaines en cas d'invasion.

Entre l'Escaut et la Sambre, se trouve Le Quesnoy ; tout près du Quesnoy, Landrecies, sur la Sambre.

Ces deux positions, convenablement défendues, complètent le système défensif du premier secteur, dont le point terminus, au sud-est, est Maubeuge.

Le second secteur, compris entre Maubeuge et Givet, c'est-à-dire entre la Sambre et la Meuse, est le plus vulnérable.

On voit, en effet, que les Allemands, ayant pénétré en Belgique et s'étant emparés de Liège, tiennent le chemin de fer Liège-Maubeuge, qui conduit directement à Paris par la vallée de l'Oise.

Ce chemin de fer, se raccordant hors la Belgique avec les voies allemandes, est la route la plus directe entre Berlin et Paris.

La vallée de l'Oise est donc la clé de notre frontière nord-est : cette partie est cependant la moins défendue.

La place de Maubeuge est, il est vrai, convenablement fortifiée; mais elle peut être promptement investie par les Allemands et tournée par la ligne Charleroi-Marienbourg-Chimay, qui coupe la frontière au-dessous de Maubeuge et va rejoindre, non loin de Landrecies, la ligne de Paris.

Si l'on jette un coup d'œil sur la carte, on voit que l'Oise, prenant sa source dans les Ardennes, auprès de la frontière belge et à quelques kilomètres de Chimay, les Allemands ont seulement à franchir l'obstacle que leur oppose le fort d'Hirson pour pénétrer dans la vallée de l'Oise.

Or, le fort d'Hirson ne peut opposer qu'une faible résistance.

Une fois dans la vallée de l'Oise, l'armée allemande peut détacher de ses flancs des forces importantes qui, à droite, sont à même de prendre à revers toutes nos places fortifiées de la région du nord et, à gauche, menacent les derrières de la Meuse et de l'Argonne.

La place de la Fère, au confluent de l'Oise et de la Serre, arrête, il est vrai, un peu plus loin les Allemands; mais il est facile de tourner cette position, Péronne étant, sur la droite ennemie, la seule place en état de contrarier ce mouvement tournant.

Sur la gauche, l'envahisseur venant se heurter à la place de Laon et, en arrière au fort de Condé-sur-Aisne et à Soissons, rencontre plus de difficultés pour tourner la position de La Fère.

Une armée allemande, concentrée à Cologne, devait donc se porter par la Belgique sur la vallée de l'Oise, d'autant plus qu'en cas de revers, elle était assurée d'une ligne de retraite très sûre, cette ligne ayant pour point d'appui le Rhin, qui est presque infranchissable entre Cologne et Dusseldorf.

On voit par là que si l'Allemagne avait un intérêt majeur à nous attaquer par l'hiatus compris entre la Sambre et la Meuse, nous n'avions pas les mêmes raisons d'envahir l'Allemagne par la Belgique, car nous serions venus nous heurter à la ligne du Rhin qui, au-dessus de Cologne, est des plus faciles à défendre.

Le troisième secteur, qui s'étend entre Givet et Longwy, présente certains points assez bien défendus. Givet peut être regardé comme une place d'offensive contre Dinant et Liège, de façon à inquiéter l'aile gauche de l'armée allemande qui se serait frayé un passage à travers la Belgique.

De Givet à Mézières, se trouve une ligne de hauteurs couronnées d'épaisses forêts faciles à occuper et à défendre ; malheureusement, Mézières est médiocrement fortifiée.

Au-dessous de Mézières se trouve Sedan, où convergent les routes du Luxembourg belge. Une armée allemande concentrée entre Aix-la-Chapelle et Trèves peut, en franchissant le Luxembourg, se porter sur Mézières et Montmédy, et pénétrer ainsi en France au-dessus de Stenay.

Nous devons dire que, dans ce cas, les Allemands sont condamnés à venir se heurter ultérieurement à la ligne Reims-Laon qui, nous l'avons dit, ne manque pas de solidité.

Une attaque par le nord proprement dit n'était pas non plus sans danger, nous l'avons établi.

Outre le rideau de places fortes que l'ennemi eût été obligé de franchir, il se fût également heurté à une seconde ligne de défense formée naturellement par la Somme, sur la rive gauche de laquelle nos armées pouvaient offrir une sérieuse résistance. De toutes ces considérations diverses, il résulte que la vallée de l'Oise devait être en réalité le principal objectif des armées envahissantes.

NOTRE FRONTIÈRE DE L'EST

Passons maintenant à la frontière militaire de l'Est, faisant face à l'Alsace-Lorraine.

Cette frontière peut être divisée en cinq secteurs. Le premier est compris entre Longwy et Verdun. C'est la trouée de Stenay, trouée *voulue* et non défendue par des ouvrages de fortification.

Le second secteur est compris entre Verdun et Toul-Pont-Saint-Vincent. C'est la ligne des Hauts de Meuse et du plateau de Haye.

Le lecteur sait que cette ligne est admirablement défendue par une série de forts qui se commandent.

Le troisième secteur est compris entre Pont-Saint-Vincent et Épinal. C'est la seconde trouée, non moins périlleuse pour les Allemands que celle de Verdun-Stenay.

Le quatrième secteur s'étend d'Épinal à Belfort. Ici la ligne de défense est également très forte.

La position d'Épinal est réellement très solide en raison du massif montagneux à travers lequel passe la Moselle et qui barre l'accès des montagnes s'étendant en arrière d'Épinal jusqu'à Belfort.

Les débouchés de la Moselle sont parfaitement gardés, ainsi que les positions de la Haute-Moselle, de façon à empêcher une attaque à revers que l'ennemi entreprendrait en descendant des Vosges.

Épinal est donc relié à Belfort par une suite de forts très solidement situés sur les crêtes des Faucilles, du col de Bussang (entre les Faucilles et les Vosges centrales qui séparent l'Alsace de notre département des Vosges) et des Vosges méridionales.

On peut dire qu'Épinal a la valeur d'un camp retranché de première importance. Le périmètre de ce camp est de 42 kilomètres. Il fallait cependant prévoir le cas où une armée ennemie, ayant franchi la trouée de la Moselle, se jetterait au sud, par un crochet sur sa gauche, et viendrait prendre à revers les positions d'Épinal.

C'est pourquoi les deux rives de la Moselle ont été fortifiées, pourquoi aussi des forts ont été construits dans les Faucilles, à l'ouest d'Épinal, pour commander les communications avec la place de Langres.

Les routes qui descendent de la Haute-Alsace à l'est et au sud d'Épinal ont été également commandées par des fortifications, de façon à empêcher tout mouvement tournant par le sud-est.

Dans ces conditions, l'investissement du camp retranché, point de concentration d'une armée de campagne d'au moins cinquante mille hommes, devait exiger une armée d'au moins cent cinquante mille hommes et, malgré cela, l'ennemi n'aurait-il pas été maître des routes qui conduisent à travers les Vosges en Franche-Comté.

On peut donc affirmer qu'au début de la guerre, les forts de cette région, pourvus de garnisons suffisantes, assuraient la concentration de nos forces à Langres et à Belfort et les communications de notre armée avec Lyon, sa base d'opérations.

Le cinquième secteur s'étend de Belfort au fort du Lomont, c'est-à-dire à la frontière suisse.

Entre les derniers prolongements des Vosges et les premières rampes du Jura existe, en face de Belfort, une vaste dépression de terrain connue sous le nom de trouée de Belfort.

Cette dépression, qui a une largeur d'environ 45 kilomètres, forme une sorte de trait d'union entre la Franche-Comté et la Haute-Alsace.

Nous n'avons pas besoin d'en dire plus long pour expliquer de quelle importance il était pour nous de fermer ce passage qui donnait accès, de plain pied pour ainsi dire, aux armées allemandes, dans les plaines de la Franche-Comté, et leur aurait permis également de tourner les positions d'Épinal. Si nous avions dû être coupés de nos communications avec Belfort, il est, de plus, évident que Dijon se serait trouvé directement menacé et qu'il devenait impossible à nos corps d'armée arrivant du midi de la France, d'opérer leur concentration à Langres et à Épinal.

Il est donc naturel que de formidables travaux de fortifications aient été établis pour rendre Belfort imprenable, et rendre inaccessibles à l'ennemi les différentes routes qui sillonnent la trouée et convergent les unes vers Belfort, les autres vers Montbéliard.

En d'autres termes, on a dû rendre l'investissement de Belfort pour ainsi dire impossible, car il est clair que si les positions de cette ville avaient pu être prises à revers, l'envahisseur se serait du même coup trouvé maître d'une ou de plusieurs des routes dont nous venons de parler et qui rayonnent en Franche-Comté.

Ce n'est pas tout. Belfort, devenu, comme Épinal, un centre important d'opérations militaires, devait assurer aux troupes abritées sous la place de faciles débouchés.

On commença donc par renforcer l'enceinte, de façon à former un solide noyau de défense, puis on élargit la ceinture des forts avancés, et c'est ainsi qu'on construisit le fort de Roppe et les batteries du Salbert, qui couvrent le nord de la ville.

Le fort de la Tête-du-Milieu, à moins de deux kilomètres de Giromagny, croise ses feux avec le Salbert et se trouve appuyé par les batteries de la crête des Planches.

On peut dire que ces divers ouvrages commandent les routes qui passent entre les Vosges et Belfort.

Le fort du mont Vaudois, entre Héricourt et Belfort, sur la rive gauche de la Lisaine, qui servit de principale ligne de défense au général de Werder contre l'armée de l'Est, en 1871, se relie au Salbert par la redoute du Mont et commande les routes qui convergent à Héricourt.

Les batteries de la Charme, de Brévilliers, de

Bellevue, etc., complètent le système de défense face à la France.

Sur le front Est se trouve la batterie de Sévenans, qui maîtrise la route de Montbéliard ; les batteries de Meroux et de Vezelois, qui balayent le chemin de fer de Delle ; les forts de Bosmont ; les batteries de Chèvremont et du Haut-Taillis, qui enfilent la ligne de Mulhouse, les Hautes-Perches, les Basses-Perches, la Justice, etc.

Montbéliard se rattache aux lignes de défense de Belfort.

Cette ville est défendue, à l'est, par le fort de la Chaux, qui n'est qu'à sept kilomètres de la batterie de Bermont, au sud de Belfort, et au sud par le fort du mont Bart. Ces deux forts sont distants de six kilomètres seulement.

Entre Montbéliard et la Suisse passent deux routes serrant de près la frontière. Ces routes ont été barrées par des forts d'arrêt au défilé de Pont-de-Roide et au sommet du mont Lomont.

On remarquera que la disposition des forts depuis Belfort jusqu'au Lomont, point de raccord avec la frontière suisse, forme une ligne courbe dont la concavité est tournée du côté de l'ennemi, de telle sorte que si celui-ci engage une attaque directe sur le front de Montbéliard au Lomont, il peut être sérieusement menacé sur ses flancs et ses derrières par les troupes du camp retranché de Belfort.

Si nous ajoutons que les troupes chargées de la défense de cette ligne pouvaient être en petit nombre par rapport aux forces nécessaires pour l'attaque, on voit que l'accès de la Franche-Comté par les routes de l'Alsace était extrêmement difficile.

La ligne de défense qui s'étend d'Épinal à la frontière suisse, sur une largeur de 100 kilomètres, avait en outre pour but d'assurer, en toute sécurité, la concentration de nos troupes en arrière de la Moselle et de la Meuse, de façon à faire face à l'ennemi, dans le cas d'une tentative de passage, soit par la trouée, au nord d'Épinal, soit par celle au nord de Verdun.

LA FRONTIÈRE SUISSE JUSQU'A BELLEGARDE

Les dispositions défensives que nous venons d'énumérer assuraient la défense de l'est et permettaient à nos armées de menacer les communications des Allemands avec Strasbourg et l'Allemagne du Sud, à une condition pourtant, c'est que nos positions de Montbéliard au Lomont ne pûssent être tournées par l'ennemi, à la suite d'une violation du territoire suisse.

Il est donc nécessaire d'examiner cette partie de notre frontière qui confine à la Suisse.

Le Jura nous sépare nettement de la Suisse depuis le mont Lomont jusqu'à Bellegarde, c'est-à-dire sur une longueur de 180 kilomètres.

Si l'on remarque que les Allemands n'ont qu'à franchir le Rhin pour se trouver à Bâle, on comprendra qu'ils puissent sans difficulté envahir le territoire suisse pour se porter sur notre frontière.

Au nord, une route conduit de Porentruy à Belfort et à Montbéliard; elle est défendue par les ouvrages qui forment la trouée de Belfort; une autre mène de Delemont à Besançon. Cette dernière tourne le mont Lomont et débouche sur le plateau séquanais.

Il était à craindre que les Allemands n'en profitassent, après avoir violé la neutralité suisse, comme ils se disposaient à violer la neutralité belge.

Cette éventualité, que l'état-major français n'avait pas suffisamment prévue, devait malheureusement se réaliser.

Certes, nous n'avons jamais douté de la loyauté du peuple suisse, que ses institutions républicaines font d'ailleurs l'allié naturel de la France. Nous n'avons jamais douté que la République helvétique ne s'empressât de mobiliser ses troupes afin de faire respecter l'intégrité de son territoire et de barrer le passage aux Allemands, mais la question est de savoir si elle n'aurait pas pu être devancée par l'armée allemande dans son œuvre de mobilisation.

On sait que les Suisses sont astreints au service militaire à partir de vingt ans jusqu'à quarante-quatre ans inclusivement.

Leur instruction se fait d'autant plus rapidement sous les drapeaux que, dès leur plus tendre enfance, ils ont été exercés au maniement des armes et à diverses manœuvres d'ensemble.

L'armée suisse comprend des troupes fédérales et des troupes cantonales.

L'armée fédérale se compose de deux classes principales : l'*élite*, comprenant les hommes des douze premières classes ; la *landwehr*, comprenant les hommes de trente-deux à quarante-quatre ans.

Le territoire est partagé en huit régions ou arrondissements de division, et chaque canton en arrondissements, le recrutement dans chacun d'eux devant fournir au moins un bataillon et trois au maximum à chacune des deux classes de l'armée :

Le 1er arrondissement de division comprend les cantons de Vaud, du Valais et de Genève ;

Le 2e, les cantons de Neufchâtel, de Fribourg et de Berne (Jura) ;

Le 3e, le canton de Berne ;

Le 4e, les cantons de Berne (Haute-Argovie, Emmenthal), de Lucerne, d'Unterwald, de Zug ;

Le 5e, les cantons d'Argovie, de Soleure et de Bâle ;

Le 6ᵉ, les cantons de Schaffouse, de Zurich, de Switz ;

Le 7ᵉ, les cantons de Thurgovie, d'Appenzell, de Saint-Gall ;

Le 8ᵉ, les cantons des Grisons, du Tessin, d'Uri, du Haut-Valais, de Glaris et de Switz.

L'armée fédérale est à la charge de la Confédération et se compose de 12 compagnies de guides, de 24 colonnes de parc (16 de l'élite et 8 de la landwehr), de 4 compagnies d'artificiers (2 de l'élite, 2 de la landwehr), de 16 bataillons du train (8 de l'élite), de 16 bataillons de génie, etc.

L'armée cantonale se compose de 98 bataillons d'infanterie (élite) et d'un nombre égal de bataillons d'infanterie pour la landwehr, soit en tout 196 bataillons ; de 16 bataillons de carabiniers, dont 8 appartenant à l'élite ; de 48 escadrons de dragons, dont 24 de l'élite ; de 56 batteries de campagne, dont 48 appartenant à l'élite ; de 2 batteries de montagnes et de 25 compagnies de position, dont 10 font partie de l'élite.

Chaque division d'armée comprend :

Un état-major de division ;
Deux brigades d'infanterie ;
Un bataillon de chasseurs ;
Un régiment de cavalerie ;
Une compagnie de guides ;
Une brigade d'artillerie ;

Un bataillon du train ;
Un bataillon du génie ;
Un lazaret de campagne ;
Une compagnie d'administration ;

Au total 12,800 hommes, dont 9,760 combattants.

Les troupes d'élite qui ne sont pas endivisionnées sont :

4 compagnies de guides ;
1 régiment d'artillerie de montagne ;
2 batteries d'artillerie de montagne ;
2 compagnies d'artificiers ;
4 sections d'artillerie de position ;
10 compagnies de position ;

L'effectif total comprend, pour l'élite :

8 divisions d'armée ;
Les troupes non endivisionnées ;
Au total, 116,000 hommes environ.

La landwehr comprend environ 92,000 hommes.

On voit donc qu'en définitive, l'armée suisse est de 208,000 hommes à peu près ;

L'effectif de paix n'est que de 3,500 hommes.

L'armée suisse, disons-le tout de suite, est une excellente armée. On sait que, de tous temps, les Suisses fournirent aux différentes armées de l'Europe de redoutables soldats.

De plus, la configuration géographique de la Suisse lui constitue un système de défense naturelle de premier ordre.

Malheureusement, en examinant la carte de la Suisse, il est facile de constater que les corps d'armée allemands débouchant inopinément par le Rhin dans les cantons de Bâle, d'Argovie, de Schaffouse, de Zurich, de Thurgovie, par le lac de Constance, et se précipitant dans les cantons relativement peu montagneux de Lucerne et de Berne, peuvent gravement contrarier, sinon empêcher la mobilisation de l'armée suisse. Par un hardi coup de main, les Allemands peuvent s'emparer de Berne, sans coup férir et donner la main aux troupes italiennes venant déboucher du Saint-Gothard.

Maîtres ainsi d'évoluer et d'étendre le cercle de leurs opérations en Suisse, rien ne les empêcherait plus alors de porter leur effort sur les derrières du Lomont et de menacer la route de Delemont à Besançon, route qui, une fois tombée en leur pouvoir, leur permet de déboucher en Franche-Comté par Saint-Hippolyte sur le plateau séquanais.

Ce n'est pas tout, si l'on observe qu'au centre de notre frontière jurassienne, se trouve d'autres trouées, par où passent les routes de Neufchâtel à Besançon par Morteau et Pontarlier, rien n'empêche l'assaillant de se porter également sur ce point. Il est vrai que le fort de Joux commande la seconde de ces trouées, mais des hauteurs voisines, on domine aisément ce fort et, à moins que nos troupes n'y aient devancé les Allemands, ceux-ci peuvent s'en emparer et envahir, par conséquent, le plateau séquanais. Plus bas se trouve une autre haie défendue par le fort des Rousses ; au sud le fort de l'Écluse, au-dessous de Bellegarde.

Cette attaque des armées ennemies contre la frontière du Jura était d'autant plus à prévoir, que l'étroitesse du front d'attaque en Alsace-Lorraine ne devait pas permettre aux armées austro-allemandes d'user de leur supériorité numérique et de se déployer.

Tout indiquait donc maintenant qu'attaqués au nord et à l'est sur la Moselle et la Meuse par les Allemands, nous le serions également par les armées autrichiennes, renforcées au besoin de quelques contingents allemands.

L'observation de la carte des chemins de fer montre, en effet, que la voie ferrée est directe de Strasbourg à Vienne, qu'en conséquence, rien n'était plus facile aux armées autrichiennes que de se concentrer sur la ligne du Rhin.

LA NEUTRALITÉ DE LA HAUTE-SAVOIE

Nous devions également pourvoir à la défense de notre frontière italienne.

On sait que cette partie de notre frontière est couverte par le rempart des Alpes, facile à défendre d'ailleurs.

Le grand inconvénient de la rupture de nos relations diplomatiques avec l'Italie résidait surtout pour nous dans l'immobilisation forcée de trois de nos corps d'armée en Savoie et le long de la chaîne des Alpes jusqu'à Nice.

Relativement à la défense de la Savoie, nous devons dire quelques mots de la prétendue neutralité de la Haute-Savoie. Cette question est revenue, il y a quelque temps, sur le tapis à l'instigation de l'Allemagne. Il est bon d'y répondre.

Cette neutralité de la Haute-Savoie n'était qu'un mythe.

De tous temps la politique de la France a tendu à l'annexion de la Savoie, cette contrée toute française, cette clé des Alpes.

Aussi en 1611, 1690, 1697, 1702 et 1713 (traité d'Utrecht) la France s'opposa-t-elle formellement à la neutralisation tant désirée par la maison de Savoie.

Après la chute de Napoléon, le traité de Paris du 30 mai 1814 laissa à la France un tiers environ de la Savoie, qui comprit trois arrondissements, savoir :

Chambéry, avec les cantons d'Aix, du Chatelard, des Échelles, du Pont-de-Beauvoisin, de Saint-Genis, d'Yenne et de Novalaise.

Annecy, avec les cantons de Faverges, de Thones, de Thorens et de Cruseilles.

Rumilly, avec les cantons de Ruffieux, Frangy et Saint-Julien.

Le roi de Sardaigne, Victor-Emmanuel Ier, demanda vainement qu'on lui rendît les Bauges, la ville d'Annecy et la grand'route qui conduit de cette dernière à Genève. Sa réclamation était faite assurément en prévision de la défense de la Savoie contre la France.

Le congrès de Vienne (9 juin 1815) confirma et ratifia tous les accords antérieurs.

La France conservait le département du Mont-Blanc. Victor-Emmanuel ne recouvrait ni les Bauges, ni Chambéry, ni Annecy. Comme auparavant, il ne pouvait ni défendre la Savoie méridionale, ni couvrir les grands passages des Alpes.

A la rentrée de Louis XVIII à Paris, la France restitue (protocole du 3 novembre 1815) au roi de Sardaigne le département du Mont-Blanc.

Ce prince demande encore sans succès la neutralité pour toute la Savoie, la France obtient qu'elle soit restreinte, formulée telle qu'elle l'avait été par l'article 92 de l'acte final du congrès de Vienne et non étendue à toute la Savoie.

De 1815 à 1859, la neutralité de la Haute-Savoie demeura lettre morte, en ce sens qu'aucune complication politique, aucune guerre ne vinrent en motiver l'observation.

En 1859, on en tint fort peu compte, si peu même que le chemin de fer Lyon-Culoz-Chambéry, traversant la zone neutralisée, ou réputée telle, de Culoz à Aix-les-Bains, servit au transport de troupes françaises et de matériel de guerre.

Enfin, en 1860 (24 mars) l'article 2 du traité de Turin réunit à la France la Savoie et le comté de Nice.

« Il est également entendu, dit ce traité, que le roi de Sardaigne ne peut transférer les parties neutralisées de la Savoie qu'aux conditions auxquelles il les possède lui-même et qu'il appartiendra à Napoléon III de s'entendre à ce sujet tant avec les puissances représentées au congrès de Vienne qu'avec la Confédération helvétique... »

La question se présente dès lors sous un nouvel aspect.

Une fois la France en possession de la Savoie, l'opportunité de cette neutralisation devenait nulle.

La Suisse eut beau prétendre que les provinces neutralisées par le traité de 1815 ne l'avaient été que dans son intérêt, ce qui était faux, puisqu'au contraire la neutralité de la Savoie lui avait été imposée comme une charge et qu'elle l'avait acceptée à titre onéreux; elle n'eut pas gain de cause, malgré l'appui qu'elle rencontra en Angleterre. La Suisse avait subi et non voulu cette neutralité. Il est vrai qu'elle y avait gagné de notables augmentations de territoire.

En résumé, le passage de la Savoie à la France a exonéré la Suisse à l'égard de la Sardaigne de l'obligation de veiller à la neutralité des provinces du nord et c'est tout. La France ne lui a pas demandé la rétrocession des communes qui ont formé la rémunération d'une charge dont elle est ainsi libérée gratuitement.

En droit strict la neutralité de la Haute-Savoie n'existe donc plus.

Elle n'existe pas davantage en fait.

L'Allemagne et l'Italie s'étant coalisées contre nous, la conflagration devenant générale, sur toute notre frontière orientale, notre premier soin devait être, non pas d'évacuer la Haute-Savoie, mais au contraire de l'occuper fortement.

On voit donc que nous avions parfaitement le droit d'opérer dans la Haute-Savoie pour pourvoir à notre défense.

D'un autre côté, en occupant la Haute-Savoie, nous ne menacions nullement la Suisse. Nous avions, en effet, tout intérêt à faire respecter sa neutralité et notre plus vif désir eût été assurément d'unir une partie de nos forces à celles de la Suisse pour l'aider à repousser l'envahisseur. L'occupation de la Haute-Savoie par nos troupes était donc, beaucoup plus une garantie de sécurité qu'une menace pour la Suisse.

LA FRONTIÈRE FRANCO-ITALIENNE

Le massif montagneux qui sépare la France de l'Italie ne présente que cinq passages carrossables : le Petit Saint-Bernard, le Mont-Cenis, le Mont-Genève, l'Argentière et le col de Tende. Le tunnel de Fréjus sur le chemin de fer du Mont-Cenis est également un bon passage, mais il est facile de le mettre hors d'état au moyen de mine. Les autres voies de communication ne sont accessibles ni à la cavalerie, ni à l'artillerie et ne peuvent être pratiquées que par de petits détachements d'infanterie.

L'éperon sud-est de la chaîne des Alpes est connu sous le nom d'Alpes-Maritimes.

Il vient tomber à pentes raides dans la Méditerranée. Sur la côte, on remarque des pentes assez rapides, mais dont plusieurs offrent des positions avantageuses.

La route de la Corniche suit la côte ainsi que le chemin de fer de Toulon à Gênes.

De la route se détache une voie qui franchit

l'arête montagneuse au col de Tende et débouche dans la vallée de la Stara. Une autre route réunit Vintimille à Breglio et établit la communication entre le col de Tende et la mer.

Il y a de plus, non loin de Coni, en Italie, une forêt dite des *Chasses royales*, qui, depuis quelques années, a été sillonnée de routes parfaitement carrossables, auxquelles aboutissent plusieurs voies stratégiques et qui donnent accès à certains passages qui, dans le cas d'une occupation par les troupes italiennes, permettent de déboucher en France, sans que l'envahisseur ait à passer sous le feu d'un fort quelconque.

Il est regrettable qu'on n'ait pas couvert cette sorte de lacune par des ouvrages de fortifications.

Le reste de notre frontière est bien défendu, soit par des positions naturelles, soit par des ouvrages fortifiés. C'est ainsi que Briançon est une place de guerre imprenable. On ne pourrait la réduire que par la famine.

Le fort du Mont, qui domine Albertville et le village de Conflans, en Savoie, couvre le confluent de l'Isère et de l'Arly, et bat la plaine à deux lieues, en avant.

Le fort de Villart-Dessons et les batteries des Granges, de Conflans et de Lançon, complètent la défense de cette région offrant de nombreux passages à l'ennemi qui, du Mont-Cenis, serait descendu en Maurienne, avec Chambéry pour objectif.

Le fort du Mont-Gilbert et les batteries de Tête-Lasse et des Cucherons commandent la Maurienne, en face de la trouée de Chambéry, ainsi que le fort du Mont-Perchet, les batteries de la Tête-Noire, de Frépertuis, d'Aïton.

Le col du Mont-Genèvre est commandé par la forteresse de Briançon, qui tient sous ses canons les routes de Grenoble et de la Provence. De Briançon, une journée et demie suffit pour descendre en Piémont.

La place de Grenoble forme, en arrière de Briançon, un point d'arrêt de seconde ligne d'une grande importance. Grenoble est, en effet, le centre, le nœud des chemins de la Maurienne, convergeant en Dauphiné et venant se souder à la route de Briançon à Grenoble par le Lautaret.

Des ouvrages détachés garantissent Grenoble contre tout danger de bombardement et permettent, en outre, aux troupes abritées sous ses murs, de rayonner dans toute la contrée.

En somme, le caractère défensif de cette partie de notre frontière est tel que le 14º corps d'armée suffit certainement à assurer notre sécurité dans cette région, d'autant plus que, dans la guerre de montagnes, il ne faut pas l'oublier, la supériorité numérique ne joue qu'un rôle secondaire, les têtes de colonnes étant seules à même d'agir. Il suffit, en effet, que les troupes de défense occupent les crêtes et les défilés latéraux pour résister à des forces de beaucoup plus considérables.

Dans ces conditions, on peut dire que 25,000 hommes bien commandés peuvent suffire à la défense de la Savoie. 25,000 hommes peuvent également suffire à la défense de la frontière du Dauphiné.

La route de Briançon à Turin, par le val de Pragelès, est commandée par le fort de Fenestrelles.

Les ouvrages de Ternoux balayent la vallée de l'Ubayette, qui s'appuie au col de l'Argentière, au sud de Briançon.

Le fort de Saint-Vincent et la place de Sisteron barrent les communications entre la haute et la basse Durance.

Dans les Alpes-Maritimes, la ligne de défense est formée par le prolongement du mont Clapier, qui forme l'enceinte du bassin du Tende. Ce bassin appartient à l'Italie. Les Italiens, dans cette contrée, ne peuvent utiliser que deux routes carrossables, celle du col de Tende et la route du littoral suivie par le chemin de fer de Marseille, Nice, Gênes.

Le fort de la Tête-de-Chien balaye la route de la Corniche et le chemin de fer, jusqu'à Roquebrune, entre Monaco et Menton.

L'armée française, appuyée d'un côté à la mer et de l'autre aux crêtes inaccessibles de la chaîne, peut, sans danger, affronter, dans cette région, toutes les attaques dirigées contre elle.

Ajoutons qu'en arrière de notre front de défense, l'ennemi est obligé de se heurter à Toulon, que de nombreux ouvrages détachés ont transformé en place de guerre de premier ordre.

Terminons en disant que l'armée italienne, quoique relativement nombreuse, n'est pas des plus redoutables. Ses troupes de seconde ligne, milice mobile et milice territoriale, possèdent une instruction militaire des plus rudimentaires. Seule, l'armée active présente une certaine cohésion.

Autre avantage pour nous : les chevaux manquent en Italie, et, d'un autre côté, le réseau des voies ferrées est loin de se prêter à une prompte mobilisation.

Avec de la décision dans le commandement, il est hors de doute que nos troupes pouvaient envahir le Piémont et prendre position sur le Pô, avant que l'Italie fût à même de mettre en ligne les forces nécessaires pour nous opposer une résistance efficace.

D'après ce que nous venons d'établir, il est visible que nous étions menacés sur toute notre frontière est, du nord au sud, c'est-à-dire sur un front de 300 lieues.

LA FRONTIÈRE DES PYRÉNÉES

Ce n'est pas tout. Nous étions également menacés par l'armée espagnole.

La frontière s'étend du cap Cerbère, sur la Méditerranée, jusqu'à l'embouchure de la Bidassoa, dans l'Océan atlantique, frontière naturellement défendue par la structure même de la chaîne pyrénéenne.

Deux points culminants dans les Pyrénées : le nœud de Penaranda, dans les Asturies, au sud-ouest d'Oviedo, et la Maladetta dans les Pyrénées continentales, près de Bagnères-de-Luchon. A peu près à égale distance de ces deux sommités se trouve le seuil qui sépare les Pyrénées maritimes des Pyrénées continentales, et ouvre le passage à la voie Paris-Vittoria-Madrid.

Les Pyrénées continentales comprennent trois sections ; les Pyrénées occidentales, de Bayonne au Mont-Perdu ; les Pyrénées centrales, du Mont-Perdu au pic de Carlitte ; les Pyrénées orientales, du pic de Carlitte au cap de Creuz. Elles sont d'un accès difficile.

La chaîne pyrénéenne, du pic de Carlitte au pic d'Anie, n'offre que peu de brèches, aussi les communications entre l'Espagne et la France sont-elles très difficiles.

Les Pyrénées ne sont franchies par des voies ferrées qu'à leurs deux extrémités, près de la Méditerranée, par la ligne Perpignan-Barcelone ; près de l'Océan, par la ligne Paris-Bayonne-Madrid.

Les deux ouvertures qui se trouvent aux extrémités opposées des Pyrénées sont les seules voies d'invasion de l'ennemi en France. La première permet aux armées espagnoles de franchir la chaîne sur leur propre territoire, de passer la frontière entre Urdex et la Bidassoa et, en cas de résistance insuffisante, de marcher sur Bordeaux ou sur Toulouse ; la seconde permet aux mêmes armées de traverser les Pyrénées vers les sources de la Têt ou entre le nœud du Canigou et la mer, et de se diriger sur Perpignan.

Cette dernière voie d'invasion ne conduisant l'ennemi dans aucune région réellement avantageuse pour ses mouvements stratégiques, la première est la seule qu'il faille considérer.

C'est donc sur la baie occidentale que notre attention devait principalement se porter, une attaque dans les Pyrénées orientales ne devant avoir d'autre caractère que celui d'une diversion. Dans cette région, d'ailleurs, la défense est solidement assurée.

Le véritable échiquier stratégique est donc celui des Basses-Pyrénées.

De Saint-Jean-Pied-de-Port à Hendaye, le front d'attaque n'a pas plus de trente kilomètres de développement. Il faut bien reconnaître qu'une attaque de ce côté ne serait pas sans quelque danger, attendu que nous n'avons aucun fort d'arrêt dans la région.

Une deuxième section de cette partie de la frontière est également accessible, c'est celle qui se trouve comprise entre le pic de Mondarrin et l'embouchure de la Bidassoa : cette section est assurément la plus avantageuse pour l'assaillant, la Bidassoa n'étant gardée par nous que sur une longueur de douze kilomètres et son cours supérieur appartenant à l'Espagne.

Quoi qu'il en soit, trois corps d'armée sont amplement suffisants à assurer la défense de la ligne des Pyrénées, étant donnée surtout la faible importance de l'armée espagnole.

L'ARMÉE ESPAGNOLE

Voici quelques renseignements sur cette armée :

En Espagne, le service est obligatoire pour tous les individus capables de porter les armes, pendant douze ans, à partir du 1ᵉʳ février de l'année où ils atteignent l'âge de vingt ans.

La classe annuelle est de 70,000 hommes, dont 10,000 attribués à la marine et aux troupes coloniales.

Les 60,000 hommes restant sont partagés en deux portions.

D'après la loi de 1882, le système actuel doit fournir à un moment donné, 12 classes de 60,000 hommes, soit 628,000 hommes, défalcation faite des hommes décédés, réformés, etc.

Sur ce nombre, il ne peut y avoir que 966,000 soldats instruits ou en voie de l'être.

A ces forces s'ajoutent celles des différentes armées coloniales, le corps des douaniers, etc.

Au moment de la guerre, l'Espagne ne possédait que 60 régiments de ligne à 2 bataillons et 20 bataillons de chasseurs à pied.

Le pied de guerre de chaque bataillon est de 1,000 fusils.

L'infanterie espagnole est organisée de manière à fournir, sur le pied de guerre :

140 bataillons actifs, dont 20 de chasseurs......	140.000 hommes.
140 bataillons de réserve..	140.000 —
35 bataillons, dépôts des corps actifs.........	22.000 —
35 bataillons, dépôts des corps de réserve.....	28.000 —
140 bataillons territoriaux de dépôt...........	168.000 —
	504.000 hommes.

La cavalerie active comprend 24 régiments, plus 2 escadrons indépendants. Chaque régiment est à 4 escadrons à 150 sabres sur le pied de guerre.

L'armée espagnole compte en cavalerie :

98 escadrons actifs......	15.000 hommes.
26 escadrons de réserve...	14.500 —
24 escadrons de dépôt...	3.500 —
	33.000 hommes.

L'artillerie comprend 8 régiments de campagne et 3 de montagne, à 5 batteries, plus un cadre de sections de munitions.

Indépendamment des 55 batteries actives, existent des cadres pour 6 régiments de réserve devant fournir, sur le pied de guerre, chacun 5 batteries de 6 pièces et 1 section de munitions.

En résumé :

55 batteries actives, dont 15 de montagne;
30 batteries de réserve.

85 batteries à 6 pièces, ou 510 canons.

Il y a, en outre, une subdivision d'artillerie de forteresse, comptant 13 bataillons à 4 compagnies, soit 52 compagnies, plus 13 compagnies de dépôt.

Le génie comprend 4 régiments à 2 bataillons de 4 compagnies de sapeurs-mineurs, 1 régiment de 2 bataillons ; le 1er à 4 compagnies de pontonniers, le 2e à 2 compagnies de télégraphistes et 2 compagnies de chemins de fer.

A chacun des 10 bataillons de l'arme correspond une compagnie de dépôt.

L'armée d'outre-mer comporte un effectif total d'environ 30,000 hommes.

Des données qui précèdent, il résulte que l'Espagne, en produisant son maximum d'effort, pouvait, à la rigueur, nous opposer 500,000 hommes.

En somme, au début de la guerre, et en additionnant les forces des nations coalisées contre la France, on arrivait à ce formidable total de 4 millions d'hommes prêts à se ruer sur nos frontières.

L'INVASION

LE PLAN DES ALLIÉS

Dès qu'on apprit que nous étions menacés de toutes parts, l'état-major français dut immédiatement modifier ses ordres de concentration. Il en résulta une confusion inexprimable. Tel corps qui, primitivement, devait se diriger sur l'Est, reçut l'ordre de se concentrer dans le Nord. D'un autre côté, certains corps désignés pour se porter également sur la Meuse et la Moselle, durent être immobilisés sur les frontières italienne et espagnole. Il fallut, en outre, modifier tous les plans de campagne, l'état-major n'ayant rien prévu et, dans son esprit de routine têtue, s'étant obstiné à élaborer, en temps de paix, un plan de défense unique. Il y eut des mécomptes de toutes sortes. Au dernier moment, on constata que la plupart des chevaux portés sur les listes de réquisitions, très propres à certains travaux agricoles, se trouvaient incapables de rendre les services que l'armée en attendait. On dut en réformer un grand nombre sur place, s'en procurer d'autres. De là des lenteurs, des retards irréparables.

Bref, nous avions à peine quatre cent cinquante mille hommes sur nos frontières, lorsque les coalisés avaient déjà un million d'hommes prêts à envahir notre territoire.

On apprit tout à coup qu'une armée allemande venait de faire irruption en Belgique. L'armée belge, surprise en pleine mobilisation, livra quelques petits combats aux environs de Liège ; mais, promptement refoulée, dut se replier sur Anvers, où elle acheva sa concentration. Les Allemands, ayant mis la main sur toutes les voies ferrées de la région, se portèrent en toute hâte sur cette frontière.

Nous avions au plus cent mille hommes répartis dans nos places du Nord ou formés en corps isolés, lorsque la cavalerie ennemie fit son apparition dans la trouée des Ardennes.

Au même instant, une armée autrichienne, appuyée d'un corps d'armée allemand, envahissait la Suisse, par Bâle, et Schaffouse, se portant, d'un côté, sur Delemont, de l'autre, sur Berne.

En outre, une armée allemande, massée entre Metz et Strasbourg, franchissait la frontière et s'avançait vers Nancy, menaçant ainsi le centre de notre ligne, que l'ennemi s'apprêtait à tourner, au Nord, par la vallée de l'Oise; au Sud, par la Franche-Comté.

Dès lors, le plan des armées coalisées apparaissait nettement.

Il était évident que, profitant des avantages de leur prompte mobilisation, les armées austro-allemandes avaient pour but de se porter sur Lyon, afin de couper les communications de la France septentrionale et de Paris avec le Midi.

Ils isolaient ainsi la capitale du centre et divisaient la France en trois zones : celle du Nord, déjà envahie; celle du Midi également envahie. Quant à celle du centre, elle se trouvait menacée par les forces considérables que les Allemands dirigeaient sur Verdun et qui, après l'investissement de cette ville, devaient avoir pour objectif Orléans et la Loire.

Si les Allemands réussissaient à exécuter ce plan, il est clair qu'ils obligeaient nos armées à s'éparpiller; ils divisaient nos forces et nous affaiblissaient d'autant plus que notre infériorité numérique était déjà considérable.

Le plan de campagne des armées coalisées avait pour but, on le voit, de couper la France en trois tronçons et de porter tout l'effort de l'attaque sur les régions centrales. Grâce à l'investissement de Paris et de Lyon, les armées de secours du Nord et du Midi devaient se trouver hors d'état de se porter sur les flancs des armées allemandes, poussant droit à la Loire.

L'état-major reconnut alors la faute immense qu'il avait commise, en se refusant, malgré de pressants conseils, à transformer Orléans en formidable boulevard de défense. Si Orléans avait été entouré de solides travaux de fortifications, les armées françaises, battant en retraite, y auraient trouvé un sérieux point d'appui.

Le camp retranché d'Orléans devenait alors un redoutable obstacle qui eût longtemps arrêté l'ennemi et permis à nos troupes de se reformer en arrière. Le plan des Allemands aurait pu être déjoué, mais notre indéracinable imprévoyance devait, cette fois encore, faire la partie belle à l'envahisseur.

Dans l'hypothèse où nous nous plaçons d'un vaste champ de manœuvres en avant d'Orléans, nos armées auraient dû, au début de la campagne, être réparties de la façon suivante :

1° Armée du Nord dont l'aile gauche eût été appuyée à Valenciennes, et l'aile droite à Mézières-Dun, cette dernière position solidement entourée d'ouvrages de défense (1).

2° Armée de Lorraine, son aile gauche à Verdun, son aile droite s'appuyant à Pont-Saint-Vincent.

3° Armée d'Alsace, sa gauche à Épinal, sa droite au Lomont.

4° Armée de Franche-Comté, se déployant sur les frontières du Jura, avec Besançon pour pivot.

---

(1) La région de Lille était suffisamment couverte par son front de places fortes.

Pour donner une idée des propriétés défensives de la seule ville de Lille, nous publierons les détails suivants :

L'enceinte bastionnée de la place a été considérablement agrandie, de plus Lille est aujourd'hui entourée d'une magnifique ceinture de forts.

La ville est bâtie en plaine. Seules, quelques ondulations de terrain coupent la plaine. C'est sur le sommet de ces ondulations que les nouveaux forts ont été construits.

Au Nord se trouvent les forts du Vert-Galant et de Bondues, balayant la plaine jusqu'à Tourcoing et Roubaix.

A l'Ouest, sont les forts de Premesque, qui commande Argentières, et d'Englos, à 6 kilomètres du corps de place.

Au Sud, les forts de Seclain et de Sainghin, à 7 kilomètres de Lille, et un peu en arrière du fort de Seclain trois batteries fixes.

A l'Est, on voit le fort de Mons-en-Barœul, entre Lille et Roubaix; tout auprès, une batterie permanente.

Grâce à ces ouvrages avancés, Lille barre la plus grande partie du paysage entre la Dyle et la Scarpe, le fort de Sainghin balaye la campagne jusqu'à Orchies.

De puissantes réserves auraient été également massées :

1º Sur la ligne Arras, Douai, Cambrai ;
2º Dans la vallée de l'Aisne, à Rethel, Vouziers, avec Reims-Laon comme ligne d'appui ;
3º Au plateau de Langres ;
4º A Dijon.

N'oublions pas, en outre, les armées d'opération en Italie (quartier général, Grenoble), armées de réserve à Lyon et à Toulon, et sur la frontière espagnole (quartier général, Toulouse).

De cette façon, on aurait eu des points de concentration avantageux, en évitant une trop grande dispersion de nos forces.

Il va sans dire que la garde des forts, devant être exclusivement réservée à l'armée territoriale, celle-ci devait être mobilisée en même temps que les réserves et l'armée active.

Au lieu de cela, que fit-on ?

On mobilisa les troupes territoriales, après les réserves et après l'armée active, c'est-à-dire qu'on procéda à une série de mobilisations partielles.

Depuis longtemps, des hommes très compétents avaient demandé que la mobilisation de nos troupes se fît simultanément et non successivement. On leur avait répondu que ce serait inutile, attendu que la concentration des troupes territoriales sur les points stratégiques à elles assignés ne pouvait s'effectuer qu'après le transport par chemins de fer des divers corps de l'armée active. Comme si les quelques jours qui se seraient écoulés entre la mobilisation et la concentration de nos troupes de seconde ligne n'auraient pu être employés par les chefs de corps à achever les préparatifs et à assouplir leurs troupes par des manœuvres!

On s'obstina donc à ne décréter la mobilisation de la territoriale que treize jours après la mobilisation de l'armée active.

Pendant ce temps-là, l'ennemi pénétrait en forces sur notre territoire. Cette tâche lui était d'autant plus facile que, depuis longtemps, les Allemands avaient 25,000 hommes de garnison à Metz, autant à Strasbourg; que, de plus, tous leurs régiments, stationnés à moins de 75 lieues de la frontière française, étaient à demi mobilisés et se trouvaient, en conséquence, prêts à entrer en campagne, trois jours après l'ordre de mobilisation.

C'était pour eux une avance d'autant plus considérable que, dans cette région de l'Est, nous n'avions pas de troupes à demi mobilisées, mais simplement des effectifs renforcés, et, qu'en outre, nous n'avions que des garnisons insignifiantes d'ailleurs à Sedan, à Verdun, à Saint-Mihiel, à Toul, à Épinal, à Belfort et à Montbéliard.

On avait beaucoup compté sur la cavalerie indépendante. On avait pensé que cette cavalerie, échelonnée à temps en avant des côtes de Lorraine, rendrait de grands services. C'était un calcul que devait promptement déjouer l'ennemi par ses foudroyantes attaques au nord, sur Hirson, au centre sur Verdun, au sud sur le Lomont.

On avait espéré également que notre cavalerie pourrait se jeter en Alsace-Lorraine avec assez de promptitude pour couper les lignes de chemin de fer et jeter la confusion dans les mouvements de concentration de l'ennemi.

C'était une pure illusion, car toutes ces lignes étaient solidement gardées ; et, d'ailleurs, la cavalerie allemande était massée depuis longtemps déjà sur la frontière de l'est, prête à opposer ses escadrons aux nôtres.

LES ALLEMANDS DANS LE NORD

A la nouvelle de l'invasion allemande en Belgique, les Français avaient été obligés d'opérer un changement de front immédiat. De nombreux corps de troupe, ayant déjà atteint leurs points de concentration, reçurent l'ordre de se porter en toute hâte sur les positions nouvelles qui leur étaient assignées.

Les têtes de colonnes de l'armée allemande étaient arrivées sous Maubeuge et Givet, qui furent immédiatement investis, tandis que le gros de l'armée, pénétrant dans le triangle Maubeuge, Givet,

Hirson, se portait sur ce dernier point, situé au sommet de l'angle, pénétrant en France comme un coin.

Le fort d'Hirson fut immédiatement attaqué et bombardé par des batteries de campagne. Pendant ce temps, deux corps d'armée allemands se portaient sur Bruxelles et de là sur Lille, afin d'opérer une diversion sur cette partie de notre front de défense, tandis qu'une armée débouchant de Metz, de Thionville et du Luxembourg marchait sur Verdun et Mézières.

L'armée belge, comme nous l'avons fait prévoir, s'était repliée sur Anvers, où elle devait achever de se concentrer. Il y eut bien, pour la forme, nous l'avons dit, quelques combats avec certains détachements belges; mais, en somme, ces escarmouches n'apportèrent aucun retard à la marche des Allemands à travers la Belgique.

Ceux-ci se bornèrent à occuper Louvain d'un côté, Bruxelles de l'autre, et poursuivirent leur route. Cependant plusieurs corps français s'étaient rapidement portés sur les bords la Grande-Helpe, affluent de la Sambre, leur droite appuyée à la forêt de Trélon, leur gauche à la Sambre. Les villages d'Anor et d'Ohain furent occupés en toute hâte, afin de défendre la trouée qui se trouve pratiquée dans la forêt de Trélon.

Cette position était assez avantageuse, car, depuis Hirson jusqu'à la Meuse, la région est fortement montagneuse, et, en conséquence, facilement défendable.

La résistance devait d'autant plus s'effectuer dans la région au nord d'Hirson que, dans toute cette partie de notre territoire, l'ennemi, en raison de la configuration des terrains, devait se trouver obligé de suivre, non les crêtes dont la ligne directrice est assez difficile à reconnaître, mais le bord même des cours d'eau.

Malheureusement, la forêt de Trélon, occupée par nous, pouvait être facilement tournée par des forces débouchant de Philippeville et Marienbourg.

C'est ce qui arriva, en effet. Après un combat de quelques heures, notre petite armée, sur le point d'être enveloppée, dut se replier précipitamment et battre en retraite sur Landrecies. L'armée allemande, incessamment grossie par les renforts qui se succédaient sans interruption, poursuivit sa marche.

La position de Landrecies était insuffisante pour arrêter sérieusement l'envahisseur. On laissa une petite garnison dans la forteresse et on se replia sur la ligne La Fère-Laon, où deux corps d'armée français se trouvaient déjà réunis.

Pendant ce temps, l'aile droite de la seconde armée allemande, débordant du Luxembourg, s'était jetée sur Mézières, tandis que l'aile gauche attaquait Verdun et que le centre passait la Meuse entre Dun et Consenvoye.

Quelques troupes françaises, qui garnissaient les côtes de la Meuse, en arrière de ces deux localités, ne purent tenir contre la supériorité numérique de l'assaillant.

Un immense matériel de siège avait été réuni depuis longtemps à Metz. En quelques jours, ce matériel fut transporté sous les murs de Verdun et l'investissement de la place commença.

On reconnut alors, mais trop tard, comme toujours, la faute que l'on avait commise en ne fermant pas la trouée de Stenay.

L'établissement de cette barrière, de même qu'une série de fortifications dans la région supérieure de l'Oise, s'imposaient d'autant plus impérieusement que ces obstacles eussent pu arrêter assez longtemps l'ennemi pour permettre à nos armées de se concentrer en toute sécurité.

On savait cependant que les Allemands nous devanceraient au point de vue de la mobilisation.

On s'entêta. Le comité de défense pouvait-il céder sans compromettre son renom d'infaillibilité, si souvent pris en défaut cependant, mais qu'il n'en persistait pas moins à vouloir ériger en dogme?

Périsse plutôt la France que l'omnipotence des comités : tel a toujours été chez nous le mot d'ordre.

Donc, les Allemands, à la suite d'un choc vigoureux, franchirent la Meuse et se ruèrent sur l'Aisne par la trouée de Stenay.

Tandis qu'ils effectuaient ce mouvement, leur armée d'Alsace immobilisait nos troupes, de Toul à Épinal.

Ajoutons qu'aussi bien dans le Nord qu'à Verdun, ils avaient détaché du gros de leur armée plusieurs corps de troupes destinés à prévenir toute attaque sur leurs flancs.

Notre armée de la Meuse dut se replier précipitamment, en arrière de la plaine de Champagne, sur les positions de Reims-Laon.

Une grande bataille était imminente dans cette région.

Si nous avions pu nous maintenir solidement de Toul à Épinal, avec les effectifs réunis dans cette partie de notre frontière militaire, il eût été possible à nos réserves de Langres de se porter, à travers les plaines champenoises, sur l'aile gauche de l'armée allemande en marche sur Reims, et nous aurions été à même de livrer bataille avec des chances de succès.

L'armée autrichienne, comme nous l'avons indiqué plus haut, avait violé la neutralité suisse et, malheureusement, le fort de Larmont venait d'être tourné par l'armée austro-allemande. A la faveur du faible rideau de troupes gardant notre frontière, elle avait réussi à se frayer un passage, malgré les difficultés du terrain et à s'emparer des routes qui conduisent à Saint-Hippolyte, en Franche-Comté.

Cette brusque irruption des armées alliées en

Franche-Comté dessinait le plan ennemi. Il devenait certain que l'armée envahissante, après avoir masqué Besançon, allait se porter sur Dijon et sur Belfort et Épinal, pour prendre à revers ces boulevards de notre défense.

Dans ces conditions, le devoir des armées de réserve concentrées à Dijon et à Langres était tout tracé. Ces armées devaient se porter en toute hâte au-devant de l'ennemi pour l'empêcher, coûte que coûte, d'exécuter son mouvement.

On voit donc que les armées allemandes, marchant sur Paris par le Nord et Verdun, étaient assurées de la liberté de leurs mouvements et de leurs communications.

Six corps d'armée allemands masquaient nos lignes de Lorraine, six étaient en marche sur notre ligne Reims-Laon-La Fère.

Pendant ce temps, deux corps d'armée, auxquels un troisième corps devait bientôt venir s'adjoindre, menaçaient Lille et Valenciennes.

Si, dans cette région, nous avions eu de nombreuses troupes en état de tenir la campagne, non seulement l'ennemi aurait dû nous opposer des forces beaucoup plus considérables, mais encore nous eût-il été possible de menacer sérieusement le flanc droit de l'armée allemande opérant dans la vallée de l'Oise.

Il n'en était rien malheureusement.

Certes, la ville de Reims était bien défendue.

bâtie sur la Vesle, cette place est au centre d'une plaine formant une sorte de cirque aux pieds de la montagne de Reims et des falaises de Champagne. En avant de son front oriental, une ligne de hauteurs domine les plaines qui s'étendent au delà. Sur ces hauteurs ont été construits, au nord, le fort de Bourgogne et le fort de Brimont, commandant le canal de la Marne à l'Aisne et le chemin de fer de Reims à Laon; à l'est, le fort de Vitry-les-Reims, le fort de Barru à 267 mètres d'altitude et le fort de Nogent-l'Abbesse. Sur la colline de Brimont se trouvent, en outre, deux batteries, celles de Cran et de Loivre. Au sud de Reims, ont été construits le fort de Montbré et les ouvrages de Rilly-la-Montagne.

Si forte que soit la position de Reims, il n'aurait pas été inutile de la relier à Épernay par une série d'ouvrages. On ne l'a pas fait : c'est regrettable.

Ajoutons que les hauteurs qui couvrent Reims à l'ouest forment une seconde ligne, sur laquelle l'armée française, battue en avant de Reims, devait se retrancher. L'attaque de ces positions devait être hérissée de difficultés pour l'assaillant.

Nos lecteurs savent que la ville de Laon, au nord de Reims, est également d'une grande solidité, et se rattache à La Fère formant ainsi, avec ces deux villes, une immense place d'armes.

Laon, maîtrisant les routes et la voie ferrée de Paris en Belgique, par la vallée de l'Oise, est, en quelque sorte, la clef stratégique de la région.

La citadelle de Laon a été reconstruite. De plus, la ville compte une série d'ouvrages avancés qui rendent la prise de la position extrêmement difficile. 150,000 hommes massés, de La Fère à Laon, eussent pu résister victorieusement à des forces de beaucoup supérieures.

Par malheur, quand les Allemands arrivèrent en face de nos lignes, nous n'avions à leur opposer que 40,000 hommes de la Fère à Laon, et 50,000 à peine, en avant de Reims; ces derniers moralement atteints déjà par l'échec subi sur la Meuse.

Fidèles à leur système d'offensive rapide, les Allemands attaquèrent immédiatement Reims, d'une part, et La Fère, de l'autre.

Leur supériorité numérique était grande.

Nous allions donc combattre dans la proportion de 1 contre 2.

Il est vrai que nous avions l'avantage de la position.

Dès le matin, la bataille s'engagea en avant de Reims.

Notre armée était appuyée, à gauche, sur les forts de Pouillon, de Thierry et de Franqueux, au nord-ouest de Reims; au centre, sur le groupe des forts de Vitry, de Berre et de Nogent-l'Abbesse; à droite, sur la montagne et la forêt de Reims, en avant des forts de Montbri et de Rilly.

La journée promettait d'être splendide. Le soleil

s'était levé radieux. Nos soldats, qui ne s'attendaient pas à être attaqués, s'étaient réveillés aux sons joyeux des clairons qui sonnaient la diane, quand tout à coup les canons ennemis, qui, pendant la nuit avaient été mis en batteries, commencèrent à se couronner de fumées blanches. Les obus se mirent à pleuvoir au milieu de nous.

Plusieurs compagnies des nôtres, envoyées le matin en reconnaissance, ouvraient le feu au même instant avec les avant-postes ennemis. Au bruit de la fusillade, et avant même qu'on eût battu la générale, toutes nos troupes, admirables d'entrain, rejoignirent leurs postes de combat.

Nos forts ripostèrent aux feux de l'artillerie allemande avec une impétuosité telle que l'ennemi se vit bientôt dans la nécessité d'abandonner les positions où il avait élevé ses batteries.

Dans le même temps, 30,000 des nôtres livraient en plaine, en avant de nos forts, un combat à des troupes supérieures en nombre. Malgré notre infériorité numérique, nous parvenions à repousser celles-ci.

Après deux heures de combat, l'ennemi battit en retraite sur toute la ligne.

Malheureusement, en raison de notre infériorité numérique, nous ne pûmes abandonner nos positions pour poursuivre l'ennemi, qui ne tarda pas à se reformer à quelques kilomètres en arrière.

L'ennemi avait été également repoussé en avant

de La Fère. La bataille s'était engagée jusqu'au delà de Tergnier, au nord, et au sud jusqu'à Laon. Vers le milieu de la journée, l'ennemi avait tenté un mouvement tournant qui pouvait déborder notre aile gauche, mais, fort heureusement, des renforts nous étaient arrivés des plateaux de Saint-Quentin, en sorte que l'aile droite allemande, menacée sur son flanc, dut se replier en désordre.

Le lendemain, la bataille recommença plus acharnée que la veille, en avant de Reims. Des renforts considérables n'avaient cessé pendant toute la nuit de grossir les rangs des Allemands. Vers le milieu de la journée, de nouvelles troupes allemandes arrivèrent encore et entrèrent immédiatement en ligne. Nous eûmes alors à lutter dans la proportion de 1 contre 4, nos cinquante mille hommes de Reims ayant à faire face à plus de 200,000 Allemands. A cinq heures du soir, l'ennemi avait réussi à tourner Reims par le sud et par le nord. L'investissement de la place était désormais inévitable.

Il en fut de même au nord sur les positions de Laon-La Fère. Désespérant de rompre ce front de défense, l'ennemi porta tout son effort au sud de Laon. Son action, combinée avec celle de l'armée opérant contre Reims, fut couronnée de succès. Notre armée, campée sur les positions de La Fère-Laon, menacée d'être prise à revers, dut se replier en toute hâte sur Soissons, après avoir laissé des forces suffisantes pour la défense des forts. Notre armée de Reims profita de la nuit pour opérer le même mouvement, après avoir également assuré la résistance des forts, en y laissant les garnisons nécessaires.

Les Allemands, en attendant de nouveaux renforts, se disposèrent à assiéger toutes les positions de Reims et de la ligne Laon-La Fère. Dans la nécessité où ils se trouvaient de procéder par sièges réguliers, ils durent immobiliser des forces importantes en face de ces positions. En outre, comme ces positions commandaient des voies ferrées et les principales routes de la région, il s'ensuivit des retards considérables dans l'arrivée de leurs troupes de renforts.

Nous en profitâmes pour nous asseoir solidement sur les hauteurs de Soissons, après nous être reformés et accrus de près de 30,000 hommes, accourus de Paris et d'Amiens.

Si la place de Soissons, dont l'importance stratégique est grande, avait été mise en sérieux état de défense, il est certain que nous aurions pu livrer en avant de cette position une bataille qui peut-être eût tourné à notre avantage. Une bataille gagnée par nous à Soissons eût entraîné de graves conséquences pour l'ennemi. Poursuivant, la baïonnette aux reins, l'armée allemande, mise en déroute, nous serions tombés sur les troupes d'investissement de La Fère, de Laon et de Reims, et jeté le désordre parmi elles. Prises entre les canons de nos forts et notre attaque à revers, ces troupes auraient dû immédiatement se replier et battre en retraite avec le gros de l'armée allemande.

Un pareil succès pouvait changer notre fortune. Malheureusement, la ville de Soissons n'avait, pour toute défense, qu'une enceinte bastionnée absolument ridicule.

L'imprévoyance du comité de défense, qui, malgré les plus sages avertissements, s'était obstiné à ne pas fortifier les hauteurs qui dominent Soissons, allait nous coûter cher.

Il est vrai, que, profitant de l'arrêt subi par les Allemands dans leur marche en avant, nous nous hâtâmes de couvrir nos positions à l'aide d'ouvrages en terre, mais ces ouvrages n'étaient pas en état d'offrir une longue résistance.

Les Allemands poussèrent énergiquement le siège de Condé-sur-Aisne. Pendant trois jours, leurs batteries de campagne battirent sans interruption les murs de la forteresse et lui causèrent un dommage appréciable.

Le quatrième jour, les Allemands, passant au sud de Reims, après avoir coupé la ligne de Reims à Épernay qui n'était pas défendue, se portèrent sur Soissons, qu'ils se disposèrent à tourner. Une bataille était inévitable.

La supériorité numérique l'emporta. Débusqués de nos positions, ou sur le point d'être tournés par notre aile droite, nous dûmes nous replier précipitamment sur Paris.

LES OPÉRATIONS DANS L'EST

Pendant que les événements que nous venons de raconter se passaient au nord-est de Paris, l'armée austro-allemande, qui avait pénétré, comme nous l'avons dit, sur le plateau séquanais, s'apprêtait à repousser notre armée de Dijon, qui se dirigeait à marches forcées et par les voies ferrées au-devant de l'ennemi. En même temps, une armée allemande se portait sur Nancy qu'elle ne tardait pas à occuper et, à la suite de sérieux combats, parvenait à nous déloger du plateau de Haye. Une autre armée allemande, débouchant d'Alsace, s'avançait vers Saint-Dié. Il était évident que l'objectif de ces deux armées était la trouée de la Moselle. Inquiétée sur son front par l'armée d'Alsace, menacée sur ses derrières par l'armée austro-allemande parvenue en Franche-Comté, notre armée d'Épinal ne put opposer sur la Moselle qu'une résistance relativement faible. Les deux armées allemandes, après avoir passé la Moselle et opéré leur jonction, se déployèrent immédiatement en éventail : l'aile gauche menaçant Langres, l'aile droite poussant droit à la Marne, dans la direction Neufchâteau-Chaumont-Troyes.

De graves événements s'accomplissaient alors en Franche-Comté.

Une armée autrichienne, descendue jusqu'à Neuchâtel, était parvenue à entrer en France par Pontarlier.

Pour bien comprendre la marche des événements qui vont suivre, il nous est nécessaire de revenir sur quelques considérations géographiques relatives à la frontière du Jura.

Cette frontière peut être divisée en trois secteurs : du Ballon d'Alsace à Sainte-Ursanne, de Sainte-Ursanne au col de la Jougne, du col de la Jougne au Rhône.

On sait que le Doubs fait au-dessous du Lomont un coude étrange sur le territoire helvétique. Cette partie de la Suisse est connue sous le nom de « clos de Sainte-Ursanne. » La partie du premier secteur jurassique qui confine à la Suisse est comprise entre Delle et Sainte-Ursanne. Le deuxième secteur, entre Sainte-Ursanne et Pontarlier, est coupé par trois cluses que suivent les lignes ferrées. Ce sont les coupures de Morteau (Le Locle-Pontarlier), de Neuchâtel (Les Verrières-Pontarlier), de Jougne.

De nombreuses lignes carrossables mettent, de plus, en communication les deux versants du Jura.

La coupure de Neuchâtel est fermée par les forts de Joux et du Larmont, situés en face l'un de l'autre. Des ouvrages ont été construits sur une hauteur qui domine le Larmont.

Les routes qui traversent la chaîne du Jura étaient sans doute faciles à intercepter, mais il nous aurait fallu pour cela beaucoup plus de monde en Franche-Comté que nous n'en avions. D'ailleurs, la plupart des positions pouvaient être tournées et prises à revers.

Le troisième secteur est plus difficile à aborder. C'est là qu'on rencontre les montagnes les plus élevées de la chaîne. Les routes peu nombreuses (de Nantua à Bellegarde par Châtillon-de-Michaille, du col de la Faucille et du col de Saint-Cergues) peuvent être défendues à l'aide d'ouvrages improvisés. Il y a, en outre, des chemins qui remontent la vallée de l'Orbe (rivière suisse qui se jette dans le lac de Neuchâtel) pour se réunir à la route du col de Saint-Cergues et franchir une seconde crête, ou col des Rousses, qui est défendu par un fort très solide.

La route de Nantua-Bellegarde-Genève est fermée par le fort de l'Écluse; le col de la Faucille n'est pas fortifié, mais il est facilement défendable.

Le fort des Rousses, disons-le en passant, a une réelle valeur offensive, en ce sens qu'il peut permettre de jeter des forces en Suisse et d'occuper Lausanne, d'où l'on peut commander la partie supérieure de la Plaine suisse.

Étudions maintenant la configuration géographique en deçà de la chaîne des Alpes, c'est-à-dire en France.

Les routes débouchent de Porentruy en France, sillonnent la région en avant des ouvrages de défense de la trouée de Belfort. Nous n'avons pas à nous en occuper. L'ennemi parvenu à Delemont, peut disposer d'une route carrossable qui suit le Doubs et contourne le Lomont au sud. Cette route mène directement de Sainte-Ursanne à Saint-Hippolyte en Franche-Comté. Nous savons que de Saint-Hippolyte plusieurs chemins conduisent sur le plateau séquanais.

Plus bas, Maiche est un nœud de routes importantes telles que la route de Seignelegnier, qui traverse le Doubs au pont de Goumois, le chemin de Noirmont et celui de la Chaux-de-Fonds.

Vingt mille hommes auraient suffi à défendre cette région contre l'envahisseur débouchant de Delemont, Soleure ou Bienne; malheureusement, nous ne les avions pas au moment de la brusque irruption des Austro-Allemands en Suisse.

En descendant la frontière, nous trouvons les chemins de Morteau au Locle et à Neufchâtel, de Pontarlier à Neufchâtel, etc.

Morteau, nœud de trois routes et d'un chemin de fer qui coupent la chaîne, peut être regardé comme l'une des clés du Jura. Sa possession devait assurer à l'ennemi la faculté de prendre à revers les forts de Joux et de Larmont, qui défendent la coupure de Pontarlier. Il est vrai qu'après avoir franchi Morteau, l'assaillant devait avoir à emporter une excellente ligne de défense formée à deux lieues à l'ouest par la chaîne de Chaumont, qui court parallèlement à la frontière sur une longueur de 27 kilomètres. Cette chaîne n'est franchie que par une seule route.

A neuf lieues au sud de Morteau s'ouvre la coupure de Pontarlier : cette dernière ville est le point convergent des routes de Dijon. Beaune et Chalon-sur-Saône; par Lons-le-Saulnier, Poligny et Arbois. De Pontarlier il est possible de descendre sur la Saône.

J'ai dit que le fort de Joux et celui de Larmont défendent le débouché de Pontarlier, mais le Larmont est dominé par les hauteurs et, de plus, de nombreux chemins, partant de la route de Lausanne à Jougne, traversent le Jura et permettent ainsi de tourner les forts de Pontarlier.

Certes, si nous avions pu opérer nos concentrations en temps utile, il nous eût été facile d'occuper tous les points faibles du massif jurassique et de résister victorieusement à l'assaillant ; mais, je le répète, nous avions été surpris en pleins mouvements de troupes par la marche foudroyante de l'ennemi à travers la Suisse, et c'est ainsi que notre frontière, franchie en plusieurs endroits, la Franche-Comté se trouva envahie subitement, pour ainsi dire, par l'armée austro-allemande.

Le dernier secteur de notre frontière ne devait pas être attaqué. Là nous avions pu occuper les routes et nous fortifier, en raison de la longue distance qui séparait cette partie de notre frontière de la base d'opération des Austro-Allemands. D'un autre côté, notre armée opérant en Savoie, aurait été à même de se porter sur le flanc gauche de l'ennemi et de lui infliger un sérieux échec.

Une fois en Franche-Comté, l'armée austro-allemande, grâce à des renforts incessants, put hâter sa marche en avant. Il lui importait de ne pas négliger Besançon, qui est la clé du plateau séquanais, composé de plaines élevées, comprises entre le Lomont, la frontière suisse et le cours inférieur du Doubs. En largeur, le plateau séquanais mesure 50 kil. de Besançon à Morteau et 100 en longueur d'Arbois au Lomont.

La ville de Besançon est bâtie dans une boucle formée par le Doubs et adossée à une formation rocheuse, sur laquelle a été construite la citadelle. Diverses hauteurs dominent la place et sont couronnées par des forts ; malheureusement ces forts sont exposés au feu plongeant des batteries qui seraient construites sur les hauteurs voisines. On a donc été obligé d'élargir la ceinture des forts de la ville et de porter au loin la ligne de défense. C'est ainsi qu'ont été construits les forts du Chailluz, de Châtillon-le-Duc, et la batterie du Calvaire, au nord et au nord-ouest ; du mont Boucou, du Petit-

Chaudane, Rosemont et Planoise à l'ouest, et au sud-ouest la batterie Rolland, les forts de Fontaine-Argent et du Mont-des-Bois au sud et au sud-est, les forts de Montfaucon à l'est.

En arrière de cette ligne extérieure se trouvent les forts Bregille, Benoît, des Justices, du Grand-Chaudane et la citadelle, dont l'importance défensive a considérablement diminué depuis la construction des forts avancés que je viens d'énumérer.

Les positions du Chailluz et de Châtillon-le-Duc sont presque inexpugnables.

Le siège régulier de Besançon n'aurait pas exigé moins d'une armée entière, cette place étant incontestablement une des plus fortes de l'Europe et formant un camp retranché des plus vastes entre le Doubs et l'Ognon.

L'ennemi ne songea nullement à assiéger la ville ; il se borna à la masquer et poursuivit sa route sur Dijon.

A ce moment 400,000 Autrichiens, répartis en deux armées, se trouvaient en Franche-Comté, 100,000 Autrichiens et Allemands opéraient en Suisse, où ils s'étaient emparés de Berne.

Pendant ce temps, menacée par les Allemands, l'armée de Langres, après avoir assuré la défense des forts de Langres, battait en retraite sur Dijon, afin d'opérer sa jonction avec les troupes réunies sous cette ville.

La retraite de notre armée de Langres, par le

bassin de la Saône, était une opération facile, grâce aux avantages présentés par le terrain. Cette retraite s'effectua donc assez promptement.

La bataille allait donc s'engager en avant de Dijon.

Dijon est le point d'intersection d'un grand nombre de routes entre les bassins du Rhône et de la Seine. C'est le débouché de la vallée de l'Ouche qui ouvre l'accès des hauteurs du Morvan.

A la simple inspection de la carte, il est facile de voir que, de Dijon, on rayonne facilement sur les bassins de la Seine et de la Loire. Il y avait donc une importance considérable à transformer Dijon en camp retranché. C'est ce qui a été fait. Il est à remarquer, en outre, que la chaîne de la Côte-d'Or constitue, dans cette région, de belles positions défensives, au pied desquelles la ville se trouve construite. Les crêtes principales de la Côte-d'Or sont couronnées par le fort de Hauteville, au nord, sur la rive gauche de l'Ouche; par le fort de la Motte-Giron, sur la rive droite de l'Ouche; par le fort du mont Affrique, au sud-ouest.

Le fort de Hauteville commande la route de Paris, le fort de la Motte-Giron la route de Nevers. A l'est se trouve un demi-cercle de forts, dont le plus au nord est le fort d'Asnières, qui commande la route de Langres. La route de Gray est maîtrisée par le fort de Varois, celle de Besançon, ainsi que le chemin de fer qui relie Dijon à cette ville par le fort de Sennecey. Au sud, la route et le chemin de fer de Lyon sont commandés par le fort de Beauregard.

Il y a, en outre, des batteries annexes près du fort de la Motte-Giron et un fortin, dit de Saint-Apollinaire, entre le fort d'Asnières et celui de Varois.

Le périmètre du camp retranché de Dijon est de 45 kilomètres.

Nous avons dit que l'armée de Langres avait été obligée d'abandonner cette position, après y avoir laissé les troupes nécessaires pour la défense des forts, et s'était repliée sur Dijon.

L'armée de Langres et celle de Dijon allaient donc avoir à combattre l'armée autrichienne qui se disposait à aborder le front de la ville.

Les Autrichiens, recevant incessamment des renforts, avaient une telle supériorité numérique sur les troupes de défense qu'ils parvinrent à franchir la ville et à repousser nos troupes sous le canon de nos forts. Le lendemain, le front d'attaque se resserra encore.

Dès lors, Dijon dut être abandonné à ses propres forces. On laissa dans les forts et dans les villages environnants des troupes territoriales en nombre suffisant pour retenir l'ennemi le plus longtemps possible, après quoi le gros de notre armée se retira dans le massif montagneux du Morvan, qui allait devenir le théâtre d'opérations militaires importantes.

Une nouvelle armée autrichienne s'étant formée sous Dijon, se porta alors sur Lyon.

Le plan des armées coalisées apparaissait donc nettement. En premier lieu, une armée de plus de 500,000 Allemands s'efforçait d'isoler Paris et le nord de la France; en second lieu, une autre armée allemande, forte de 400,000 hommes, après avoir franchi la trouée de la Moselle, se portait au centre de la France, avec Orléans pour objectif principal; troisièmement enfin, l'armée autrichienne, comptant près de 350,000 hommes, se dirigeait sur Lyon pour isoler le Sud. Dans ces conditions, le centre de la France se trouvait complètement découvert et à la merci de l'envahisseur.

Il y avait un mois à peine que la guerre était déclarée, et le sol français était déjà foulé par dix-huit cent mille soldats étrangers.

De plus, nous avions à faire face, en Savoie et dans les Alpes, à l'Italie, et à l'Espagne, dans les Pyrénées.

Dans les Alpes et en Savoie, la lutte se continuait avec des alternatives diverses.

LA GUERRE DE MONTAGNES

Entrés en campagne bien avant l'armée italienne, nous aurions pu, sans coup férir, pénétrer dans le bassin du Pô, si nous avions eu des troupes organisées en vue de la défense des montagnes. Nous n'en avions pas, malheureusement ; tandis que les Italiens, avec leurs chasseurs alpins, dressés depuis longtemps à ce genre de guerre et connaissant parfaitement leur terrain d'opérations, nous tenaient victorieusement tête dans les défilés, malgré leur infériorité numérique.

Dans la guerre de montagnes, en effet, la supériorité du nombre compte pour bien peu de chose en raison de la difficulté de se développer et de présenter des fronts étendus.

M. Cezanne, député, avait déposé à l'Assemblée nationale, le 21 juin 1873, une proposition de loi relative à l'organisation militaire dans la région des montagnes qui bordent la frontière.

Nous empruntons à M. Violet-le-Duc, relativement à cette proposition, quelques considérations sur la guerre des montagnes, qui nous paraissent aussi judicieuses qu'intéressantes :

M. Cezanne, appartenant aux départements annexés de la Savoie, depuis son enfance familiarisé avec les montagnes, avait fait valoir la nécessité d'établir des routes militaires dans les régions alpestres voisines des frontières, lesquelles en sont à peu près dépourvues de notre côté, et d'organiser des corps spéciaux propres à cette guerre des montagnes, si différente, à tous égards, de celle des plaines.

Son exposé, fort étudié et clairement présenté, se terminait par ce projet de loi :

« Un certain nombre de bataillons de chasseurs à pied, formés en majeure partie avec des hommes originaires des montagnes, seront affectés aux frontières des Alpes, du Jura, des Vosges et des Pyrénées, et spécialement exercés à la guerre des montagnes. »

Ce projet ne fut pas adopté par l'Assemblée.

Nous ne nous attarderons pas à chercher les causes de ce rejet. Nous croyons que, s'il fut repoussé, c'est uniquement parce qu'il n'était pas soutenu par le Ministre de la guerre, et que, s'il ne fut pas soutenu par le Ministre de la guerre, c'est peut-être parce qu'il n'avait pas été élaboré dans ses bureaux.

Considérons la question comme s'il s'agissait de l'étudier, en dehors de toute influence ou parti pris. Contentons-nous d'examiner les deux éléments principaux dans toute lutte armée ; le terrain et les conditions imposées aux hommes agissant sur ce terrain, aux divers points de vue des mouvements, de l'armement, de l'approvisionnement et de l'hygiène.

Les massifs montagneux, dans les Alpes, se présentent abrupts sur le versant italien, très épais et très prolongés, sur le versant suisse ou français. Si, de Turin, par exemple, on peut, en une ou deux journées de marche, atteindre les crêtes frontières, il n'en est pas ainsi du côté suisse ou français ; les vallées sont étendues, enchevêtrées, présentant de longues bandes de soulèvements, et, de la plaine, pour atteindre la crête frontière, les chemins sont longs, les vallées superposées, séparées par des gorges étroites.

En supposant que la crête frontière fût franchie par une armée venant de l'Italie, la défense se prolongerait beaucoup plus longtemps dans les régions montagneuses française et suisse, qu'on ne pourrait le faire, en supposant une agression inverse, du côté italien : mais, par contre, il nous faudrait beaucoup plus de temps pour atteindre notre frontière, ou aux Suisses la leur, qu'il n'en faudrait aux armées italiennes pour couronner les crêtes ; et si dans ce dédale de vallées, qui, de notre côté, s'élèvent jusqu'aux crêtes frontières, la défense, en cas d'invasion, peut être prolongée, c'est à la condition de connaître exactement les passages, même les moins accessibles en apparence, les cols entre les vallées parallèles, les plateaux supérieurs, les points favorables aux concentrations, soit pour attaquer, soit pour défendre.

Or les cartes, si bonnes qu'elles soient, sont loin de fournir les renseignements suffisants, si l'on ne possède pas la connaissance des localités ; et ce n'est pas en quelques jours, ni même en quelques semaines, que cette connaissance peut être acquise. Seules, les personnes qui ont pratiqué ces contrées, et les montagnards peuvent la posséder complètement, et c'est pourquoi M. Cézanne avait proposé la formation de corps spéciaux, recrutés dans les populations de montagnes.

« Les plus grandes puissances de l'Europe n'ont pu soumettre les Suisses, dit-il dans son rapport (page 31) ; les descendants des Vaudois vivent encore dans les vallées des Alpes ; sous le nom de *barbets*, ils entretinrent seuls la guerre contre Louis XIV ; Catinat ne put les dompter ; Berwick leur opposa les montagnards français, qu'il appelait des *fusiliers de montagne ;* Kellermann, en 1793, frappé des conditions spéciales de cette guerre, demande à la Convention et obtient l'autorisation de créer les *chasseurs des Alpes.* »

En Italie, les *bersaglieri* étaient spécialement exercés aux marches et manœuvres en pays de montagnes, et aujourd'hui, un certain nombre de compagnies, dites *compagnies alpines*, ont été formées avec des hommes choisis.

Préposée à la garde des montagnes, chacune de

ces compagnies occupe un district, qu'elle doit parcourir et connaître dans toutes ses parties, en se mettant en communication avec les compagnies voisines. Parfois, réunies au nombre de trois ou de six, elles exécutent, sous la direction d'un chef de bataillon, des mouvements d'ensemble. Neuf de ces compagnies sont réparties le long des frontières de France, et six sur l'étendue des frontières suisse, allemande et autrichienne.

Certes, il est conforme au génie particulier à l'armée française de maintenir entre tous les corps de troupes une égalité complète, et de ne pas abuser ni même user des corps d'élite, qui, à tort ou à raison, sont considérés comme privilégiés; mais il faut penser que les hommes qui n'ont pas été habitués par un long exercice à la vie de montagne ne sauraient s'y faire en quelques jours, et ne peuvent par conséquent rendre les services que l'on exige d'eux.

Il arrive que l'on fait passer à une armée entière, composée d'ailleurs en majorité de soldats aguerris, un massif montagneux, ainsi que Bonaparte et d'autres avant lui l'ont fait. Mais autre chose est de traverser, dans l'espace de trois ou quatre jours, en suivant des voies connues, une contrée montagneuse; autre chose est y vivre, y manœuvrer, s'y garder, s'y défendre, ne point s'égarer dans les gorges, être toujours prêt à l'attaque, à la concentration ou à la dispersion.

Alors, quelles que soient la valeur militaire de la troupe, l'intelligence et la bravoure des officiers, si la connaissance et l'habitude de ces localités font défaut, ces qualités sont, en bien des cas, paralysées.

Et il ne faudrait pas croire que les perfectionnements apportés dans l'armement s'opposent à ce que la guerre des montagnes ne dépasse le champ qui lui était donné jadis.

L'armement étant plus léger, plus maniable, moins encombrant, peut permettre des mouvements qui, même sous les guerres de l'Empire, étaient considérés comme impossibles. La longue portée des armes de main ou charriées, et la rapidité du tir, donnent aux premiers occupants d'une bonne position une supériorité plus grande que par le passé.

Dans la guerre de montagnes, plus encore peut-être que dans celle de plaines, le succès sera toujours assuré à celui qui, connaissant bien le terrain, saura occuper, avec intelligence, les points favorables à l'attaque ou à la défense, et possédera une troupe familiarisée avec toutes les difficultés qu'opposent aux mouvements rapides et aux séjours prolongés ces altitudes considérables.

C'est donc avec des montagnards qu'il faut faire la guerre des montagnes, sinon on risque d'être battu ou débordé par un petit nombre d'hommes résolus et familiers avec ces altitudes, surtout si la lutte doit se prolonger ; car tel qui aura pu faire une marche ascensionnelle, s'il séjourne sur les hauteurs, perd peu à peu son énergie et devient rapidement anémique. Sans cesse en proie à une soif inextinguible, il ne peut manger, et les alcools ne font qu'aggraver son état de torpeur et de faiblesse.

Enfin le soldat montagnard doit être soumis à une hygiène particulière. Son alimentation et son équipement ne peuvent ressembler en rien à ceux du soldat de la plaine.

Ces corps de montagne devraient être composés de fusiliers et d'artilleurs, en même temps conducteurs de mulets et sapeurs ; car il arrive souvent qu'à l'aide de quelques coups de pic donnés à propos, de quelques troncs d'arbres jetés en travers d'un ravin, on évite de longs détours.

Depuis le rapport présenté en 1873 par M. Cézanne à l'Assemblée, rien n'a encore été tenté.

Aussi nos soldats, de beaucoup supérieurs en nombre aux Italiens, risquaient-ils fort de subir finalement un sérieux échec. La maladie, beaucoup plus que les coups de l'ennemi, décimait notre armée, et l'on pouvait prévoir le moment où il faudrait la renforcer si l'on ne voulait être obligé de battre bientôt en retraite devant les chasseurs alpins qui, à infériorité numérique, avaient sur nous l'avantage de leur expérience de la guerre des montagnes.

Dans les Pyrénées, on se battait avec des chances diverses sur les bords de la Bidassoa; les armées en présence s'observaient en attendant l'occasion de frapper un coup décisif.

LES CAUSES DE NOS REVERS

Faisons maintenant un retour en arrière et examinons les causes de nos revers.

Faute d'avoir procédé à des essais de mobilisation partielle, nous nous sommes trouvés, au moment de la mobilisation générale, en présence de difficultés imprévues qui devinrent autant de causes de retards.

De plus, faute d'avoir prévu l'éventualité de la violation des territoires belge et suisse (dans les questions de guerre ne doit-on pas prévoir les pires événements?), nous nous sommes vus obligés de modifier au dernier moment nos plans de concentration, d'où sont résultées pour nous de nouvelles pertes de temps d'autant plus graves que notre réseau stratégique de chemins de fer était loin d'être aussi parfait que celui des Allemands.

Il est arrivé alors que les Allemands ont pu nous prendre en quelque sorte à l'improviste, comme en 1870. Leurs armées homogènes et prêtes à combattre ont surpris les nôtres en voie de formation, et, fidèles à leur méthode d'offensive, se sont jetées sur elles, en état de produire, dès les premières batailles, leur maximum d'effet.

D'un autre côté, notre système de fortifications était loin d'être complet. Très solide dans certaines parties, il était tellement vulnérable dans certaines autres qu'on se demande, en vérité, quel vent de folie a soufflé sur nos ingénieurs, qui n'ont su ni voir ni prévoir les conséquences de leur désastreuse confiance.

Quoi qu'il en soit, bien des brèches pouvaient être fermées si, à l'exemple des Russes pendant le siège de Sébastopol, et des Turcs, pendant le siège de Plewna, nous nous étions mis à « remuer de la terre », et à renforcer, à l'aide d'ouvrages improvisés, nos lignes de forteresses. Cinq ou six jours auraient suffi pour construire des redoutes en terre qui eussent pu arrêter longtemps l'ennemi; malheureusement nous n'avions pas le monde nécessaire pour exécuter ces travaux.

Enfin, il faut bien le dire aussi, de coupables hésitations dans le commandement achevèrent l'œuvre qu'avait commencée notre défaut d'organisation.

Le général belge Brialmont, dont la haute compétence est universellement reconnue, écrit ce qui suit dans une étude sur la défense des États :

« 1° Occuper les défilés principaux, qui seront tantôt des gorges de montagnes, des nœuds de vallées, des routes traversant une forêt ou un marais, tantôt des ponts destinés à favoriser les opérations de l'armée sur les deux rives d'un cours d'eau important ;

« 2° Fortifier les grandes rades, les points de débarquement et les mouillages principaux ;

« 3° Construire à la limite de chaque zone d'invasion une place destinée à servir de dépôt et de base d'opérations à l'armée, lorsqu'elle devra se porter au delà des frontières ;

« 4° En arrière des places occupant les défilés, élever sur chaque zone une grande place de refuge occupant un point stratégique de premier ordre (1);

« 5° Au centre du pays, construire une grande position fortifiée servant de *réduit* à l'armée.

On a prétendu que les places à camp retranché avaient l'inconvénient grave d'immobiliser des forces importantes, de leur assigner un rôle passif, en quelque sorte, et d'affaiblir d'autant nos armées tenant la campagne.

C'est une erreur.

Outre que les forteresses doivent être défendues par l'armée territoriale, les troupes de l'armée active qui s'abritent sous leur protection, ne doivent en aucun cas s'y enfermer. Les forteresses sont

---

(1) En vertu de ce principe, la France, indépendamment des places de Langres, en arrière du front est, et de Lyon, en arrière du front sud-est, aurait dû avoir une grande place de refuge à Soissons, en arrière du front nord.

pour l'armée active des points d'appuis pour ses opérations et des refuges en cas de revers.

Quant aux forts isolés, construits en plaine, sur des routes ou des voies ferrées importantes, il est évident que ces nids à obus ne sont pas destinés à résister bien longtemps à l'artillerie; aussi n'ont-ils d'autre but que de retarder la marche de l'envahisseur. Quand ils ne feraient subir à ce dernier que des arrêts de quelques jours, en plus d'un cas, ce serait d'un immense avantage pour les armées de défense.

Si l'on observe la région septentrionale de la France dont Paris occupe le centre, on voit que cette région est coupée par une série de lignes de crêtes concentriques et perpendiculaires aux lignes d'invasion convergeant sur Paris. La première de ces crêtes, qui est la plus rapprochée de Paris, prend naissance dans la forêt de Fontainebleau; elle contourne Paris à l'est, passe à Moret où elle est traversée par la Seine, à Montereau, Sézanne, Épernay, Verzy, Jonchery-sur-la-Vesle, Roncy-sur-Aisne et La Fère. Elle se prolonge au delà de l'Oise par les coteaux qui forment la ceinture méridionale du bassin de la Somme.

C'est sur cette ligne de crêtes, qui forment d'excellentes défenses naturelles, qu'eurent lieu, en 1814, les batailles de Montereau, de Nogent, de Sézanne, de Vauchamps, de Montmirail, de Champaubert, d'Épernay, de Craonne et de Laon.

La seconde ligne de crêtes commence à Montargis, passe par Joigny, où elle se relie à une chaîne qui se détache des monts du Morvan, par Troyes, Saint-Menehould, Vouziers, Montcornet, et finit vers l'Oise. Les crêtes de cette deuxième ligne sont moins élevées que celles de la première et sont, par conséquent, d'une moins grande utilité défensive.

La troisième ligne descend du Morvan, passe à Auxerre, Tonnerre, Bar-sur-Seine et Bar-sur-Aube; elle est coupée par la Marne vers Donjeux, passe à Gondrecourt, à Ménil, à Bar-le-Duc, s'abaisse en se dirigeant vers les sources de l'Aire et de l'Aisne, jusqu'à la forêt de l'Argonne où elle se relève, passe à Grand-Pré, à Lannois, etc., et va finir près de Guise.

Entre cette crête et la précédente se trouvent certaines lignes de défense couvrant les routes de Commercy à Saint-Dizier et de Vaucouleurs à Troyes.

La quatrième crête, moins accentuée que la troisième, prend naissance entre Commercy et Bar-le-Duc, sépare les eaux de la Meuse de celles de l'Aire et vient se souder à la troisième crête près des sources de la rivière de Bar.

La cinquième descend du Morvan, passe à Avallon, Montréal, Montbard, Ravières, Châtillon-sur-Seine, Châteauvillain, Audelot, Neufchâteau, où la Creuse la traverse, à Blenot, Lay (à l'est de

Toul), à Eix (à l'est de Verdun), à Dun, où la Meuse la coupe une seconde fois, à Poix, où elle se soude à la troisième crête. Cette crête fournit une très bonne ligne de défense.

La sixième crête se détache du plateau de Langres, passe à Langres, Bourmont, Dammartin, Pont-Saint-Vincent, où elle est coupée par la Moselle, à Nancy, où la Meurthe la traverse, à Metz, où la Moselle la traverse de nouveau, contourne le Chiers entre Longwy et le Luxembourg, est traversée par la Meuse au nord de Mézières et se prolonge entre la vallée supérieure de l'Oise et les sources de la Sambre.

Ajoutons que tout près de Paris se trouve une crête qui s'appuie sur la Marne, près de Meaux, passe à Dammartin, Précy-sur-Eure, etc., et va se rattacher à la ceinture du bassin de la Somme. Cette crête couvre le cours de la Seine entre Paris et Rouen.

La première et la cinquième lignes de crêtes sont les plus importantes. Nos lecteurs savent le parti qu'on a tiré de cette dernière entre Toul et Verdun; nous aurons prochainement à parler de la première.

Disons tout de suite, cependant, que l'armée française, chargée de défendre ces crêtes, opérant sur des lignes intérieures plus courtes que celles que devait suivre l'ennemi, aurait été à même de se concentrer plus rapidement que lui sur un point quelconque des crêtes menacées, si la brusque invasion des armées allemandes n'avait jeté, dès le début de la campagne, le désordre parmi nous. Nous aurions donc trouvé dans cette région d'excellents champs de bataille défensifs si nous n'avions été, comme nous l'avons montré, débordés et coupés de tous côtés.

Par sa position sur la dernière et la plus élevée des crêtes, Langres aurait permis de prendre à revers l'envahisseur, sans les événements que nous avons racontés plus haut.

Il nous reste à établir le point sur lequel devait être établi notre *réduit* ou dernier refuge de défense.

Ce point devait :

1° Être situé à peu près au centre du pays, afin que l'ennemi ne put l'atteindre que le plus tard possible ;

2° Avoir ses communications assurées avec les départements non envahis, c'est-à-dire ne pouvoir être investi ;

3° Présenter une grande force de résistance.

Paris, trop près de la frontière et pouvant être investi, ne remplissait pas les conditions requises.

Rappelons ici que les crêtes défensives, sauf la première, se relient toutes aux montagnes du Morvan qui, avec celles de la Côte-d'Or, forment un massif boisé et peu praticable. Ce massif, s'étendant de Dijon au canal du Nivernais, commande es vallées de la Seine et de l'Yonne, au nord; celles de la Saône à l'est; celles de l'Arroux au midi.

Non loin de Cosne, les montagnes du Morvan se rattachent à la ligne des hauteurs qui bordent la Loire, tandis que la Côte-d'Or se relie au nord du plateau de Langres, qui maîtrise les vallées de l'Aube, de la Marne, de la Meuse et de la Saône, coupant, en même temps, les communications entre le bassin de la Saône et celui de la Seine.

Au sud, la Côte-d'Or se rattache aux montagnes du Charolais, qui se prolongent par les Cévennes, couvrant ainsi les communications du bassin supérieur de la Loire avec le bassin de la Saône. On voit que le massif du Morvan se trouve en communication avec le sud et le sud-ouest de la France.

Ce système de montagnes présente, en effet, l'aspect d'un triangle dont le sommet est à Langres et dont les côtés s'appuient à la Loire et aux Cévennes.

Il est regrettable que des forts permanents n'aient pas été construits entre Langres et Cosne (200 kilomètres. Ce front de défense eût été pour nous d'une importance inappréciable, surtout si, pour enlever à l'ennemi toute possibilité de tourner par le nord nos positions du Morvan, on avait entouré Orléans d'une série d'ouvrages permanents, afin de couvrir le point culminant du cours de la Loire et les nombreuses lignes de chemins de fer qui aboutissent à cet endroit. Quoi qu'il en soit, le massif du Morvan devait être et sera, comme on le verra plus loin, le réduit, c'est-à-dire le dernier refuge de notre défense.

Pour nous résumer, nous dirons que les débuts de la guerre auraient été tout autres si nous avions établi à Soissons une solide place d'armes, si les trouées de la Meuse, au nord de Verdun, et de la Moselle, au sud de Toul, avaient été fermées par des forts d'arrêt judicieusement situés ; si on avait créé un formidable camp retranché à Orléans ; si Gray et Vesoul, nœud de routes importantes, avaient été fortifiées ; si l'on avait renforcé les points faibles de notre frontière jurassique, si, enfin, le massif du Morvan et de la Côte-d'Or avaient été mis en état complet de défense.

Abrités par cette formidable ligne défensive s'étendant du nord au sud, nous aurions pu, en toute sécurité, mobiliser et concentrer nos armées et, une fois prêts à combattre, il nous eût été possible d'engager, avec de grandes chances de succès, nos opérations de défensive contre offensive.

Nous aurions pu, pour parer à toute éventualité, ainsi constituer les sept armées suivantes :

1° Armée de Lille ;
2° Armée de Soissons ;
3° Armée de Verdun ;
4° Armée de Toul ;
5° Armée d'Épinal ;
6° Armée de Belfort ;

7° Armée de Besançon.

Nous aurions eu de plus des armées de réserve :

1° A Reims ;
2° A Langres ;
3° A Dijon.

Des lignes d'étapes organisées en véritables artères, destinées à alimenter les corps d'armées, s'allongeant pour les suivre ou se repliant derrière eux, en cas de retraite, auraient relié ces diverses armées entre elles.

Je ne parle pas des armées d'opérations sur la frontière italienne et sur la frontière espagnole où des forces relativement faibles devaient suffire à empêcher l'ennemi de pénétrer sur notre territoire.

Il est évident que, dans ces conditions, toutes les forces disponibles de la France eussent été engagées, mais cela était nécessaire pour faire face à la formidable coalition qui nous menaçait.

LA REVANCHE

LA PATRIE EN DANGER

A la nouvelle des désastres répétés qui nous accablaient de toutes parts, il y eut un mouvement de stupeur dans toute la France. A Paris principalement, quand on apprit que les armées allemandes marchaient sur la capitale et s'apprêtaient à l'investir, pour la seconde fois, en moins de vingt ans, l'abattement fut grand.

Mais cet accès de faiblesse dura peu. Une explosion d'indignation patriotique succéda presque aussitôt à cette heure de défaillance, et la grande cité républicaine retrouva dans l'excès même des malheurs de la patrie toute sa force et son énergie. La fièvre du désespoir s'empara d'elle. L'heure suprême était arrivée.

Il fallait vaincre ou mourir, l'héroïque alternative que chacun comprit aussitôt et accepta sans hésiter. Des rassemblements se formaient de tous côtés. Des bandes de citoyens parcouraient les rues en criant : « Aux armes ! » et en promenant des drapeaux sur lesquels on lisait cette inscription : « La patrie en danger. » Une révolution était imminente. Elle éclata.

De nombreux groupes de citoyens envahirent la Chambre, se portèrent en même temps sur les divers ministères et à l'Hôtel-de-Ville, où la déchéance du gouvernement fut proclamée.

Les ministres n'avaient pas attendu cette explosion de la colère populaire ; ils s'étaient enfuis, donnant ainsi la mesure de leur lâcheté.

Plusieurs députés qui, par de coupables compromissions, s'étaient rendus les complices du gouvernement déchu, furent arrêtés. Ces mandataires indignes, ces traîtres à leur mandat, furent immédiatement incarcérés à Mazas, où les mesures nécessaires furent prises pour prévenir toute tentative d'évasion. Il fut décidé que les prisonniers seraient retenus jusqu'à la cessation des hostilités, époque à laquelle ils seraient mis en jugement.

Un gouvernement dit de Salut public fut aussitôt constitué.

Dès qu'il fut nommé, le nouveau gouvernement institua une délégation qui, munie de pleins pouvoirs, partit le lendemain même établir son siège à Tours. La province entière acclama le nouveau gouvernement.

Trois jours suffirent pour réorganiser les ministères et les principaux services publics.

Des commissaires aux armées furent nommés, et, investis de pouvoirs étendus, se rendirent immédiatement aux postes qui leur étaient assignés.

Plusieurs généraux, dont les fautes avaient cruellement contribué à nos désastres, furent cassés ; on les remplaça aussitôt. Plusieurs officiers supérieurs passèrent ainsi officiers généraux. Deux colonels, entre autres, connus par leur valeur militaire et leur attachement aux institutions républicaines, reçurent chacun le commandement d'une armée. En très peu de jours, on réussit à réorganiser nos cadres d'officiers généraux.

Un esprit d'indomptable décision présida au choix des nouveaux officiers qui, à leurs talents reconnus, joignaient l'énergie et l'activité de la jeunesse.

L'heure des demi-mesures était passée.

Aux vieux généraux, fatigués par l'âge et les maladies, ayant perdu avec l'énergie physique la vigueur morale et la hardiesse des conceptions, il fallait substituer des officiers jeunes, actifs, instruits et animés de cette foi patriotique qui enfante des prodiges.

Le nouveau conseil de défense ne faillit pas à ce devoir.

On comprit qu'une seule chance de salut nous restait : le retour à la tradition révolutionnaire. Le nouveau gouvernement n'eut pas une minute d'hésitation. Par son énergie et sa ferme volonté de vaincre, il rendit la confiance et l'espoir aux plus découragés.

Un décret rendu de Paris ordonna l'enrôlement en Algérie de tous les Arabes qui se présenteraient pour servir ; on fit des appels de volontaires, on décida l'organisation de compagnies franches, destinées à harceler l'ennemi sur ses flancs et à inquiéter sa marche.

Tous les hommes valides, de quarante à cinquante ans, furent appelés pour tenir garnison dans les villes.

En moins de quelques jours la France entière fut transformée en une immense place d'armes.

Le danger commun, les mesures prises par le

gouvernement de Salut public et l'espoir qu'une ère nouvelle, celle de la vraie République et de la liberté, sortirait de nos victoires, surexcitèrent au plus haut point le patriotisme français.

« Il n'est pas de patrie, a dit Mignet, pour ceux qui n'en respirent l'air en toute liberté, qui ne peuvent penser tout haut, agir à la face du ciel et écrire sans contrôle ; qui ont les charges de la société sans en avoir les avantages, qui cultivent un sol ingrat à leurs travaux, profitables seulement à leurs maîtres... En vain le luxe et la richesse resplendissent à la surface et dorent la honte de la servitude ; la vie matérielle, animale, étant l'unique préoccupation, on voit le dévouement patriotique faire défaut, parce qu'il y manque de cette émulation collective désintéressée, nourrice des actions héroïques... »

Que faisaient alors ces philosophes et ces idéologues qui nous ont si longtemps rebattu les oreilles de leurs théories soi-disant humanitaires et d'universelle fraternité ?

Ils se taisaient et bien ils faisaient.

J'aime à croire qu'en présence des réalités terribles qui semblaient présager la ruine définitive de la France, ils comprenaient toute la fausseté et mesuraient le vide de leurs déclamations.

Qu'on ne se trompe pas cependant sur ma pensée.

Je suis loin de déclarer que l'union des peuples

ne doit pas être le but de la civilisation et l'espoir suprême des penseurs. J'affirme, au contraire, que tous nos efforts doivent tendre à la réalisation de cet idéal; mais, tout en poursuivant cette noble tâche, devons-nous méconnaître la réalité des choses, en restant dans les nuages de l'absolu? Devons-nous faire du cosmopolitisme qui serait la loi de l'avenir, la règle du présent? Non, mille fois non. Les rhéteurs pédants qui s'enferment dans ces systèmes commodes, parce qu'ils ne tiennent aucun compte des difficultés matérielles, sont aussi haïssables pour moi que les égoïstes qui voient en leur nombril le centre du monde et que les cléricaux dont la patrie idéale est au ciel et la patrie terrestre à Rome.

Au diable les fanatiques et les « abstracteurs de quintessence » qui perchés sur leurs systèmes comme le stylite sur sa colonne, regardent avec dédain s'agiter au-dessous d'eux les passions humaines qu'ils ne comprennent pas, parce qu'il manque à ces êtres incomplets le sens nécessaire pour les éprouver! Au diable tous les utopistes et les mystiques qui, le regard perdu dans la nue, oublient le sol qui les porte et sans lequel ils ne seraient pas!

Sous prétexte des intérêts de l'humanité, ces gaillards-là sont prêts à sacrifier ceux de leur patrie. Voilà leur logique.

Ah ça! est-ce que la patrie ne fait pas partie de

l'humanité? Ma parole, à les entendre, on croirait que non.

Est-il donc, au demeurant, impossible d'accorder les idées de cosmopolitisme avec l'idée de la patrie? L'amour de l'humanité et celui du pays sont-ils donc condamnés à s'exclure? Pas le moins du monde.

« Le patriotisme et le cosmopolitisme, a dit Louis Blanc, lorsqu'on ne les sacrifie pas l'un à l'autre, sont parfaitement conciliables. Le cosmopolitisme n'est pas plus contraire au patriotisme que celui-ci ne l'est à l'esprit de famille. L'amour qu'on porte à son pays n'empêche pas qu'on aime ses enfants. De même l'amour qu'on porte à l'humanité n'empêche pas qu'on aime son pays. »

Et j'ajoute : Est-ce qu'en aimant sa famille, la patrie n'en profite pas? Qui pourrait le nier? Conséquemment, est-il excessif de prétendre qu'en servant notre pays, l'humanité en profite également?

Les faiseurs de systèmes cosmopolites ne sont au fond que des orgueilleux qui, oubliant l'imperfection de la nature humaine, ont la prétention d'embrasser dans leur vaste cervelle l'humanité tout entière, ses besoins, ses aspirations et ses innombrables contradictions.

« L'humanité est si vaste, dit M. Caro, que le sentiment qu'elle inspire risque de se perdre dans sa vague immensité. Habituons-nous à l'aimer à travers cette humanité particulière dont nous faisons intimement partie, à laquelle nous tenons par les racines de notre passé, par toutes les fibres de notre cœur. Ce sera l'initiation à un ordre plus large de sentiments et de devoirs, si nous avons d'abord bien connu et bien pratiqué les sentiments précis que la patrie nous inspire et les devoirs positifs qu'elle nous impose. Quand nous serons accoutumés à aimer notre patrie dans la justice et dans la paix, il nous sera plus aisé de passer de cette sphère restreinte à la sphère agrandie de l'humanité. Cette méthode est plus sûre que celle qui procéderait dans l'inverse et s'irait perdre dans d'inutiles et dangereuses théories. »

Pour peu qu'on réfléchisse, n'est-il pas d'ailleurs évident que les divers peuples ne pourront jamais se fondre dans une unité absolue? Est-ce que la diversité des climats et des formes géographiques n'implique pas la diversité même des aptitudes et, par conséquent des aspirations et des besoins?

Il y aura toujours des sociétés différentes, au moins par certains côtés; chacune de ces sociétés conservera son caractère propre, son individualité, en quelque sorte, aussi les idées de cosmopolitisme aboutiront-elles fatalement, non à la fusion des sociétés, mais à leur fédération.

Je sais bien que nos orgueilleux fabricants de théorèmes humanitaires rêvent un état social où tous les hommes, coupés et façonnés sur le même modèle pour ainsi dire, penseront et agiront d'identique manière; l'individu ne doit être, selon eux, qu'une unité humanitaire, de telle sorte que les unités s'ajoutant aux unités donnent pour total l'humanité.. Ces songes creux oublient que les mathématiques qui régissent le monde physique n'ont pas encore reçu leur application dans le monde moral.

« Les caractères nationaux, a dit Michelet, ne dérivent nullement de nos caprices, mais sont parfaitement fondés dans l'influence des climats, de l'alimentation, des productions naturelles d'un pays ; ils se modifient quelque peu, ne s'effacent jamais... A ceux qui constituent l'humanité, sans s'inquiéter de l'homme ni de la nature, il est loisible d'effacer toute frontière, de combler les fleuves, d'aplanir les montagnes. Cependant, je les en préviens, les nations dureront encore s'ils n'ont l'attention de supprimer les villes, les grands centres de civilisation, où les nationalités ont résumé leur génie. »

Michelet parle du génie des nationalités. C'est là précisément ce qui constitue le plus solide lien entre les hommes d'une même patrie. Le faisceau des idées qui sont comme le patrimoine moral de chaque nation, voilà surtout ce qui doit nous faire aimer notre pays, lorsque les idées qu'il représente sont des idées de justice et de liberté.

Or, en nous plaçant à ce point de vue, n'y a-t-il pas, pour nous, Français, obligation plus étroite peut-être que pour d'autres peuples, d'aimer notre patrie?

Est-ce que la France a jamais ménagé son sang pour défendre les opprimés des autres nations? Est-ce qu'elle n'est pas le berceau de la Révolution? N'est-ce pas chez elle qu'ont pris naissance, et que se développent chaque jour les idées d'émancipation et de justice pour lesquelles nos pères ont sacrifié leur vie et qui sont appelées à régénérer le monde en le délivrant des liens de la barbarie monarchique? N'est-ce pas précisément parce qu'elle apparut comme la libératrice du genre humain que les monarchies européennes se sont coalisées contre elle pour la détruire?

Vienne à s'éteindre le flambeau de la France et le monde entier sera plongé dans les ténèbres.

Aimer la France et la défendre, c'est aimer l'humanité tout entière. Cela est tellement vrai que tous les hommes de liberté, à quelque nationalité qu'ils appartiennent, auraient dû s'unir à nous et grossir les rangs de nos bataillons de volontaires.

J'ai donc le droit de dire que les vrais cosmopolites, non les aveugles et les fanatiques, doivent avant tout, pour peu qu'ils soient conséquents avec eux-mêmes, attacher un grand prix à la conservation de la France.

C'est ainsi que j'entends le patriotisme.

Quant au chauvinisme, qui est comme la caricature et la parodie du patriotisme, je le trouve plus ridicule et presque aussi dangereux que le cosmopolitisme mal compris.

La présomption et la sottise sont les traits distinctifs du chauvinisme, qui peut revendiquer une bonne part de nos désastres de 1870.

On raconte que, quelque temps avant la guerre, des officiers français visitant l'usine d'Essen, M. Krupp leur fit part des offres de services qu'il avait adressées au gouvernement français. En même temps, il leur présentait quelques-uns de ces fameux canons qui devaient peu après nous être si fatals.

— Bast! répliquèrent ces officiers, à quoi bon acheter ces canons? Nous viendrons les prendre.

Cette sotte présomption nous a coûté cher.

Voilà où peut conduire le chauvinisme, que Lamartine a si éloquemment stigmatisé dans les lignes suivantes :

« Ce patriotisme ambitieux, envahisseur et insatiable, qui ne reconnaît que son intérêt personnel pour droit dans le monde, qui méprise et qui violente les autres droits de nationalités, égaux chez tous les peuples, et qui se fait de ces violences une gloire inique dans la postérité, ce patriotisme n'est qu'un égoïsme colossal, un principe court, brutal, improbe, portant dans ses succès mêmes sa condamnation et le germe de sa ruine. »

Ne soyons donc pas chauvins, mais patriotes, non comme les Allemands, dont le patriotisme est sans horizon, mais au sens le plus large du mot.

« ... L'Allemagne, dit M. E. Renan, ne fait pas de choses désitéressées pour le reste du monde... Elle n'a jamais eu l'analogue de nos attachements chevaleresques pour la Pologne, pour l'Italie. »

Un peu plus loin, M. E. Renan ajoute :

« Si les masses sont chez nous moins susceptibles de discipline qu'en Allemagne, les classes intermédiaires sont moins capables de vilenie. Disons à l'honneur de la France que, pendant toute la dernière guerre, il a été presque impossible de trouver un Français pour jouer passablement le rôle d'espion ; le mensonge, la basse rouerie nous répugnent trop. »

Ces dernières lignes contiennent, au point de vue patriotique pur, une erreur d'appréciation qu'il importe de relever.

Certes, en thèse générale, l'espionnage est chose vile et condamnable en soi. Mentir, espionner la pensée d'autrui pour trahir celui dont on a surpris ou capté la confiance, est un acte digne de toute notre réprobation. Cependant il en est de l'espionnage comme des fagots. Il y a espions et espions.

Peut-on dire que l'homme qui se met à la recherche des malfaiteurs et, pour arriver à découvrir leur retraite, emprunte toute sorte de déguisements, dissimule, en un mot, le mieux qu'il peut, le rôle qu'il doit jouer, peut-on dire que cet homme ne rend pas service à la société et peut-on le déclarer indigne? Assurément non.

D'un autre côté, les officiers et les soldats qui, ainsi que nous l'avons vu fréquemment dans la dernière guerre, parviennent, sous des déguisements d'emprunt, à s'échapper à travers les lignes ennemies qui les investissent, pour reprendre leur place dans les rangs des défenseurs de la patrie, ces officiers et ces soldats, disons-nous, auront-ils démérité de l'honneur parce que, profitant de leur passage à travers les armées ennemies, ils auront recueilli de précieux renseignements et les auront communiqués à leurs chefs?

En agissant ainsi, ne rendent-ils pas service à la patrie et peut-on regarder leur conduite comme entachée de vilenie?

Certes non. Ils ont cependant fait acte d'espions.

L'espionnage militaire est victime de préjugés qu'il importe de détruire chez nous. Il est évident que si, en 1870, nous avions su à quoi nous en tenir sur les mouvements de l'ennemi, nous n'aurions pas éprouvé les désastres qui nous ont accablés. Mais, outre que nos services de reconnaissance étaient fort mal faits, nos officiers traitaient nos espions avec le plus souverain mépris et les décourageaient promptement.

Au moment de la guerre, en 1870. le commissaire de police de la ville de ....., fonctionnaire très respectable et chevalier de la Légion d'honneur, offrit au ministre de la guerre ses services, comme espion. Il connaissait admirablement toute notre frontière alsacienne, ayant longtemps habité cette région et l'ayant parcourue en tous sens.

Ses services furent acceptés. Il démissionna et partit pour l'armée. A maintes reprises. il apporta au quartier général des généraux Frossard, de Failly et du maréchal de Mac-Mahon, des renseignements extrêmement précieux. C'est à peine si on daignait l'écouter.

On le recevait avec hauteur, on le traitait avec mépris. On finit par l'évincer. Or, cet homme, qui risquait sa vie à chaque instant pour son pays, ne recevait que vingt francs par jour en échange de ses services.

J'ai connu ce pauvre diable qui, rebuté partout, eut les plus grandes peines, après la guerre, à retrouver un emploi dans l'administration. Et cependant, je l'ai su depuis, si nos généraux avaient profité des renseignements qu'il leur communiquait, l'armée française pouvait être sauvée à Vœrth et à Forbach.

Lorsqu'un préjugé, basé sur un faux point d'honneur, peut coûter aussi cher à un pays, j'estime qu'il y a eu lieu de réfléchir avant de condamner à la flétrissure des hommes qui, moyennant un salaire dérisoire, n'hésitent pas à courir les plus grands dangers pour servir leur pays.

S'il en devait être autrement, il nous faudrait flétrir le colonel Stoffel, qui, avant la guerre, adressa de Berlin à l'empereur les remarquables rapports que l'on sait sur la situation militaire de la Prusse.

Si l'espionnage politique est une honte et une lâcheté, l'espionnage de guerre ne saurait être stigmatisé; car, il ne faut pas l'oublier, les hommes qui le pratiquent, risquent leur vie pour le salut des armées. Les périls qu'ils courent, suffisent, ce me semble, à ennoblir leur tâche.

En raisonnant ainsi, je crois parler en vrai patriote. Ce sont les déclamations qui nous ont perdus. Sachons nous en souvenir.

Il y a une chose qui m'a toujours étonné et dont je veux dire ici quelques mots, c'est le silence de la plus grande partie de la presse française sur les questions patriotiques pures. A part deux ou trois organes qui traitent spécialement ces questions, la plupart de nos journaux ne s'occupent que des luttes politiques, sans se soucier autrement des luttes suprêmes d'où dépendent le salut de la patrie et l'existence même de ces institutions politiques qu'on défend si bien de la plume, mais pour lesquelles il semble qu'on ne se soucie pas autrement de tirer l'épée. Cette sorte d'indifférence m'a toujours choqué, et je me suis demandé s'il n'en fallait pas chercher la cause dans le soin extrême que prennent nos hommes politiques à défendre leurs intérêts, de préférence à ceux du pays en général.

Certes, des sociétés de gymnastique et des sociétés de tir se sont constituées sur notre territoire, mais leur nombre eût été singulièrement accru si la presse l'avait voulu. Il est vrai que le gouvernement, par son inertie et son mauvais vouloir, semblait encourager l'indifférence des journaux; mais appartenait-il bien à ceux-ci de se prêter de si bonne grâce aux manœuvres du pouvoir?

Si l'esprit patriotique avait été développé chez nous dès l'enfance (et pour atteindre ce but, les sociétés dont je viens de parler pouvaient faire beaucoup), nous aurions eu une armée réellement nationalisée, c'est-à-dire se confondant absolument avec la nation elle-même, et notre force défensive s'en serait trouvée singulièrement accrue.

Le gouvernement de Salut public battit le rappel du patriotisme. Il reprit, je l'ai dit, la grande tradition révolutionnaire, comme celle-ci avait repris la tradition antique.

Nous étions envahis par la plus formidable des coalitions, comme nous l'avions été en 1792, comme l'avait été la Grèce à l'époque des guerres médiques.

Ces trois époques présentaient des analogies

frappantes, tant il est vrai que l'histoire ne fait que se répéter.

L'invasion médique, suscitée contre la Grèce par le traître Hippias qui, chassé d'Athènes, ne songeait qu'à y rentrer en roi, rappelait singulièrement l'invasion actuelle, fomentée avec la complicité des princes d'Orléans. Ceux-ci, comme Hippias, n'espéraient-ils pas, grâce à l'étranger, reconquérir un trône dans leur patrie, et ne rappelaient-ils point les émigrés, qui, en 1792, suscitaient l'Europe contre la France républicaine ?

Qu'on me permette de citer à ce propos les passages suivants de Chateaubriant :

« Les Perses, ainsi que les Autrichiens, dit l'auteur des *Révolutions anciennes,* se déterminèrent à tirer de leurs ennemis une vengeance éclatante. Les premiers firent partirent Datis à la tête de cent dix mille hommes, ayant sous lui le prince athénien Hippias. — Les seconds s'avancèrent sous le roi de Prusse conduisant les frères de Louis XVI. — L'armée asiatique, après s'être emparée de quelques îles voisines de l'Attique, descendit victorieusement à Marathon. — Les troupes coalisées contre la France, s'étant saisies de plusieurs places-frontières, se déployèrent dans les pleines de Champagne.

« La plus extrême confusion se répandit alors en Grèce, — en France. Les uns, partisans de la royauté, se réjouissaient en secret de l'approche des légions étrangères; d'autres, dont les opinions varient avec les événements, commençaient de s'excuser de leur patriotisme passé; enfin, les amants de la liberté, exaltés par le danger des circonstances, sentaient leur courage s'augmenter en proportion des malheurs de la patrie, et je ne sais quoi de sublime qui tourmentait leurs âmes...

« Un très petit nombre de peuples restèrent tranquilles spectateurs de ces grandes scènes. Dans le monde ancien on ne compta que ceux de la Crète, de l'Italie, de la Scythie. — Le Danemark, la Suède, la Suisse et quelques autres petites républiques, demeurèrent neutres dans le monde moderne. Ni les Grecs, ni les Français n'eurent d'alliés au commencement de la guerre. Leurs armées leur en firent par la suite...

« Tout étant disposé pour l'invasion préméditée, Xerxès lève son camp et s'avance vers l'Attique, suivi de ses innombrables cohortes. — Cobourg, généralissime des forces combinées, marche de même sur la France. Dans les armées florissantes de la Perse et de l'Autriche, on voyait briller également une foule de princes. Les Alexandre, les Artémise, les rois de Cilicie, de Tyr, de Sidon; les York, les Orange, les Saxe...

« Tout céda à la première impulsion des forces combinées. Les Thermopyles, Thèbes, Platée, Thespies tombèrent devant les Perses; — Valenciennes, Condé, Le Quesnoy, devant les Autrichiens. Pour les premiers, il ne restait plus qu'à marcher sur l'Attique; — pour les seconds, qu'à se jeter dans l'intérieur de la France.

« Le doute, la consternation, le désespoir qui régnaient alors à Athènes et à Paris, ne sauraient se peindre. Les frontières forcées, les étrangers prêts à pénétrer dans le cœur de l'État, des soulèvements dans plusieurs provinces, tout paraissait inévitablement perdu... Tous les citoyens tombaient d'accord sur la défense, mais personne ne s'entendait sur le mode...

« En France, les avis étaient encore plus partagés. Chaque tête enfantait un projet et s'efforçait de le faire adopter aux autres. Ceux-ci ne voyaient le salut que dans les places fortifiées; ceux-là parlaient de se retirer dans l'intérieur. Un plus grand nombre voulait que la République se précipitât en masse sur les alliés. Ce dernier plan parut le meilleur, et son adoption ramena la victoire... »

Les lignes qu'on vient de lire ne présentent-elles pas des analogies frappantes avec la situation qui nous était faite ?

Le gouvernement de Salut public s'inspira de ces leçons de l'histoire, et sut ranimer la confiance publique au souvenir des victoires remportées par la Grèce envahie et par la France de 1792.

Un grand peuple n'est jamais vaincu tant qu'il lui reste la force de tenir l'épée.

LE PLAN DE DÉFENSE

Des troupes nombreuses étaient massées sous Paris.

Nous verrons plus tard quel fut le nouveau plan adopté par le gouvernement pour la défense du territoire.

Occupons-nous, quant à présent, des événements dont la région de Paris allait être le théâtre.

Et tout d'abord, on pouvait se demander si, au point de vue stratégique, la capitale présentait réellement l'importance qu'on lui avait attribuée en l'entourant d'une ceinture de forts sur un développement de 150 kilomètres. En d'autres termes, Paris devait-il être le dernier refuge de la défense, et était-il bon d'y concentrer un trop grand nombre de troupes?

Le gouvernement de Salut public ne le pensa pas, en quoi il eut raison. Le rôle de Paris devait, en raison de son formidable développement défensif, se borner à immobiliser une grande partie de l'armée allemande, de façon à assurer aux armées évoluant dans les départements une plus grande liberté dans leurs mouvements. On sait depuis longtemps que les villes assiégées ne peuvent être délivrées que si elles sont secourues du dehors.

Il ne fallait donc pas songer à faire de Paris un centre de rayonnement de nos armées sur les diverses régions de la France, d'autant plus que, stratégiquement parlant, Paris n'est ni la clé du nord ni celle du centre de la France.

Il faut cependant reconnaître qu'en 1870 si Paris n'avait pas été en état de résister aux Allemands, on aurait vu la France, après Sedan, absolument ouverte à l'invasion, et l'envahisseur maître de la parcourir en tous sens.

L'exemple de Paris n'a pu, toutefois, décider les Allemands à se rallier au système des camps retranchés. Selon eux, le succès d'une campagne, même défensive, dépend de la mobilité des armées et de la rapidité de leurs manœuvres.

Les places transformées en camps retranchés ont, en outre, l'inconvénient grave d'immobiliser des forces importantes qui, réduites à un rôle passif, pour ainsi dire, privent la défense du territoire d'éléments plus sérieusement utilisables en rase campagne.

On doit également ne pas oublier que les sorties en grandes masses sont plutôt du domaine de la chimère que du domaine de la réalité. Il faut un temps considérable pour mettre en mouvement les masses destinées à sortir; de plus, quand elles ne sont plus sous la protection des forts, c'est-à-dire quand elles ont perdu leur appui naturel, n'est-il pas évident qu'elles sont exposées à des attaques sur leurs flancs de la part de l'ennemi ? De plus, le grand nombre de voitures qu'elles sont obligées d'emmener avec elles constituent un obstacle des plus graves à leurs mouvements, ce qui leur ôte la chance d'échapper à l'ennemi par une sorte de fuite rapide.

On a dit avec raison que les travaux de défense réalisés autour de Paris constituent, non plus une place forte, mais une espèce de province fortifiée renfermant des centres de population importants : Versailles, Saint-Germain, Argenteuil, Saint-Denis, Villeneuve-Saint-Georges, Choisy, Sceaux, etc. Avec les ressources de culture que présente le territoire compris dans l'intérieur de l'enceinte des forts, les populations, y compris celle de Paris, peuvent, en tenant compte des approvisionnements qui auraient pu être accumulés dans la capitale, vivre de longs mois. Dans ces conditions, les chances de capitulation par suite de famine diminuent considérablement.

Les forts construits autour de Paris sont en grand nombre.

On voit à la seule inspection de la carte qu'il est impossible à l'ennemi d'investir Paris au moyen d'une ligne continue de troupes. Selon toute vraisemblance, les Allemands devaient se borner à poster quatre armées autour de Paris, se reliant entre elles par de forts détachements. Il était permis de supposer qu'ils auraient une armée à Chevreuse, une seconde en avant de la forêt d'Armainvilliers, une troisième à Clave, une quatrième au delà de Chennevières, avec détachements à Pontoise, Meulan, à l'ouest, à Lagny et Nantouillet, à l'est. De cette façon, les principales routes et voies ferrées convergeant sur Paris devaient se trouver coupées.

Il n'est pas sans intérêt de connaître l'opinion des Allemands à cet égard. Nous lisons dans le *Zarbücher für die Deutsche Armée und Marine* les lignes suivantes :

« Séparées comme elles le seraient, ces armées ne comporteraient avant tout que le caractère de corps d'observation, mais ce caractère suffirait pour rendre l'investissement effectif. Avec le grand nombre de troupes nécessaires pour l'effectuer, en tout 12 ou 15 corps d'armée, c'est-à-dire la plus grande partie de l'armée allemande, on ne peut pas essayer de procéder par surprise, obligé qu'on est, en outre, de tenir compte de l'hypothèse que l'armée ennemie ou au moins la plus grande partie, s'est retirée derrière les forts. La guerre se continuant, il reste encore de nombreuses forces (au moins six corps d'armée) disponibles pour les réserves à créer, pour porter la guerre dans les provinces et y empêcher les nouvelles formations, etc. En 1870, la formation des armées républicaines fut surtout rendue possible parce que les 1re et 2e armées allemandes étaient retenues sous Metz.

« Il faut bien remarquer que l'isolement des diverses armées d'investissement n'est qu'apparent, si l'on songe aux conditions qu'aurait à remplir une tentative de percée. En effet, des opérations de ce genre n'auraient en général de valeur pour l'assiégé que si elles étaient exécutées par de grandes masses, avec lesquelles on pourrait ensuite tenir la campagne. Mais, ainsi qu'on l'a vu à Paris et à Metz, la concentration de telles masses exige souvent des journées entières, même dans des conditions favorables, et ces troupes seront d'autant plus découvertes par l'ennemi que, pour gagner du terrain, elles se seront rapprochées davantage des forts. D'un autre côté, la marche en avant qui ne peut pas avoir lieu autrement qu'en formation de combat, attendu qu'à chaque instant on risque de se heurter à l'ennemi, présentera des difficultés si sérieuses qu'elle ne pourra s'exécuter qu'avec la plus extrême circonspection et la plus grande lenteur, en admettant même que le mouvement en avant ne soit pas entravé considérablement par les convois nécessaires pour assurer les divers besoins d'une si grande quantité de troupes.

Une armée qui, par exemple, voudrait percer dans la direction du sud et se concentrer à cet effet dans les environs de Sceaux et de Choisy, ne pourrait pas, le premier jour, malgré l'existence de routes parallèles, dépasser Montlhéry (peut-être même n'irait-elle pas au delà de Longjumeau

Alors, le lendemain, éloignée des forts qui ne pourraient plus lui prêter leur appui, elle serait exposée à être attaquée dans son flanc *droit* par une armée d'observation accourue sur ses entrefaites des environs sud de Versailles (qui n'est qu'à 15 kilomètres), tandis qu'elle serait prise sur son flanc *gauche* par le détachement placé sur la Seine, ainsi que par d'autres parties de l'armée stationnée entre la Seine et la Marne.

« Les choses se passeraient de la même manière dans d'autres directions, parce que partout une tentative de percée donnerait forcément lieu à une marche de flanc entre l'armée directement attaquée et l'armée d'investissement voisine, attendu que, malgré leur développement, ces armées sont assez rapprochées pour être en mesure de se prêter un appui réciproque dans les limites d'une journée de marche. La seule chance qui pourrait s'offrir au défenseur serait d'opérer dans le secteur de Versailles, avec des forces supérieures, simultanément en *deux* points, au sud et à l'ouest, afin d'arriver à percer sans encombre en l'un des points, après que l'assiégeant l'aurait quitté pour se porter au secours de l'autre. Toutefois, il serait peut-être possible de parer à cette éventualité en divisant l'armée de ce secteur en deux, l'une devant opérer au sud et l'autre à l'ouest ; mais, dans tous les cas, il serait bon d'occuper aussi fortement que possible ce secteur, et, par conséquent, de lui affecter un cinquième corps d'armée, si on disposait de forces suffisantes pour cela.

« D'ailleurs, on ne peut concentrer des masses aussi considérables que celles qui seraient nécessaires au défenseur pour cette double attaque, sans dégarnir de troupes les autres fronts ni sans attirer l'attention de l'ennemi ; celui-ci, de son côté, peut commencer à prendre dès lors ses mesures en conséquence. La trouée qui paraît exister entre les armées I et IV dans la direction de Pontoise n'a pas d'importance. Les troupes qui, pour tenter une percée vers Argenteuil et Enghien, se seraient rassemblées dans les environs de ces localités, ne pourraient pas atteindre l'Oise (20 kilomètres) avant le soir du premier jour, et elles seraient arrêtées alors par l'avant-garde du corps d'investissement qui les attendrait derrière ce cours d'eau. En même temps, l'armée du front nord, après une marche de 25 kilomètres, se trouverait à environ 8 kilomètres au nord-est de Pontoise, et l'adversaire, pris à revers et sur son flanc droit, aurait alors à se frayer de vive force son passage de front. Ce n'est pas tout, en admettant qu'il réussisse, le passage doit avoir lieu sur des ponts improvisés, et ne peut être terminé avant le soir du second jour, vu la longueur des colonnes à faire traverser.

« Pendant ce temps, l'armée de Versailles sera arrivée, ainsi que les détachements importants qui se trouvent sur la rive droite de la Seine.

« Il est absolument impossible à l'assiégé de traverser *sans* combat les lignes ennemies ; or, ce combat seul peut déjà devenir décisif pour lui. Mais lors même que, dans cette première journée, les armées d'investissement qui se trouvent sur le passage seraient refoulées, la continuation de la marche en avant n'en serait pas moins impossible à une armée qui aurait sur ses derrières l'adversaire, quoique battu, et qui aurait son flanc en arrière poursuivi par les troupes fraîches les plus voisines, à moins que, pour être en mesure de parer à toutes ces éventualités, on ne tienne en réserve des détachements suffisants ; mais alors, pour entreprendre de telles opérations, il faudra dans tous les cas disposer de forces considérables. A tout cela, il faut ajouter encore les difficultés de faire vivre une armée vaincue laissée en l'air sans base d'opérations, dont les convois doivent presque inévitablement tomber entre les mains de l'ennemi, et constituent en tout état de cause une base d'opérations plus que précaire pour cette armée, jusqu'à ce qu'elle ait réussi à se procurer une base pour ses opérations ultérieures, ou à tendre la main à une armée de secours. »

Nous lisons, en outre, ce qui suit, relativement à une attaque de vive force contre la capitale. L'auteur de l'article que nous citons, après avoir reconnu qu'une attaque par surprise ou de vive force contre les forts actuels est impossible, définit ainsi le rôle de l'armée assiégeante :

« Son but, s'il est possible de le tenter (l'attaque), doit consister uniquement à chercher, par un mouvement en avant rapide (de vive force), au besoin en repoussant l'armée de forteresse, à passer entre la première ligne des forts, que l'on cernerait et que l'on inquiéterait de manière à prendre immédiatement position devant les forts intérieurs, et, par suite, à répéter au besoin le procédé de 1870. Une opération de ce genre, tentée contre les deux grandes trouées, existant entre les forts 10 et 12 d'une part, 1 et 23 d'autre part, ne serait pas absolument impossible, car en supposant que la sphère de protection des forts s'étende à 4 kilomètres de chaque côté, il n'en demeure pas moins des intervalles de 7 à 12 kilomètres qui, privés de toute espèce de défense par les forts, permettraient à des armées entières de passer sans trop de difficulté. Toutefois, l'attaque de vive force a besoin, sous un certain rapport, d'être faite par surprise, afin de ne pas laisser le temps à l'adversaire de se préparer de longue main à prendre des dispositions en conséquence.

« Mais avec les distances considérables qui existent entre les forts, surtout dans la trouée du nord-ouest, comment pourrait-on, en partant des lignes avancées, arriver en *un* jour jusqu'à la deuxième ligne des forts ? Nous avons déjà indiqué, à ce sujet, que la première chose qu'aurait à faire la défense, serait, dès le début de la mise en état de défense, de fermer ces trouées par des ouvrages provisoires si c'est possible, ou au moins par des ouvrages de campagne. De même, si entre les forts 10 et 12 le terrain favorise une attaque, il faut opposer à celle-ci des difficultés d'autant plus grandes dans la trouée entre les forts 1 et 3. En effet, en admettant qu'en procédant comme nous l'avons indiqué, l'ennemi ait réussi à isoler partiellement les forts 1 et 2 et à occuper Saint-Germain, il n'en resterait pas moins toujours à l'armée à traverser la Seine et la forêt de Saint-Germain, qui couvre toute la presqu'île au nord de la ville, pour enfin, après avoir jeté des ponts pour traverser de nouveau la Seine, se trouver dans les conditions et dans la nécessité de continuer à procéder à une attaque en règle à partir de la presqu'île d'Argenteuil, attendu qu'il est encore impossible de bombarder la ville depuis ce point. De plus, l'attaque en règle en cet endroit aurait à vaincre les difficultés que lui opposeraient deux courbes du fleuve et le feu croisé du Mont-Valérien et du fort Saint-Denis.

« D'ailleurs, il importe de considérer que ces espèces de pointes formant des attaques de vive force se trouvent trop en l'air, lors même qu'elles réussissent, pour pouvoir constituer un succès durable, à moins que l'on ne parvienne à fortifier assez rapidement et assez solidement le terrain ainsi conquis. Il faut évidemment s'attendre à des retours offensifs immédiats de la garnison, de front, sur les flancs et peut-être aussi à revers, et être en mesure d'y résister pendant un temps assez long. Or, sans compter les distances considérables à parcourir, cette résistance présentera des difficultés d'autant plus grandes que le défenseur sera de beaucoup supérieur à l'assaillant par la possession de pièces de forteresse, qu'il peut, au besoin, amener immédiatement en bonne position, au moyen de ses chemins de fer. »

Nous lisons, enfin, un peu plus loin :

« Le secteur situé entre la haute Seine et la Marne, dans une situation stratégique favorable, présente des difficultés tactiques très sérieuses (même au point de vue des communications en arrière), pour ne pas dire insurmontables. L'adversaire qui voudrait pénétrer en ce point pourrait utiliser la trouée de 15 kilomètres qui existe entre les forts 12 et 13, après les avoir simplement cernés, et arriver sans encombre jusqu'à la boucle de la Marne à Saint-Maur. Mais cette position, ainsi que ses flancs, offrent aux défenseurs de si grands avantages, par suite des accidents de terrain et du secours de la fortification, que l'assaillant serait obligé de conquérir le terrain pied à pied. Il serait encore moins possible de s'avancer uniquement par les *côtés* de la boucle de la Marne, parce que celle-ci viendrait s'enfoncer comme un coin entre les positions de l'assiégeant et arrêter ses opérations jusqu'à ce qu'il ait forcé le passage et pris pied dans la presqu'ile de Saint-Maur. Encore, après cela, on ne pourrait continuer à s'avancer contre la deuxième ligne des forts que par les procédés de l'attaque en règle. De plus, après avoir passé la Marne, on cesserait de profiter de la protection que cette rivière assurait jusqu'alors aux flancs, et cela précisément au moment où l'on aborde un terrain fortifié également par la nature et par l'art, dont il faudrait expulser le défenseur pied à pied.

« La marche en avant rencontrerait des difficultés encore plus grandes dans l'espace compris entre la Marne et le canal de l'Ourcq, où, tout en ayant les flancs assurés, la situation des deux cours d'eau nuit aux communications en arrière. En outre, l'attaque tomberait sur le plateau escarpé et peu accessible, situé à l'est de Paris, couronné par les forts de Nogent, Rosny, Noisy et Romainville et les autres ouvrages. On dirait que ce terrain accidenté, parsemé de nombreuses localités, a été fait exprès pour une défense opiniâtre, même après que l'adversaire aurait réussi à s'emparer du mont Avron (à l'est du fort Rosny) et à prendre ce fort ensuite.

« D'après cela, les seuls fronts d'attaque possibles sont ceux formés par le secteur compris entre la haute et la basse Seine, ou par celui de la basse Seine et le canal de l'Ourcq. Après un examen superficiel, les raisons stratégiques suffiront à faire donner la préférence au secteur compris entre la Seine et le canal de l'Ourcq, parce que deux chemins de fer (celui de Compiègne et celui de Soissons) viennent déboucher presque jusque dans la position, et un troisième (celui de Châlons à Nancy) arrivant jusqu'à Meaux, conduirait jusqu'à moins de 15 kilomètres d'une des ailes de ce secteur, ce qui assurerait le transport des innombrables quantités de pièces, de munitions, de matériel et d'approvisionnements nécessaires en pareil cas... »

Il résulte de ces lignes que l'ennemi se proposait depuis longtemps d'attaquer notre front de défense au sud-est de Saint-Denis. Nous étions avertis.

Saint-Denis était, en effet, aux yeux de l'ennemi, la clé de Paris. Maître de cette région, l'ennemi avait à sa disposition des voies ferrées en nombre suffisant pour lui assurer toutes ses communications.

Le gouvernement de Salut public fit renforcer de ce côté nos lignes fortifiées au moyen d'ouvrages en terre d'une importance relativement considérable. On agit de même sur notre front sud-ouest, car on savait que l'ennemi se flattait d'enlever Versailles, encore qu'une attaque de ce côté présentât de grands dangers, aucune ligne de chemins de fer ne pouvant apporter d'aide sérieuse à l'assaillant.

Maintenant devions-nous réunir sous Paris des forces considérables ? Oui, sans doute, mais non de façon à affaiblir la tâche de la défense en province. Il nous fallait un noyau de troupes de ligne, autour duquel viendraient se grouper les troupes de nouvelle formation. Avec les appoints fournis par les garnisons de territoriale répartis dans les forts, les volontaires, les nouveaux bataillons constitués par l'appel des hommes de quarante à cinquante ans, le corps des sergents de ville, celui de la garde républicaine, etc., on arriva à réunir une armée de 400,000 hommes, largement suffisante, non pour rompre le cercle d'investissement si l'ennemi parvenait à investir la capitale, mais pour défendre Paris et retenir sous ses murs, ce qui était le but principal à atteindre, plus de 600,000 hommes de troupes régulières allemandes.

L'armée repliée sous Paris fut bientôt renforcée par des forces importantes. Le gouvernement, comprenant qu'il importait d'empêcher l'investissement de Paris, afin de ne pas immobiliser notre armée dans l'enceinte des forts et d'assurer des communications constantes avec la province, ordonna l'occupation immédiate de l'ensemble formé par la Seine, la forêt de Fontainebleau et la vallée du Loing. Par ce moyen, nous assurions nos communications avec la région de la Loire. En même temps, des troupes se massaient en avant d'Orléans, où d'immenses travaux de fortification en terre étaient exécutés par plus de dix mille travailleurs.

Une armée de défense, ayant sa gauche appuyée à la rive gauche de la Seine, son centre à la forêt de Fontainebleau, et sa droite dans la vallée du Loing, et se reliant aux forts de Paris à Villeneuve-Saint-Georges, devait donc s'opposer à l'investissement de Paris par le sud. La position était d'autant meilleure que le front de défense était, en somme, assez peu développé et que, pour peu que notre armée résistât quinze ou vingt jours, nos armées de province devaient avoir le temps de se reconstituer à l'aide de renforts et de prendre l'offensive. De plus, l'armée d'occupation de l'angle formé par la Seine et le Loing était à même de menacer, à un moment donné, les communications de l'armée allemande attaquant les forts par le plateau de la Brie, comme aussi celles de l'ennemi, dans le cas où il chercherait à tourner la position par le sud de la forêt de Fontainebleau.

Le plan adopté par le gouvernement était donc excellent pour contrarier le but que se proposaient les Allemands, à savoir l'occupation d'Orléans. De plus, des forces importantes reçurent l'ordre de se concentrer à Gien, d'où l'on pouvait menacer dangereusement les communications des armées allemandes.

De cette façon, la trouée centrale se trouvait fermée. Nos armées se déployaient, en effet, sur une ligne courbe dont la concavité était tournée du côté de l'ennemi et qui avait sa gauche à Paris, son centre à Orléans-Gien, et sa droite appuyée au Morvan. Ce front défensif-offensif était excellent, puisqu'il permettait de menacer à chaque instant l'armée allemande et de la prendre en flanc à chaque pointe qu'elle tenterait de pousser sur nos lignes.

Des têtes de pont offensives étant établies à Moret et à Melun, une série de redoutes furent construites de façon à relier solidement Corbeil aux forts de Paris. A l'aide des bois qui abondent dans le pays, ces travaux furent promptement exécutés et armés, grâce aux approvisionnements de Paris et de Bourges. Les régiments territoriaux du centre furent massés dans cette région et appuyés par les réserves de l'armée active, réserves formées au moyen des quatrièmes bataillons.

Ce n'est pas tout, l'œuvre du gouvernement se compliquait de la nécessité d'empêcher également l'investissement de Paris par le nord. Il fallait éviter, en effet, que les Allemands tournassent Paris par le nord, ce qui leur eût permis, après avoir effectué un immense arc de cercle, de prendre à revers nos positions en avant de la Loire.

Il est vrai que, dans cette hypothèse, leurs communications eussent été menacées par notre armée du Nord; mais il fallait prévoir le cas où cette armée, battue et refoulée, aurait été obligée de se replier sous les murs de nos forteresses et de s'y inutiliser.

Après la retraite de Soissons, une seconde ligne de défense avait été immédiatement établie en avant des forêts de Compiègne, de Senlis, de Chantilly et de l'Isle-Adam. Cette seconde ligne, assurant les communications de l'armée avec Paris, s'appuyait à gauche à Compiègne et à droite au plateau de Domont, au-dessus de Saint-Denis. Malheureusement, nous ne pûmes conserver cette ligne de défense; les Allemands nous en débusquèrent, et nous fûmes obligés de nous replier.

Pendant ce temps, la Somme était solidement occupée par des brigades renforcées de troupes territoriales. La nature tourbeuse de la vallée de la Somme est peu propice aux mouvements de troupes. De rares chaussées traversent cette vallée et constituent pour les armées des passages obligés. Un simple rideau de troupes, judicieusement disposées, devait suffire à la défense de cette région. Les deux têtes de pont de cette ligne étaient Amiens et Péronne. On reconnut alors combien avait été grande l'imprudence de notre état-major, qui s'est toujours refusé à fortifier solidement ces deux places.

Quoi qu'il en soit, l'occupation de la vallée de la Somme permettait à l'armée, concentrée dans cette région, de communiquer directement avec nos places fortes du Nord. D'un autre côté, le front nord de Paris étant solidement défendu, l'armée de la Somme, fortement constituée, était à même de se jeter sur les derrières de l'armée d'investissement et à l'aide d'une attaque combinée avec l'armée assiégée d'opérer sa jonction avec Paris.

Mais pour que la bataille qui devait s'engager au nord de Paris, dans le cas où les armées allemandes profiteraient de cette lacune dans nos lignes de défense pour se porter dans le nord-ouest, puis dans l'ouest, pour que cette bataille, dis-je, s'engageât dans les meilleures conditions de succès, il était nécessaire de pouvoir opposer à l'ennemi des forces considérables.

Afin d'empêcher les Allemands de se placer en pointe intérieure entre nos armées du Nord et du Sud, il était nécessaire que nous pussions, à l'aide de nos lignes stratégiques, transporter en vingt-quatre heures 100,000 hommes de l'armée du Sud, de Paris à l'armée du Nord, et réciproquement.

Le nouveau général des armées françaises donna des ordres pour l'occupation immédiate de la ligne de la Seine. C'est le passage de la Seine par les Allemands qu'il s'agissait d'empêcher à tout prix ; car il était pour nous d'une extrême importance de conserver les communications de Paris avec la Bretagne et la Normandie.

Le gros de l'armée, chargé d'opérer sur la

Seine, fut massé sur la rive droite, afin d'attaquer l'ennemi, tandis que plusieurs corps, placés sur la rive gauche, devaient pourvoir directement à la défense du fleuve.

La chaîne de l'Hautie, qui s'étend parallèlement à la Seine depuis Poissy jusqu'à Meulan sur une longueur de 10 kilomètres, fut couverte d'ouvrages défensifs. Les plateaux de Pontoise et d'Auvers furent garnis de redoutes, de façon à permettre à notre armée de déboucher en bataille à l'ouest de l'Oise. Un solide corps d'armée fut en outre posté au nord, sur la rive droite de la Seine, à l'embouchure de l'Epte, en avant des Andelys et de Gaillon.

Des groupes de batteries furent également disposés au sud, depuis Domont jusqu'à Meulan ; quant aux deux corps d'armée chargés de la défense directe de la Seine, ils furent échelonnés depuis Mantes jusqu'à Gaillon.

En raison de l'importance stratégique de Pontoise et de Meulan, les troupes territoriales de l'Ouest opérèrent leur concentration sur ces points.

Dans ces conditions, on voit qu'au moment où les Allemands arrivèrent sous Paris, la région nord-ouest de la capitale se trouvait couverte comme elle l'était au sud-est par la forêt de Fontainebleau.

Des troupes postées en arrière de Paris, à l'ouest, devaient en outre être à même de se porter, à l'aide des chemins de fer, tantôt au nord, tantôt au sud, selon que l'une ou l'autre de ces deux régions se trouverait plus directement menacée.

C'est ainsi que plus de 1,200,000 hommes se trouvèrent échelonnés depuis la Somme jusqu'à Dijon, en passant par Paris, Gien et le massif du Morvan.

Voyons maintenant ce qui se passait dans la région de Lyon.

Le lecteur sait qu'une armée autrichienne était en marche sur cette ville, qui est la clef du midi de la France.

Quelle était la force défensive de Lyon ?

Elle était formidable.

Comme on l'a dit justement, Lyon est un des grands réduits de la frontière nationale. Situé au confluent de la Saône et du Rhône, cette ville s'étage sur les hauteurs de la Croix-Rousse, de Fourvières, de la Guillotière et des Brotteaux. Par la Croix-Rousse, elle commande les plateaux de la Bresse où convergent les routes du Jura et de la Franche-Comté ; par Fourvières, elle s'appuie à la chaîne des Cévennes ; par la Guillotière et les Brotteaux, elle domine les plaines qui sillonnent les routes de la Savoie et du Dauphiné, tandis que le défilé de la Vaise lui ouvre un accès sur les plaines de la Bourgogne et que la vallée du Rhône lui ouvre le Midi.

Une pareille situation est absolument remarquable.

L'ancienne fortification de Lyon se composait d'une enceinte fermant la Croix-Rousse et en avant de laquelle étaient les forts de Montessuis et de Caluire. L'entrée des défilés de Vaise était défendue par les forts de Vaise et Saint-Jean, et la redoute de la Duchère. Fourvières avait une enceinte couverte par le fort de Loyasse. La colline de Sainte-Foy, qui s'élève au confluent du Rhône et de la Saône, était pourvue des forts Saint-Irénée et Sainte-Foy. Sur la rive gauche du Rhône se trouvaient les redoutes de la Tête-d'Or, des Charpennes, des Brotteaux, de Villeurbanne, de la Vitriolerie et Lamotte. Le périmètre n'atteignait pas 20 kilomètres. Aujourd'hui, le périmètre défensif de Lyon atteint 60 kilomètres, de telle sorte que cette ville est non seulement à l'abri de tout bombardement, mais qu'elle forme un vaste camp retranché dont l'investissement devait nécessiter au moins 200,000 hommes, alors que 60,000 hommes étaient largement suffisants pour pourvoir à sa défense.

Aujourd'hui, un fort couronne le mont Verdun, dont l'altitude est de 625 mètres, et qui commande le chemin de fer de Lyon à Paris et sa jonction avec la ligne du Bourbonnais. A l'ouest de ce fort, la batterie des Carrières bat le plateau de Limonest. La batterie du Mouton, sur la cime culminante du mont d'Or et la batterie de Marcel appuient ce front ouest du mont Verdun. La batterie de la Freta, sur le mont Ceindre, balaie la vallée de la

Saône jusqu'à Neuville et le plateau au nord de Sathonay. Cet ensemble d'ouvrages a une force considérable. Ces collines comprises entre le Rhône, l'Izeron et le Garon, d'une altitude de 300 mètres environ, sont fortement défendues à l'aide de batteries.

Ces ouvrages donnent une grande force au secteur compris entre les batteries de Bruissin et de Champvillard. Le secteur de la rive gauche du Rhône est admirablement couvert. Là se trouvent les forts de Freyrin et de Corbes. Ces deux forts sont à 8 kilomètres au sud de l'ancien fort de la Vitriolerie. Le fort de Bron bat la route de Grenoble et la plaine. Ce fort est flanqué par les batteries de Parigny et de Lessignaz. En cas de guerre, les intervalles compris entre la batterie de Lessignaz et celle de Sermenaz devaient être comblés au moyen de redoutes.

L'arête sud du plateau des Dombes, au nord de la Croix-Rousse, entre le Rhône et la Saône, a été fortifiée. La hauteur de Vancia est couronnée par un fort important. Entre le fort Vancia et la Saône se trouve une batterie sur la hauteur de Sathonay.

Il faut dire que le front ouest de la défense de Lyon est le plus faible. En effet, si l'ennemi occupait les hauteurs de la Tour-de-Salvigny, il pourrait, en suivant la route de l'Arbresle et le chemin de fer qui longe le ravin de Charbonnières, descendre vers Lyon. Cet inconvénient n'était pas cependant des plus graves, si l'on réfléchit que Lyon, considéré comme pivot d'une armée de campagne, devait abriter un certain nombre de troupes mobiles en état de se porter facilement sur les points menacés par l'ennemi.

De Lyon, nos armées pouvaient déboucher au nord-est sur le plateau des Dombes et les plaines de la Bresse, entre le Jura, le Rhône et la Saône, au sud-est dans les plaines qui s'étendent du Rhône à l'Isère et jusqu'aux confins de la Savoie, au sud dans la région comprise entre le Rhône et les Cévennes, au nord, dans les plaines de la Saône. Ces divers rayons d'action faisaient de Lyon une place de première importance, au point de vue stratégique. On comprend donc que les Autrichiens ne pouvaient négliger cette ville.

Ils s'y portèrent, je l'ai dit, au nombre de 350,000 hommes. Pendant ce temps, des troupes nombreuses affluaient à Lyon, venant du Midi. Malgré cela, notre infériorité numérique était telle que nous ne pouvions songer à nous porter au-devant de l'ennemi pour l'arrêter dans les plaines du Mâconnais.

Les Autrichiens, suivant la ligne de Grenoble, détachèrent une partie de leurs forces avec mission de franchir le Rhône et de couper les communications de Lyon avec Grenoble. Mais pour investir Lyon, ils devaient, à l'ouest, franchir la vallée de l'Azergues et celle de la Brévenne. Des crêtes, se rattachant aux Cévennes, se dressent dans cette région et furent occupées par nos troupes.

Parvenus à l'Arbresle, les Autrichiens voulurent se porter sur Givors, au sud, ce qui les obligea à une marche de flanc dont nous profitâmes pour nous jeter sur eux et les couper de leurs lignes de retraite. Ce premier succès nous enhardit.

Profitant de la situation défavorable de l'ennemi, qui avait été obligé de morceler ses forces en plusieurs tronçons (un groupe dans les Dombes, un autre dans les plaines de la rive gauche du Rhône, un troisième sur l'Azerges et les Brévennes), nous attaquâmes séparément ces forces isolées et nous parvînmes à leur infliger de tels échecs que les armées autrichiennes durent se replier en toute hâte au nord de Lyon pour essayer de se reformer.

Pendant ce temps les opérations étaient poussées avec vigueur en Italie. Dans la crainte d'être retenu trop longtemps dans les défilés des Alpes ou à leur sortie, le général français tenta une diversion qui réussit à merveille. Des troupes furent embarquées à Toulon et à Marseille, et nous opérâmes un débarquement dans la rade de Vado. En quelques jours nous eûmes en Italie, sur le littoral méditerranéen, près de 60,000 hommes. Cette armée de débarquement se porta immédiatement sur la ligne des Apennins, tandis que les combats décisifs se livraient dans les Alpes et que nous parvenions enfin à déboucher en Italie.

L'Italie n'avait pas achevé sa mobilisation.

Elle ne pouvait opposer à l'invasion de l'armée française, laquelle comptait plus de 250,000 hommes, que 150,000 hommes de première ligne.

Cette disproportion de forces aurait certainement mis l'Italie à la merci de la France, si le massif des Alpes et son prolongement, en longs contreforts sur le territoire français, n'avaient constitué entre les deux nations une zone de ralentissement dans les opérations d'invasion.

Au point de vue logistique, la limite de cette zone est marquée du côté de la France par une ligne qui, partant de Culoz et passant par Grenoble et Gap, se termine à Toulon, laquelle ligne se relie avec l'intérieur de la France par de nombreuses voies ferrées, savoir :

1° La ligne à double voie Mâcon-Ambérieu-Culoz, à laquelle s'embranche, à trois journées environ de marche de Culoz, la ligne, également à double voie, Lyon-Ambérieu ;

2° La ligne à double voie Lyon-Grenoble, qui, à une journée et demie de marche de cette dernière ville, reçoit les lignes à une voie de Saint-Rambert-Rives et Valence-Moirans ;

3° La ligne à une voie Avignon-Gap et Grenoble-Gap (cette dernière, en construction, ne tardera pas à être terminée) ;

4° La ligne à double voie Marseille-Toulon.

Si l'on représente par 1 la puissance de chaque

ligne à une voie et par 1 1/2 celle de chaque ligne à double voie, en observant d'ailleurs que la ligne Grenoble-Gap, bien que très utile aux Français pour transporter des troupes dans la direction du mont Genèvre et de l'Argentière, ne peut cependant entrer en ligne de compte comme reliant la ligne Culoz-Toulon avec l'intérieur de la France, on trouve qu'au point de vue des communications par voies ferrées, cette liaison dans son ensemble est exprimée par le chiffre 8. Si maintenant à ces ressources on ajoute la navigation à vapeur du golfe du Lion, pour le transport des troupes stationnées sur le littoral, à Perpignan, Béziers, Lodève, Montpellier et Nîmes, et qu'on affecte également la valeur 1 à ce moyen de transport forcément limité d'ailleurs pour ne pas retarder la formation du convoi principal d'un gros corps de débarquement, on arrive à cette conclusion que la puissance totale des transports de l'intérieur de la France à la ligne Culoz-Toulon est représentée par le chiffre 9, équivalant à un mouvement journalier de 108 trains.

Cependant que nous nous emparions des forts d'arrêt de Nava et de San Bernardo, les facilités qu'offre la rivière du Ponaut pour les grosses opérations de débarquement nous avaient permis d'y jeter nos troupes embarquées après avoir tenu l'attention de l'ennemi en suspens sur toute la longueur du littoral italien si étendu.

Une fois ce débarquement effectué, nous nous

étions emparé des forts construits sur la ligne de faîte des Apennins ligures et nous nous établissions sur la ligne de faîte des Alpes-Maritimes et de l'Apennin ligure comprise entre le mont Saccarello près des sources du Tanaro, et le mont Ermetta, près des sources de l'Orba.

Cette ligne de faîte, dans sa partie la plus orientale, peut être considérée comme une position de débouché dans la vallée du Pô, par les *Langhe*, qui en constituent le versant nord.

Nos troupes, débarquées à peu de distance du théâtre d'opérations des troupes opérant sur la frontière de terre, avaient pu entrer en action, de concert avec elles, avant que les forces italiennes, éparpillées dans la partie péninsulaire de leur territoire, eussent eu le temps de remonter vers le nord, si ce n'est par fraction, à cause de la liaison défectueuse entre les voies ferrées de la Péninsule et celles de la vallée du Pô.

Plusieurs combats importants avaient eu lieu; nous étions maîtres de la ligne de faîte de l'Apennin. La position de l'armée italienne se trouvait fort compromise, car des débarquements successifs nous mettaient en état d'opérer avec de grosses forces contre sa ligne de retraite, en descendant les vallées du Tanaro, des deux Bormida et de l'Erro.

Les Italiens rétrogradèrent aussitôt pour organiser la défense en deçà du Pô et des Apennins.

Sur la frontière espagnole, et grâce à la lenteur

de la mobilisation de l'armée espagnole, nous étions parvenus à nous retrancher solidement. 100,000 hommes devaient dès lors nous suffire pour arrêter l'ennemi et défendre les lignes de la Bidassoa, de la Nivelle, de la Nive et de l'Adour.

Une série de succès nous permit de franchir ces lignes, après avoir culbuté l'ennemi, et d'entrer en Espagne.

Pendant que ces événements se passaient, des milliers d'Arabes, enrôlés en Afrique, débarquaient à Marseille, étaient aussitôt dirigés sur les différents points du Midi, où se trouvaient installés de vastes campements, et y recevaient l'instruction militaire.

Revenons aux opérations dans Paris.

La ligne des forts dans la rive gauche pouvait être partagée en quatre secteurs de défense :

Le premier s'étendant de Port-Marly au chemin de fer de Granville ;

Le deuxième du chemin de fer de Granville au fort du Haut-Buc ;

Le troisième du fort du Haut-Buc à Palaiseau ;

Le quatrième de Palaiseau à Ablay-sur-Seine.

La zone de la rive droite pouvait être partagée entre deux secteurs de défense :

Le premier entre la Seine et la Marne ;

Le deuxième entre la Marne et le canal de l'Ourcq ;

Le troisième entre Vaujours et Garges.

Le quatrième entre Garges et la Seine.

Examinons maintenant quelle devait être la répartition des forces strictement nécessaires à la défense de Paris, dans le cas où, refoulés au Nord et au Sud-Est de la capitale, nos armées auraient été obligées de se replier en Normandie et derrière la Loire.

Voici quelques considérations relatives à la garnison de la rive gauche de la Seine, que nous empruntons au major X...

Une ligne continue de forts et de batteries, entourant une place, doit être assimilée à une ligne de bataille passive, se gardant en face de l'ennemi par des avant-postes et des soutiens, et appuyée par des réserves.

Les avant-postes comprennent :

1° Une ligne de factionnaires chargés de surveiller le terrain en avant.

Suivant la nature du pays, boisé ou découvert, cette ligne de factionnaires doit être placée à 1,000 ou 2,000 mètres en avant des forts;

2° Une ligne de piquets de soutiens placée à mi-distance environ, entre les ouvrages et la ligne des fonctionnaires.

En pays découvert, on peut se contenter d'un poste de trente hommes pour la surveillance d'un kilomètre; en pays boisé, quarante hommes sont nécessaires.

Nous supposons 30 hommes par kilomètre.

Pour 45 kilomètres, la ligne d'avant-postes exigerait 1,350 hommes.

Elle devrait être soutenue par une ligne de piquets de sentiers, à raison de un piquet de sentiers d'une demi-compagnie par 3 kilomètres.

Pour toute la zone, il y aurait donc 15 piquets de sentiers, de chacun 125 hommes, soit 1,875 hommes.

Ce n'est pas tout. Il fallait encore dans chaque secteur de défense une réserve de secteur, destinée à soutenir les avant-postes, à les recueillir, à les relever et à combattre pour la défense des intervalles des ouvrages. Cette réserve forme le gros des avant-postes; elle doit présenter en troupes d'infanterie un effectif double de ceux-ci, afin de pouvoir les relever d'une manière régulière.

D'après cela, chaque réserve de secteur devait présenter un effectif de 1,600 hommes d'infanterie, soit pour les quatre secteurs : 6,400 hommes.

De plus, il fallait tenir sur la rive gauche de la Seine une réserve générale chargée des opérations offensives. Ci : 10,000 hommes, soit une division.

A chaque secteur, on devait affecter un demi-escadron de cavalerie (75 cavaliers). On avait ainsi 600 cavaliers.

A raison de 7 servants par pièce d'artillerie, plus $1/10^e$ pour les gradés, étant données, on outre, 3 ou 4 pièces sur le front de tête de chaque fort, 2 pièces sur chaque flanc, 2 pièces de campagne sur la gorge, on avait pour chaque fort 32 pièces et 246 artilleurs.

Au total, 3,000 artilleurs devaient suffire au service des forts de la rive gauche.

On voit donc que 30,000 hommes pouvaient, à la rigueur, défendre la rive gauche ; 40,000 étaient également suffisants pour la défense de la rive droite ; soit en tout, 70,000 hommes.

Il va de soi que ce chiffre minimum ne fut pas observé, le plan de la défense consistant à avoir sous Paris des forces en nombre assez considérable pour rayonner autour de la place.

Les progrès de l'invasion allemande s'étaient trouvés arrêtés par la promptitude des mesures de défense prise par le gouvernement de Salut public.

Plusieurs combats livrés au Nord et au centre avaient démontré à l'ennemi la solidité de nos lignes.

Les Allemands tentèrent néanmoins un grand effort sur notre ligne de la Seine, mais ils furent repoussés et durent se retirer assez loin en arrière, menacés qu'ils étaient par l'armée de la Somme, qui s'apprêtait à les prendre en flanc.

Pendant ce temps, les Autrichiens perdaient une grande bataille sous Lyon. Notre armée de Lyon, renforcée de 25,000 Arabes qui, depuis peu étaient venus grossir ses rangs, fit de véritables prodiges.

On connut alors que nos braves soldats, pour peu qu'ils fussent commandés par des chefs intelligents et sûrs, n'avaient rien perdu des brillantes qualités qui font des hommes de notre race les premiers soldats du monde.

La nouvelle de cette grande victoire, qui forçait les Autrichiens à battre en retraite, parvint à Paris et fut saluée par d'unanimes acclamations. Les nouvelles qu'on recevait de nos villes fortifiées et qui arrivaient à Paris par pigeons voyageurs, étaient également rassurantes. De tous côtés la résistance se prolongeait et s'accentuait. De plus, nos armées, définitivement constituées, étaient partout au complet de guerre.

En Italie, l'état-major français avait cru devoir, avant d'engager sérieusement la partie dans les Alpes, prendre position dans l'échiquier de la rivière du Ponant.

Quoique la nature des montagnes y soit, en général, fort âpre, elles sont cependant beaucoup plus accessibles que dans les régions alpines, les points de passage y étant beaucoup plus nombreux et plus faciles.

Ce à quoi il convient d'ajouter que les Apennins ligures (nous comprenons sous cette dénomination toute la région montagneuse qui s'étend à l'est du mont Saccarello) ne s'élevant pas à une grande hauteur, leurs cimes ne se trouvent pas dans des conditions atmosphériques qui nécessitent, pour y faire séjourner des troupes, l'établissement d'abris préparés à l'avance, et que les formes arrondies et facilement accessibles de leur crête permettent d'y faire mouvoir des corps de troupes considérables en dehors des grandes voies de communications. Les Apennins ligures présentent ainsi, jusqu'à un certain point, le caractère d'un terrain de manœuvre.

Nos premières opérations dans la rivière du Ponant se trouvèrent comprises entre le mont Saccarello et le mont Ermetta.

Nos troupes venant en partie de la route de la Corniche, en partie par mer, avaient un intérêt capital à combiner leur mouvement de manière à se prêter un mutuel appui en obligeant, si cela était possible, la défense de faire front simultanément des deux côtés sur un espace assez restreint.

Nous devions opérer notre débarquement le plus près possible de la frontière. La rade de Vado fut choisie de préférence à celle de Voltri.

Ce débarquement s'opéra selon toutes nos prévisions.

Immédiatement nos troupes tentèrent de s'établir sur la ligne de faîte des Apennins et de se mettre, par sa gauche, en communication avec les troupes venant par la route de la Corniche.

Malgré une résistance des plus énergiques, l'armée italienne, après une série de combats, dut se retirer, ayant éprouvé de grandes pertes, nous laissant maîtres de cette ligne de faîte.

Le succès, des plus importants, rendait pour ainsi dire inexpugnable la position de nos troupes sur la côte ligure et nous permettait d'en éloigner nos navires de transports.

Nous avions acquis la possession décisive de la mer et nous pouvions employer ces navires pour de nouveaux transports entre Marseille, Toulon, Nice et notre littoral.

C'est ce qui fut fait.

Par suite, les 60,000 hommes que nous avions portés sur le théâtre spécial d'opérations de la rivière du Ponant, par voie de mer, réunis aux 40,000, venus par la route de la Corniche, s'élevèrent successivement à 150,000 hommes, moyennant des déplacements rapides par chemin de fer et par mer, et par l'envoi de renforts venant de l'intérieur de la France.

Nous le répétons, la lutte avait été vite, avant que nous ayons pu nous établir victorieusement sur la ligne de faîte, comprise entre le mont Saccarello et le mont Ermetta, il me paraît nécessaire de revenir sur ce point pour mieux faire comprendre l'importance du succès obtenu par notre armée.

Du mont Saccarello au mont Ermetta, il y a, en projection horizontale, environ 80 kilomètres. La première de ces cimes est à 30 kilomètres de la côte environ; la seconde à 10 seulement. L'élévation de la chaîne va en diminuant de l'ouest à l'est, de telle sorte que, tandis que les cols de Nava et de San Bernardo s'élèvent d'environ 1,000 mètres au-dessus du niveau de la mer, le col de Cadibona n'atteint que 500 mètres d'altitude. Il en résulte que la partie de la rivière du Ponant, comprise entre le mont Saccarello, le mont Ermetta et la mer, présente la figure d'un trapèze, dont un des grands côtés, celui formé par la mer, est horizontal, tandis que l'autre grand côté est, dans son ensemble, incliné de l'ouest à l'est, et que les deux petits côtés le sont encore davantage du nord au sud, en descendant de la ligne de faîte à la côte.

Dans cette région de la rivière que nous examinons, la partie orientale est, par conséquent, la plus accessible, tandis que d'autres circonstances concourent à accroître la force de résistance de la partie orientale. Dans celle-ci, en effet, les contreforts, qui partent de la crête, descendent vers la côte suivant une direction oblique, en formant les vallées transversales de la Pennavaira et de l'Arrosia. Il en résulte que les routes qui, d'Oneglia et d'Albenga, conduisent à Garessio sur le versant opposé de la chaîne, doivent franchir, la première, le contrefort qui forme le flanc droit de la vallée de l'Arrosia; la seconde, le défilé de Zuccarello, avant d'atteindre respectivement les cols de Nava et de San-Bernardo.

Il faut ajouter que la haute vallée du Tanaro

ayant une direction parallèle à la ligne de faîte, ces deux routes, après avoir rejoint le fond de cette vallée, se trouvent en face d'une autre chaîne d'un caractère singulièrement âpre et rocheux, et qui s'élève à une plus grande altitude que la ligne de faîte des Apennins même. C'est cette circonstance qui les force à se réunir à Garessio, point à partir duquel une seule route parcourt la vallée du Tanaro jusqu'à Ceva.

Dans la partie orientale de la région considérée, les courts contreforts qui vont de la ligne de faîte à la côte sont, au contraire, perpendiculaires à l'une et à l'autre, et les routes qui les remontent, partant de la Savone et d'Albissola pour rejoindre les cols de Cadibona et del Giovo, se bifurquent bientôt, la première à Carcare, la seconde sur le col même, donnant ainsi naissance à quatre routes qui parcourent une région de montagnes basses et facilement accessibles.

La partie la moins défendable de la rivière du Ponant entre le mont Saccarello et le mont Ermetta est donc celle qui correspond précisément à la rade de Vado. En outre, la possibilité où nous avions été d'y débarquer simultanément une force de 60,000 hommes nous avait permis d'opérer sur ce point pour ainsi dire par surprise. Aussi était-ce là que s'était portée l'attention de la défense, et la première répartition de ses troupes avait été faite de manière à lui permettre d'opérer en forces et dans le moins de temps possible entre le mont Sette-pani et le mont Ermetta.

Ces conditions étaient excessivement difficiles à réaliser par ce fait que la défense, voulant opposer une résistance à outrance sur toute la longueur de la ligne de faîte, comprise entre le mont Saccarello et le mont Ermetta, devait, en outre, se mettre en mesure de porter rapidement ses réserves sur tous les points de cette ligne montagneuse étendue.

Elle ne le pouvait faire, croyons-nous, qu'en prenant pour base de ses opérations contre-offensives la seule partie de la ligne de faîte comprise entre le mont Galero et le mont Ermetta. Il fallait, pour cela, que Garessio, point de réunion des deux routes de Nava et de San Bernardo, fût renforcé par un système d'ouvrages détachés construits sur les montagnes environnantes et à cheval sur les deux routes.

La configuration topographique de la vallée du Tanaro se prêtait à l'établissement de ces ouvrages détachés qui devaient tout à la fois barrer les routes de Nava et de San-Bernardo, et former un appui pour les troupes de l'extrême droite de la défense. Ces fortifications n'auraient pas empêché l'envahisseur de pénétrer dans la haute vallée du Tanaro par le col de Nava, mais cela ne lui aurait offert aucun avantage réel pour les opérations dans l'échiquier de la rivière du Ponant, car un mouvement tendant à descendre sur Mondovi et à tourner la résistance de Garessio en traversant le massif montagneux de la Chartreuse de Casotto, compris entre l'Ellero et Tanaro, n'aurait, dans ce sens, aucune efficacité.

Malheureusement pour l'armée italienne, aucun de ces ouvrages n'existaient. Ils étaient restés à l'état de projet.

La guerre se poursuivait en même temps dans les Alpes avec une vigoureuse activité.

Quelle que pût être la supériorité technique des troupes alpines dans la guerre de montagnes, elles étaient réduites à une telle infériorité numérique qu'elles ne pouvaient que retarder dans une mesure très faible la marche de nos troupes.

Sans doute sur les passages les plus difficiles, dans les vallées secondaires des Alpes, quelques centaines d'Alpins, bien organisés et bien instruits, peuvent arrêter des troupes envahissantes nombreuses. Mais il n'en est point ainsi dans les vallées parcourues par les grandes routes.

Quiconque a étudié les Alpes occidentales sait qu'excepté dans la vallée d'Aoste, il n'est pas une position à cheval sur les routes carrossables qui les traversent qui puisse être l'objet d'une défense quelque peu efficace, même passive, avec moins de 5 ou 6,000 hommes.

Dans les conditions actuelles où s'engageait la lutte, entre le premier échelon de l'armée d'invasion et les troupes alpines dont disposait l'Italie, celles-ci étaient réduites à occuper les montagnes qui dominent les routes, forçant nos troupes à les en chasser avant de pousser plus loin.

Cette résistance devait nous coûter des pertes sérieuses, mais l'issue n'en était pas douteuse, eu égard à la disproportion numérique, et ne pouvait non plus entraîner une grande perte de temps.

Les choses en étaient là quand on apprit soudain qu'un soulèvement avait éclaté contre le gouvernement espagnol et que la république venait d'être proclamée à Madrid. Notre armée, victorieuse sur la Bidassoa, marchait en ce moment sur la capitale de l'Espagne. A la nouvelle de ce soulèvement, le général français, obéissant aux ordres de notre gouvernement, fit arrêter la marche en avant de nos troupes.

Un proclamation fut adressée au peuple espagnol. Des termes de cette proclamation il résultait que la République française, loin de poursuivre le cours de ses succès, était prête à retirer ses troupes du territoire envahi et à signer un traité d'alliance avec la nouvelle République espagnole.

Ce grave événement eut un contre-coup profond en Italie, où la nouvelle de la défaite des Autrichiens sous Lyon avait déjà causé une vive émotion.

Une victoire de nos armées, qui avaient réussi à refouler les Italiens et à opérer leur jonction, après avoir franchi d'un côté le Pô, de l'autre les Apennins, acheva le désarroi du gouvernement italien.

Le gouvernement de la République française déclara qu'il était prêt à retirer ses troupes et à évacuer le territoire conquis, mais qu'il ne traiterait qu'avec la République italienne.

Il n'en fallut pas davantage pour mettre fin aux destinées de la maison de Savoie. La République fut proclamée à Rome et le roi Humbert n'eut que le temps de s'embarquer pour la Grèce.

Fidèle à la parole donnée, le gouvernement français retira immédiatement ses troupes, tandis que les plénipotentiaires italiens signaient avec les nôtres un traité d'alliance qui devait consacrer l'union des races latines.

Ces nouvelles, se succédant coup sur coup, enflammèrent la nation française d'une ardeur nouvelle.

A dater de ce jour, la face des choses était complètement changée. La guerre allait entrer dans une phase nouvelle.

La majeure partie de nos troupes disponibles par suite de la cessation des hostilités en Espagne et en Italie, fut immédiatement dirigée sur les divers points menacés de notre territoire.

Une nouvelle bataille, livrée en avant de Dijon, força les Autrichiens à se retirer précipitamment en Franche-Comté. C'est alors que, de concert avec le gouvernement helvétique, nos troupes débouchèrent de la Haute-Savoie en Suisse et s'unirent aux troupes fédérales pour expulser les armées étrangères du territoire suisse.

Repoussés au nord-ouest de Paris, les Allemands tentèrent un suprême effort sur Orléans. La bataille fut acharnée et longtemps disputée, mais enfin nous restâmes maîtres de nos positions. L'ennemi n'avait pu réussir à entamer nos lignes.

Pendant ce temps, des renforts considérables étaient venus se joindre à notre armée du Nord; les Allemands se trouvèrent bientôt menacés d'être pris à revers dans cette région. Ils se replièrent précipitamment et levèrent le siège de Reims et ceux de Laon et de La Fère.

Entrés dans la voie du succès, nous ne devions plus nous arrêter. La fortune, qui nous avait été longtemps contraire, nous souriait enfin.

La Hongrie s'agitait sourdement. Une grande victoire, remportée dans la plaine suisse par l'armée française et l'armée fédérale, coupa subitement la retraite aux Autrichiens qui se trouvèrent ainsi prisonniers en France. Ce fut le signal d'un immense soulèvement en Hongrie. Les Hongrois proclamèrent leur séparation de la monarchie autrichienne et leur autonomie.

Cette nouvelle arriva à Paris en même temps que celle de la dernière défaite des Autrichiens qui, cernés de tous côtés en Franche-Comté, durent mettre bas les armes. L'armée autrichienne fut faite entièrement prisonnière.

Ce désastre était la ruine de toutes les espérances de l'Allemagne. Ses armées se replièrent précipitamment, mais il était trop tard.

Au nord, l'armée française avait poursuivi les Allemands jusqu'en Belgique, et poussait droit sur Cologne. Au sud, notre armée d'opérations en Franche-Comté et en Suisse se disposait à franchir le Rhin et à pénétrer en Allemagne, tournant ainsi Strasbourg. Nos troupes du Morvan se portaient, en outre, sur Langres. C'est en avant de cette ville que se livra, en France, la dernière bataille.

Pris entre nos armées du centre qui les poussaient et nos armées d'Épinal et de Langres qui venaient de couper leurs communications, les Allemands ne purent, en dépit de leurs efforts désespérés, se frayer un passage. Attaqués sur leur front, sur leurs flancs et à revers, ils subirent la plus effroyable défaite.

L'armée allemande du nord avait pu reculer jusqu'au Rhin, mais l'armée du centre ne put même atteindre la Moselle. Elle fut faite prisonnière tout entière. La France avait pris sa revanche de Sedan.

EN ALLEMAGNE

Nous poussâmes immédiatement l'offensive en Allemagne. Il nous fallait tout d'abord pousser au Rhin, c'est évident. La trouée comprise entre la chaîne du Taunus et le prolongement septentrional de la forêt Noire était pour nous la porte d'entrée naturelle au delà du Rhin. C'est là que les plaines du Mein viennent aboutir à la vallée rhénane. Le Mein, dit M. Ténot, orienté de l'est à l'ouest, de Mayence à la forêt de Thuringe, trace ensuite pendant 250 kilomètres environ le grand chemin des armées françaises. Cette vallée du Mein ouvre le pays, sépare l'Allemagne du sud de l'Allemagne du nord et tourne toutes les lignes d'eau intermédiaires entre le Rhin et l'Elbe.

La chaîne des collines de la forêt de Thuringe constitue pas un obstacle de grande valeur.

Sur le revers oriental de la chaîne, la vallée de la Saale ouvre les plaines qui descendent vers l'Elbe.

Ces plaines ont vu les grands chocs d'Iéna, d'Auerstaedt, de Lutzen, de Leipsick. Napoléon, dans ses mémorables campagnes de 1806 et du printemps de 1813, avait sa base d'opération au Rhin de Mayence à Strasbourg, sa ligne de communication dans la vallée du Mein, et c'est dans la région entre Dresde et Wittemberg qu'il aborde l'Elbe pour se jeter ensuite sur Berlin.

L'indicible déroute de l'armée prussienne après Iéna et Auerstaedt, en 1806, l'y mena sans coup férir.

L'armistice imposé par l'attitude de l'Autriche après la journée de Bautzen, l'empêcha seul d'y entrer de nouveau en 1813. Le chemin de fer de Manheim-Darmstadt-Wurtzbourg-Hof, qui se bifurque ensuite sur Leipsick et Dresde, pour converger au delà de l'Elbe sur Berlin, jalonne aujourd'hui cette direction fondamentale de la ligne d'invasion des armées françaises entre l'Allemagne du nord.

La vallée du Mein est donc notre premier objectif.

C'est dire que le Rhin devait être abordé et franchi dans la partie de son cours comprise entre Mayence au nord, Spire et Germersheim au sud. Cette section du cours du fleuve mesure près de 100 kilomètres.

Strasbourg reste à 90 kilomètres environ au sud.

Cette donnée acquise, rien de plus simple que de déterminer la ligne d'offensive à partir de la frontière.

C'est la ligne directement tirée d'Épinal à Manheim par Lunéville, Sarreguemines et Kaiserslautern. La base nécessaire d'offensive s'étendait de

Toul aux Vosges. Quant à la direction générale, elle était constante.

D'abord la Sarre, entre Forbach et Sarreguemines ; les cols du Hardt, vers Kaiserslautern ; enfin, le Rhin, dans la section dont Manheim marque le point central. On observera que ni Metz ni Strasbourg ne barrent aucune de ces lignes. Il convient de remarquer, en outre, qu'elles ne se heurtent jusqu'au Rhin à aucune fortification allemande.

Bien plus, il n'existe pas une seule forteresse qui puisse obliger l'envahisseur même à un léger détour, ni sur le Rhin, entre Mayence et Germersheim, ni dans les plaines du Mein, ni en Thuringe, ni sur l'Elbe, de Torgau jusqu'à Dresde, cette capitale comprise, ni de l'Elbe à Berlin.

Le dédain de la fortification est si marqué en Allemagne que, dans l'état actuel des choses, une armée française s'avançant victorieuse le long de la ligne fondamentale d'invasion devait disposer jusqu'à Berlin de voies ferrées ininterrompues, qu'aucune place n'intercepte, dont aucun ouvrage fortifié n'interdit l'usage à l'envahisseur.

La marche en avant des Français en Alsace-Lorraine fut, par la force des choses, l'exacte contre-partie de la marche qu'exécutèrent, en 1870, les armées allemandes, après les journées de Forbach et de Frœschwiller.

La droite aux Vosges, la gauche vers Nancy,

dans une situation analogue à celle du prince royal de Prusse, après la traversée des Vosges, les masses françaises débouchèrent par toutes les routes qui mènent de la Meurthe à la Seille et à la Sarre. Il y a 90 kilomètres de Metz au pied des Vosges. La Seille est, dans l'intervalle, le seul obstacle naturel offrant à une armée en retraite des positions de halte susceptibles de défense avantageuse.

La marche en avant des Français conduisit leur gauche et leur centre sur la Seille, tandis que la droite débordait la ligne allemande, à mesure qu'elle s'avançait vers la ville de la Sarre par Avricourt et Sarrebourg.

C'est sur la ligne de Château-Salins-Marsel-Dieuze-Sarrebourg que les débris de l'armé allemande essayèrent de nous arrêter. Ils furent culbutés.

Nous remportâmes une grande victoire.

La droite de l'armée allemande se hâta, en filant sur Coblentz et Mayence par Trèves, de se dérober. Le centre, rompu, s'écoula vers le Rhin par Forbach et Kaiserslautern. La gauche opéra une retraite latérale à travers les cols des Vosges.

L'armée française poussa en avant à outrance, droit au débouché des plaines du Mein dans la vallée du Rhin, de façon à ne pas laisser échapper la chance de franchir le fleuve avant que les vaincus eussent eu le temps de se reformer à l'abri de ce puissant obstacle.

C'est vers Spire, Manheim, Worms et Mayence que les masses françaises roulèrent leurs flots débordants par tous les chemins qui vont de la Sarre au Rhin à travers les basses Vosges et le Hardt. La droite, échancrant le nord de l'Alsace par Niederbronn et Wissembourg, — la marche en sens inverse du prince royal de Prusse en 1870, — laissa Strasbourg à dix lieues au sud-est.

Cependant, Strasbourg, avec son camp retranché à cheval sur le Rhin, resta en communication avec l'Allemagne.

Metz, au contraire, isolé par le seul effet du reflux des armées germaniques vers le Rhin, éloignée des grandes lignes d'opérations de l'armée française, fut déchu de toute action stratégique. Des troupes de réserve, évaluées à l'importance de sa garnison, suffirent à en former le blocus.

Quant à Strasbourg, qui couvre les défilés de la forêt Noire, les routes du Danube et Vienne par conséquent, il n'intercepte aucun des chemins de Berlin. Son rôle devenait donc effacé.

C'est à quelques lieues au nord de Worms que les Français abordèrent le Rhin. Le passage fut forcé.

Cependant les forces allemandes, ralliées sous Strasbourg, tentèrent un mouvement offensif sur notre droite, mais elles se replièrent précipitamment, menacées qu'elles étaient par les corps français en observation dans les défilés des Vosges. De plus, l'armée allemande de Strasbourg s'exposait à être coupée de Berlin par la marche victorieuse des Français dans les plaines du Mein.

C'est donc au nord, sur notre gauche, que les Allemands tentèrent une attaque. Il furent battus et mis en complète déroute.

Quinze jours après nous entrions à Berlin.

Pendant ce temps, la Hongrie avait proclamé son indépendance.

L'Italie et l'Espagne s'étaient constituées en République.

Le traité de Paris, qui fut signé trois mois après les événements que nous venons de relater, eut pour conséquence le complet démembrement de l'empire germanique. Des États libres se constituèrent de toutes parts, qui, par la suite, devaient se fédérer et former la grande République de l'Europe centrale.

Ces nouveaux États-Unis comprirent les petites républiques allemande, autrichienne et polonaise.

Quelques années plus tard, la Russie elle-même se constituait en république fédérale.

L'ère des États-Unis d'Europe allait s'ouvrir.

LES PRÉPARATIFS DE LA REVANCHE

Le but que nous nous sommes proposé en écrivant le récit de la prochaine guerre ne serait pas atteint si nous n'entrions dans quelques détails au sujet des voies et moyens dont il convient au peuple français d'user, s'il veut être prêt au moment décisif où les destinées de la patrie se joueront sur les champs de bataille.

Nous plaçant au point de vue des moyens préparatoires, nous estimons, nos lecteurs s'en souviennent, que les Sociétés de tir sont appelées à rendre les plus grands services.

Entrons dans quelques développements au sujet de ces Sociétés :

Avant 1870, il existait en France un certain nombre de Sociétés de tir. Quelques-unes descendaient en droite ligne des anciennes confréries d'archers, d'arquebusiers et de carabiniers ; les autres devaient leur création à ce mouvement de faveur pour le tir qui se produisit après les expériences du camp de Châlons et l'adoption dans l'armée du fusil se chargeant par la culasse.

L'invasion écrasa et dispersa ces premiers jalons, et l'avenir des Sociétés de tir en France parut gravement compromis.

Cependant, après le premier étourdissement de la défaite, l'esprit public se réveilla. On sentit qu'il fallait rompre résolument avec les errements du passé, et que chaque citoyen devait se dévouer, corps et âme, pour le relèvement de la patrie. A cette armée, composée d'une nation, qui nous avait vaincus, il fallait opposer la nation armée, et le service obligatoire fut voté. Mais ce n'était pas tout, et l'on devait chercher les moyens de préparer la jeunesse à ses nouveaux devoirs : on songea aux exercices du corps pour relever tout d'abord le niveau physique de la génération nouvelle, et de nombreuses Sociétés de gymnastiques se fondèrent, principalement dans les régions du Nord et de l'Est.

Les exercices de tir trouvèrent dans ces tendances un retour de faveur, et les anciens groupes de tireurs purent, presque partout, se reconstituer avec de nouvelles forces.

Les Sociétés vosgiennes, dont les membres avaient bravement tenu tête à l'ennemi, aux débuts de la guerre, furent les premières à déblayer les ruines et à rétablir leurs stands, autrefois si prospères. Leur exemple entraîna, dans la même région, la constitution de nouvelles Sociétés qui se groupèrent, une à une, autour de leurs aînées.

Dans le Nord, les Sociétés se multiplièrent rapidement, et le tir devint le passe-temps favori de ces populations industrieuses. La région de Paris ne resta pas en arrière, et de nombreux stands s'élevèrent dans les environs d'abord, puis dans les murs mêmes de la capitale. Le Centre et le Midi suivirent d'une allure plus modérée ; l'Ouest commence seulement aujourd'hui à s'émouvoir et à se laisser gagner par l'entraînement général. On lira, dans le premier chapitre, les étapes successives franchies, d'année en année, par l'œuvre du tir.

Les encouragements d'en haut se firent longtemps attendre. Heureusement les autorités locales ouvrirent plus rapidement les yeux sur l'utilité des exercices de tir. Quelques sénateurs, quelques députés vinrent appuyer de leur nom les créations nouvelles, donnèrent des prix pour les concours, assistèrent à leurs distributions solennelles. Un certain nombre de conseils généraux et de conseils municipaux votèrent des subventions pour soutenir les débuts des Sociétés. Cette sorte de consécration semi-officielle fit faire un grand pas à la propagation du tir. Elle convainquit cette partie du public qui ne considère les résultats obtenus par l'initiative privée qu'autant qu'ils sont reconnus par les autorités du pays.

Depuis plusieurs années, le gouvernement a pris quelque souci des Sociétés de tir.

Nous voudrions lui voir manifester sa sympathie autrement que par les dons en nature qu'il alloue annuellement à une partie d'entre elles.

Quelques subventions données à propos feraient

beaucoup et ne grèveraient le budget que d'une façon peu appréciable.

Une autre faveur que réclament ardemment tous les hommes de tir, et qui, si elle leur était accordée, doublerait les moyens d'action, serait la reconnaissance de nos Sociétés comme établissements d'utilité publique. Outre l'effet moral que produirait une telle mesure, elle aurait des conséquences matérielles importantes, entre autres celles de dégrever les impôts et redevances qu'elles payent annuellement, les Sociétés fondées par actions, considérées à tort par le fisc comme des exploitations industrielles.

L'éducation de nos soldats coûte chaque année des sommes considérables à l'État; l'action combinée des Sociétés de tir, de gymnastique et d'éducation militaire, si elles sont suffisamment encouragées, peut aboutir à ce résultat, que la majorité des jeunes gens, arrivant au corps, aient déjà reçu, en grande partie, l'instruction militaire, ou tout au moins soient parfaitement préparés à la recevoir. Leur action sur les hommes déjà libérés du service et répartis dans les diverses réserves, ne serait pas moins considérable, car elle contribuerait à maintenir chez eux l'instruction et surtout l'esprit militaire que le séjour au régiment a pu seul leur donner.

Ces idées ne sont pas nouvelles, et d'autres les ont mises en avant; voir ce qu'écrivait, en termes excellents, M. Henry Fouquier, il y a quelques mois :

« La démocratie a une tendance formelle à généraliser le service militaire et à en abréger la durée.

Cette tendance, avec ses bons côtés, présente des inconvénients, comme toutes les choses de ce monde. Elle multiplie les soldats, mais elle risque d'en abaisser la qualité. Il faut parer à ce danger grave, en donnant à notre éducation première un caractère militaire suffisant. Deux choses sont indispensables au soldat : la discipline et l'entraînement. Toutes les Sociétés de tir, de marche, de gymnastique peuvent nous inculquer ce double mérite. Elles mettent les gens de toute classe en contact, les plient, fût-ce accidentellement à la vie commune, et celle-ci ne va pas sans quelque discipline. De plus, elles entraînent les jeunes gens. Or, on ne s'imagine pas combien il est rare, pour ne parler que du tir, que les jeunes gens aient pratiqué cet exercice avant d'arriver au régiment.

« Le nombre des chasseurs est restreint chez nous. On peut dire que la majorité des conscrits, quand vient l'heure du service militaire, ne sait pas comment on prend un fusil. De là de grands ennuis au début des exercices, un manque d'adresse et d'émulation déplorable.

Il y a des hommes qu'il faut faire tirer à blanc pendant des mois avant de pouvoir leur confier des cartouches chargées. »

Attirons donc dans nos tirs, dans nos gymnases la jeunesse déjà préparée par le stage des bataillons scolaires, et bien des questions complexes, dont la solution est considérée comme impossible, se simplifieront d'elles-mêmes. La réduction du service militaire n'effrayera plus nos vieux officiers, et le recrutement des cadres inférieurs se fera facilement, grâce à l'entrée dans les corps, chaque année, d'une élite de jeunes gens déjà façonnés aux choses militaires et amoureux du métier.

Ce n'est pas tout, la jeunesse trouvera dans ces nobles exercices un dérivatif puissant aux séductions de toutes sortes qu'elle rencontre dans les villes; le tir est, en effet, le plus passionnant des sports; il met en relief l'adresse individuelle et surexcite l'amour-propre par une lutte constante contre les difficultés du tir aussi bien que contre l'habileté des concurrents. C'est un jeu, mais c'est un jeu patriotique : *Ludus pro patria*, un jeu pour la patrie! un jeu dans la pratique duquel on acquiert une faculté à la fois précieuse et terrible, celle de porter la mort au loin et à coup sûr; un jeu qui, dans quelques années, aura doublé la puissance d'action de notre infanterie et nous mettra en mesure de faire face victorieusement à l'invasion.

Quant aux Sociétés de gymnastique, nous sommes heureux de constater que depuis quelques années, elles se sont multipliées sur toute l'étendue de notre territoire et que leur nombre va toujours croissant.

En Allemagne, ces Sociétés, qui fonctionnent depuis longtemps, y ont acquis une importance considérable. La *Deutsche Turnerschat* (fédération allemande de gymnastique) compte dix-huit cercles comprenant deux mille cinq cents Sociétés avec deux cent mille gymnastes dont deux mille directeurs et neuf mille six cents moniteurs.

De plus, elles ont des ramifications avec les Sociétés allemandes de gymnastique fondées à l'étranger, à Londres, Liverpool, Saint-Pétersbourg, Moscou, Riga, Odessa, Bruxelles, Anvers, Madrid, Rome, à Paris même où la *Deutsche Turneverein*, qui se compose de deux cent cinquante membres environ, existait déjà en 1864.

Nous n'en sommes malheureusement pas là encore dans notre beau pays de France, où l'on comptait, en 1873, une quinzaine de Sociétés seulement.

La plupart de nos sociétés gymnastiques sont de création récente et ne sont guère nées que depuis la funeste guerre de 1870.

La première a été fondée à Guebwiller (Haut-Rhin) en 1860; d'Alsace, le goût de la gymnastique est passé en Lorraine, à Épinal, puis en Champagne, à Reims.

Avant la guerre, il n'y avait à Paris que deux Sociétés françaises, la *Gauloise* et la *Parisienne*, qui est devenue plus tard la *Nationale*, une Société suisse et une Société allemande.

Dès 1864, les Sociétés alsaciennes s'étaient fédérées, et cet exemple fut suivi en 1876 par cinq autres Sociétés qui formèrent une association sous le nom de l'*Union fédérale*, laquelle compte aujourd'hui cent vingt-six Sociétés.

L'association de la Seine, commencée en 1876 avec cinq Sociétés, en comportait quinze en 1881, et en comporte aujourd'hui quarante avec un effectif de trois mille cinq cents membres.

Depuis un an, il a été créé cent Sociétés en province et vingt dans le département de la Seine.

On compte actuellement en France trois cent cinquante Sociétés de gymnastique comprenant vingt-cinq mille membres.

Cet accroissement est dû surtout à l'active propagande de la Ligue de l'Enseignement et de la Ligue des Patriotes, qui sont les plus fermes appuis de ces Sociétés, et nous sommes heureux de leur rendre publiquement ce juste hommage.

Nous ajouterons que la presse entière s'est associée à cette œuvre patriotique et parmi les journaux les plus ardents nous citerons l'*Anti-Prussien*.

La jeunesse française est définitivement et bravement entrée dans la voie de l'éducation virile qui fait les hommes libres et les peuples indépendants.

On a compris enfin que pour faire des soldats dignes de ce nom, il faut rompre nos corps à la fatigue et les assouplir par des exercices à la fois salutaires et fortifiants.

Mens sana in corpore sano : une âme saine dans un corps sain, telle était la devise des anciens et telle aussi sera la nôtre.

Avec elle les Grecs ont vaincu les Perses.

AVEC ELLE LES FRANÇAIS TERRASSERONT LEURS ENNEMIS.

Après Iéna la Prusse a travaillé sournoisement à son relèvement.

DEPUIS 1870, LA GRANDE BLESSÉE A CICATRISÉ SES PLAIES ET SE MONTRE AUJOURD'HUI PLUS FORTE QUE JAMAIS.

Il y a dans la vie des peuples des faits dont le souvenir doit rester toujours vivant : NOUS NOUS SOMMES SOUVENUS, et tous se sont courageusement mis à l'œuvre. Partout, dans l'armée et hors de l'armée, se sont produits des dévouements : LA NATION S'EST TRANSFORMÉE.

L'initiative privée, la libre expansion des bonnes volontés individuelles ont opéré des prodiges.

Commencer l'éducation physique de l'enfant dès l'école, tel a été le mot d'ordre ; de là la formation des bataillons scolaires qu'un auteur justement estimé, dans un chant où respire le patriotisme le plus pur, a appelés « Bataillons de l'espérance, phalanges de l'avenir. »

Et à ce propos, nous pouvons nous faire l'écho de tous les patriotes en demandant la sanction officielle pour la Marseillaise des Bataillons scolaires.

Il est urgent que cette institution éminemment utile et patriotique ne reste pas incomplète, et nous appelons de tous nos vœux une loi organisant ce que nous nommerons les Bataillons d'adultes.

Les bataillons scolaires comprennent les enfants qui fréquentent nos écoles.

Or, de la sortie de l'école jusqu'à l'entrée au régiment, il y a loin.

Les Sociétés de gymnastique et de tir ont commencé à combler cette lacune ; à l'État d'achever son œuvre en complétant les bataillons scolaires par les « bataillons d'adultes ».

Que tous les Français, formés par les leçons de l'expérience, inspirés par l'amour de la patrie, continuent de se faire un devoir de travailler pour l'honneur et la gloire de la France, au développement de toutes les institutions qui peuvent exalter le patriotisme et perfectionner l'art de la défense nationale.

Que tous les cœurs battent à l'unisson.

Et bientôt nous aurons une armée de plusieurs millions d'hommes parfaitement exercés.

La famille aura discipliné leur cœur ; l'école, leur intelligence, et la caserne leur caractère.

Ne précipitons rien ; ne provoquons personne.

Pas de timidités humiliantes ; pas de forfanteries inutiles.

Les conquêtes de l'avenir se préparent dans le recueillement, qui n'exclut nullement la vigilance, dans le travail, la concorde et la paix.

Bon espoir, donc !

Peut-être, le lecteur trouvera-t-il que je me suis, dans la première partie de cet ouvrage, montré quelque peu optimiste.

Je ne saurais mieux lui répondre qu'en lui mettant sous les yeux cette page d'un travail aussi patriotique que hautement compétent sur les nouvelles défenses de la France, publié récemment, et dont l'auteur est M. Eugène Ténot :

« On nous accusera peut-être de présomption pour oser envisager ainsi, douze années après Sedan, l'éventualité de la France républicaine faisant front sur toutes ses frontières à la fois et défiant l'effort d'une coalition. Reproche frivole, car les conclusions de ce travail sont basées sur des données où n'entre rien d'arbitraire, rien d'hypothétique.

« Il n'y a pas de parité entre les conditions défensives de la France de 1870 et celles de la France de 1882.

« La supériorité des moyens matériels est collossale. La transformation morale, pour être moins apparente, n'est pas moins profonde.

« Quelle différence radicale à ce point de vue entre la jeunesse généreuse, certes, mais ignorante des armes, à laquelle il fallut recourir pour les levées improvisées de la Défense nationale, et la génération nouvelle qui a passé tout entière par la rude école du service militaire obligatoire !

« C'est un peuple de soldats qui se lèverait demain à l'appel de la patrie menacée, un peuple de soldats disciplinés, instruits, organisés, encadrés, ayant chacun sa place dans le rang. Ni le cœur ne leur ferait défaut, ni le rayon de flamme héroïque qui embrasa les grands aïeux de la Révolution.

« A Dieu ne plaise assurément que la France ait à subir la redoutable épreuve d'une lutte simultanée sur la frontière démembrée, sur les Alpes et sur les Pyrénées; mais si cette lutte s'imposait, la France serait en mesure d'en envisager la perspective sans trouble et sans défaillance.

« Les deux millions de soldats de l'armée active, de ses réserves et de l'armée territoriale, debout aux remparts naturels des Alpes et des Pyrénées, debout au boulevard qui se dresse maintenant aux limites d'Alsace et de Lorraine, sauraient bien former autour du sol sacré de la patrie un infranchissable mur d'acier. »

Il est évident que les conditions dans lesquelles nous sommes actuellement sont entièrement différentes de celles de 1870.

Je ne referai pas l'énumération, déjà tant de fois

faite, des circonstances que nous eûmes contre nous à cette époque fatale.

Je ne veux qu'indiquer en quelques mots les plus frappantes, les plus topiques, celles dont l'incroyable ensemble a paru tellement près du surnaturel que des esprits éclairés ont été tentés de se dire : le doigt de Dieu est là.

D'abord, c'est un ministre de la guerre, le maréchal Niel, qui, par une sorte d'aberration, vient nous prêcher, avant de mourir, la défensive à outrance, à nous qui ne sommes supérieurs aux autres armées de l'Europe que dans l'offensive.

Puis, nous entrons en campagne avec 240,000 hommes, sachant fort bien que la mobilisation prussienne va nous en opposer de suite 500,000, et alors au lieu de rester réunis, en vertu de ce principe le plus connu de tous, que *les petites armées doivent rester concentrées,* nous dispersons nos faibles ressources en petits paquets, sur l'interminable frontière de Thionville à Belfort.

Nos généraux possèdent le courage physique, c'est incontestable, mais voilà à peu près tout ; l'Afrique, qui a été leur seule école, les a mal préparés à la grande guerre, car ils n'y ont jamais commandé que de minuscules colonnes, et contre qui ? contre des Arabes à qui toute tactique est étrangère, qui n'ont que des fusils à silex et pas un seul canon.

Quant à des grandes manœuvres, on s'en était

toujours soucié, chez nous, comme d'une guigne ; aussi nos chefs se trouvent-ils, en face des Allemands, étonnés, dépaysés, déconcertés et comme frappés d'anéantissement. Ils se laissent battre, comme le feraient des fatalistes qui auraient lu leur arrêt inscrit d'avance au livre du destin, et ne songent même pas une seule fois à riposter à fond, du moins dans toute la première partie de la campagne, qui fut, comme on le sait, décisive.

Passons ; la frontière est violée, l'armée du Rhin enfermée dans Metz. Une autre armée, reformée à Châlons, va tenter de délivrer Bazaine. Elle pouvait arriver directement à Metz par les Islettes et Verdun en quatre marches, c'est-à-dire avant que la 3ᵉ armée prussienne, qui a perdu plusieurs jours à deviner où Mac-Mahon a bien pu se retirer, soit en état de l'inquiéter et de le joindre. Au lieu de cette solution trop simple, on fait un grand mouvement par la basse Meuse, comme si on prenait plaisir à donner au prince royal de Prusse la facilité de nous couper la route, en prenant simplement la corde quand nous-mêmes parcourons l'arc.

Ensuite c'est l'empire qui s'effondre dans le trou de Sedan. Cette chute ne contribue pas à réconforter nos états-majors, comme bien l'on pense.

Mais, comme si ce n'était pas assez de ce manque de préparation à la guerre, d'habileté à la conduire, de stabilité politique, etc..., il faut que les éléments eux-mêmes et cette divinité aveugle qu'on nomme le hasard semblent se liguer contre nous.

Le général Chanzy tombe malade juste au moment de la bataille du Mans, qu'il eût peut-être gagnée sans cela.

La défaite d'Orléans, dit M. de Freycinet, « aurait peut-être été remplacée par un triomphe, si l'on avait eu un jour ou deux de plus pour se préparer ». Or, si l'on a été pris à l'improviste, savez-vous à quoi nous le devons ? Simplement à ceci : « Que le ballon chargé d'annoncer la sortie du général Ducrot a été emporté en Norvège. »

« Les influences météréologiques, dit-il encore, ont constamment lutté contre nous. Il semblait que la nature eût fait un pacte avec nos ennemis. Chaque fois qu'ils se mettaient en marche, ils étaient favorisés par un temps admirable, tandis que tous nos mouvements étaient paralysés par la pluie ou par le froid.

« La rigueur de l'hiver a été certainement pour moitié dans l'insuccès de la campagne de l'Est. Le froid a contribué beaucoup à la défaite d'Orléans, ainsi qu'à celle du Mans. C'est la pluie qui a retardé une première fois la marche de l'armée de la Loire, ou qui, du moins, a permis de justifier son inaction. Nos ennemis, au contraire, ont toujours été secondés dans leurs mouvements. Qui ne se rappelle le temps exceptionnel qui a régné pendant le mois de septembre et la première quinzaine d'octobre, alors que l'armée prussienne marchait sur Paris et installait les travaux du siège ? Qui ne se rappelle également, etc., etc... »

A Paris, le général Trochu, qui commet la colossale erreur de ne croire qu'à soixante jours, au maximum, de défense possible pour la capitale, et pousse ainsi la délégation de province à des mesures hâtives et précipitées qui n'échouent probablement que par cette seule précipitation. Quel fatal concours de circonstances, que de coïncidences malheureuses ! Et l'avenir nous garderait encore tant de mauvaises chances accumulées, allons donc ! *Non bis in idem.* Mais, indépendamment de cette raison, qu'on peut taxer de sentimentale, que de raisons positives n'avons-nous pas de reprendre confiance !

Reprenons donc espoir.

Je suis convaincu que le jour de notre revanche nationale n'est pas éloigné.

Nous devons l'attendre sans le provoquer.

La patience n'exclut pas le courage.

Au lendemain de la victoire, nous reprendrons nos travaux pacifiques, n'aspirant plus qu'aux durables conquêtes de la pensée sur les terrains de l'art, de la science et de l'industrie.

Quoi qu'en ait dit le maréchal de Moltke, qui prétend ériger en principe que « la guerre développe les plus nobles sentiments de l'humanité, » nous voulons croire que plus tard les peuples résoudront autrement que par les armes les difficultés inévitables qui pourront surgir entre eux.

« La République est un soleil, aveugle qui ne la voit pas, » a dit un tyran.

La République française ne peut manquer d'éclairer un jour le monde entier, et d'arracher aux ténèbres les nations asservies qui vivent encore sous le joug des bandits couronnés.

L'heure de la grande aurore est proche. Puissent bientôt tous les peuples, réconciliés par la liberté, se tendre fraternellement la main !

FIN DE LA PREMIÈRE PARTIE

DEUXIÈME PARTIE

En 1889

LE GRAND ANNIVERSAIRE

LE CENTENAIRE DU 14 JUILLET

La République française s'était montrée généreuse envers les vaincus. Elle n'avait demandé à l'Allemagne aucune cession de territoire en dehors de l'Alsace et de la Lorraine.

La France était devenue telle qu'elle se trouvait avant 1870. Le traité de Paris stipulait que les cinq milliards payés aux Allemands par suite du traité de Francfort nous seraient restitués dans le délai de cinq ans et que nos troupes occupant les pays allemands se retireraient au fur et à mesure des remboursements.

L'Allemagne, dont le crédit financier et les ressources ne pouvaient être comparés à ceux de la France, était parvenue à grands renforts d'emprunts à peine souscrits, à payer un milliard en deux ans.

Les Allemands, désespérant de pouvoir jamais se libérer, comprirent vite qu'ils auraient tout intérêt à se constituer en République et que, débarrassés de leur empereur et de leurs rois, ils arriveraient plus facilement à s'entendre avec la République française et à obtenir d'elle des modifications au traité de Paris.

Le 14 juillet 1889, l'Empire d'Allemagne n'existait plus. La Prusse, la Bavière et la Saxe formaient trois républiques parfaitement distinctes.

L'Autriche et la Hongrie étaient devenues également indépendantes.

La France, confiante dans la parole des peuples libres, avait renoncé à toute garantie territoriale et évacué les provinces qu'elle occupait. En outre, elle avait réduit de moitié l'indemnité de guerre restant à payer, et pour donner toutes facilités à ses débiteurs, leur avait accordé de nouveaux délais.

L'Europe entière désarmait. L'ère de la paix définitive semblait s'ouvrir.

Tous les États républicains, sans en excepter ceux d'Allemagne, s'apprêtaient à célébrer le grand anniversaire du 14 juillet 1789.

A Paris, on préparait des fêtes splendides à l'occasion de ce centenaire. On conviait tous les peuples du monde à y assister, et de nombreuses délégations des républiques étrangères répondaient à l'appel.

Avant d'entrer dans le récit de cette importante manifestation, il convient de jeter un coup d'œil sur le passé et de retracer sommairement l'historique de cette grande journée du 14 juillet 1789 qui assura le triomphe de la Révolution.

La France se trouvait dans une situation des plus précaires. Les docteurs en politique, les habiles, en proie aux angoisses les plus vives, aux incertitudes les plus poignantes, en présence des menaces de la cour et voyant Paris enveloppé de troupes étrangères, redoutaient toutes les catastrophes, et loin de s'attendre à une victoire, n'osaient même pas se résoudre à la lutte.

Le peuple seul ne s'arrêta pas à tous ces raisonnements que la peur dicte aux sages. Il eut la foi, il voulut la guerre, et il se trouva que les événements donnèrent raison à son audace téméraire.

Sans la victoire de Paris, en effet, l'Assemblée était dissoute, les patriotes anéantis, la Révolution perdue, ou tout au moins indéfiniment ajournée.

Les nobles, les partisans du despotisme, préparaient activement la résistance.

« S'il faut brûler Paris, disait Breteuil, on le brûlera ! »

Le vieux maréchal de Broglie, qui a laissé des fils dignes de lui, l'Achille septuagénaire de la vieille monarchie, comme l'appelle plaisamment

Bailly dans ses Mémoires, commandait les forces de la contre-révolution. Sous l'inspiration de la reine, la faction fit fabriquer secrètement une monnaie de papier, c'est-à-dire, dans l'espèce, une fausse monnaie ; la banqueroute allait devenir un instrument de guerre.

D'autre part, l'agitation était extrême parmi les patriotes, qui se sentaient environnés de trahisons et de dangers.

On peut espérer, à leur attitude, que les gardes françaises feront cause commune avec le peuple, mais Versailles et Paris sont pour ainsi dire bloqués par les régiments autrichiens et suisses. Reinach et Diesbach sont à Sèvres, Royal-Cravate est à Charenton, Nassau à Versailles, Salis-Samade à Issy, les hussards de Bercheny à l'école militaire ; Rœmer, Chateauvieux, etc... attendent sous Paris.

Le 8 juillet, Mirabeau monte à la tribune de l'Assemblée nationale et, se faisant l'écho de l'émotion publique, demande au roi l'éloignement des troupes.

Comme s'il voulait jeter un défi à la nation, Louis XVI répond quelques jours après à cette requête par le renvoi de Necker, le ministre populaire.

Cette nouvelle tombe sur Paris le dimanche 12 juillet, et met le Palais-Royal, espèce de quartier général de la Révolution, en combustion.

Le jardin prend un aspect menaçant. Le peuple indigné n'attend qu'un mot d'ordre.

Il est midi, un rayon de soleil frappe le miroir placé au méridien du jardin et met le feu au petit canon.

Le peuple, naturellement superstitieux, croit entendre un signal.

Tout à coup, un jeune homme inconnu monte sur une table et pousse le cri de guerre que la foule attendait et qui détermine l'explosion.

Ce jeune homme, qui n'est autre que Camille Desmoulins, prononce une harangue enflammée :

« Citoyens ! il n'y a pas un moment à perdre. J'arrive de Versailles : Necker est chassé ; ce renvoi est le tocsin d'une Saint-Barthélemy de patriotes.

« Ce soir, tous les bataillons suisses et allemands sortiront du Champ-de-Mars pour nous égorger. Il ne nous reste qu'une ressource, c'est de courir aux armes et de prendre des cocardes pour nous reconnaître...

« Quelles couleurs voulez-vous ?... le vert, couleur de l'espérance, ou le bleu de Cincinnatus, couleur de la liberté d'Amérique et de la démocratie ? — Le vert ! le vert ! crie la foule. »

Alors le jeune et ardent patriote poursuit d'une voix éclatante : « Amis ! le signal est donné ! Je vois d'ici les espions et les satellites de la police qui me regardent en face. Je ne tomberai pas du moins vivant entre leurs mains. Que tous les citoyens m'imitent! »

Et il agite deux pistolets, met un ruban vert à son chapeau et descend de sa tribune improvisée.

Une immense acclamation répond à ce brûlant appel. En un instant tous les arbres du jardin sont dépouillés de leurs feuilles, dont les citoyens se font des cocardes.

Paris tout entier prend feu. On fait fermer les théâtres, comme en un jour de deuil. Le peuple s'arme de tout ce qui lui tombe sous la main.

Les bustes de Necker et du duc d'Orléans, les idoles de l'heure présente, sont promenés dans les rues, voilés de crêpes noirs.

Des détachements de gardes françaises se réunissent à la foule. Une charge de dragons, commandée par le prince de Lambesc, renverse plusieurs personnes dans le jardin des Tuileries et porte l'exaspération au comble.

Des engagements ont lieu sur divers points. Le feu est mis aux barrières.

A six heures du soir, les électeurs se réunissent pour *prévenir le tumulte*.

Dans la nuit, ils se constituent et convoquent les assemblées de district. Par deux arrêtés, affichés dès le matin du 13, ils forment une *milice bourgeoise* pour « veiller à la sûreté publique » et arrêter les *désordres*.

Ils interdisent les attroupements et enjoignent à

tous les individus munis de fusils ou d'autres armes, de les déposer dans les districts pour armer la milice.

Ces représentants de la bourgeoisie parisienne, qui s'étaient si résolument saisis du pouvoir municipal, hésitaient en ce moment suprême et reculaient devant la responsabilité d'autoriser le mouvement.

Mais le peuple, tout en reconnaissant leur dictature improvisée, ne suivait heureusement point leurs conseils énervants.

Ce peuple, né d'hier à la vie politique, montra d'autant plus d'énergie que ses représentants paraissaient plus indécis. Avec une intelligence très nette de la situation, il sentit que le salut était dans l'action révolutionnaire et n'était que là.

A toutes les exhortations, il n'opposait qu'un argument et c'était un cri de combat : *des armes ! des armes !*

La nuit avait été assez calme, quoique personne n'eût dormi dans la grande cité ; et le soleil du lundi 13 n'était pas encore levé, que le tocsin sonnait dans toutes les églises, pendant que le tambour assemblait les citoyens dans tous les quartiers.

Des compagnies se forment confusément sous les noms de *Volontaires du Palais-Royal, des Tuileries, de la Basoche, de l'Arquebuse*, etc.

Les femmes fabriquent des cocardes bleu et rouge ; les forgerons martèlent des piques pour armer le peuple (on en forgea cinquante mille en trente-six heures).

Dans les églises, les citoyens forment des assemblées tumultueuses pour essayer de donner une organisation régulière au mouvement.

Le garde-meuble est envahi, et les quelques armes qu'il contenait sont enlevées; Saint-Lazare est forcé, et la foule y trouve une masse énorme de farine, que les bons pères (en ce temps de disette) y avaient entassée; on en charge plus de cinquante charrettes, que des hommes demi-nus et affamés conduisent fidèlement à la halle.

On délivre les prisonniers pour dettes à la Force, mais le peuple réprime rudement la révolte des malfaiteurs du Châtelet, afin de bien montrer qu'il protège le malheur, mais qu'il abhorre le crime.

Partout, d'ailleurs, ce peuple mettait un soin vigilant, et quelquefois cruel, pour empêcher qu'on déshonorât la cause de la Révolution; et, pour ne citer qu'un exemple, à Montmartre, les indigents employés aux ateliers de charité pendirent un pauvre diable qui avait volé une poule.

D'heure en heure, les préparatifs de combat se poursuivent avec une énergie dévorante.

On amène à la place de Grève tout ce qui est saisi, voitures arrêtées aux barrières, armes, sacs de blé, mobiliers et jusqu'à des troupeaux de bœufs et de moutons.

Paris est un camp : les citoyens des districts.

les hommes des faubourgs, la jeunesse, les élèves du Châtelet, l'école de chirurgie, Boyer en tête, toute la Basoche, affluent à l'Hôtel-de-Ville et jurent de mourir pour la nation et de défendre Paris contre les Croates, les Allemands et les Suisses.

Vers trois heures, aux acclamations universelles, les gardes françaises abandonnent en masse leurs officiers et viennent se joindre aux citoyens.

Le peuple, dont la vigilance ne dormait pas, découvre cinq milliers de poudre qu'on allait faire filer secrètement à Paris sur des bateaux et apprend le soir même l'existence d'un dépôt de fusils aux Invalides.

La poudre fut apportée à l'Hôtel-de-Ville, où un électeur, l'intrépide abbé Lefebvre d'Ormesson, au milieu des furieux qui se la disputaient, se chargea de la périlleuse mission de la garder et de la distribuer.

Malgré les coups de feu qui éclataient au-dessus des tonneaux ouverts, cet homme héroïque demeura vingt heures sur ce volcan et préserva probablement l'édifice de la ruine et des milliers de citoyens à la mort.

La nuit se passa dans ces agitations formidables; toutes les maisons, illuminées, inondaient de clarté la ville, qui retentissait du pas des patrouilles bourgeoises et du bruit des marteaux forgeant les piques sur l'enclume.

Au milieu de ces événements, Besenval et ses Suisses n'avaient pas bougé du Champ-de-Mars et de l'École militaire; Broglie n'avait pas donné d'ordre.

Cette inaction inconcevable tenait sans doute à l'anarchie qui régnait dans le conseil (où un seul point était bien arrêté, la dissolution de l'Assemblée nationale), et probablement aussi aux illusions de la cour, qui ne voyait qu'avec mépris ces mouvements populaires et n'admettait pas que la pacifique population de Paris pût opposer une résistance sérieuse, d'autant plus que l'on comptait sur un terrible auxiliaire, la famine; car on interceptait, depuis la veille, les convois de vivres et de farine.

L'Assemblée nationale, environnée de hordes étrangères, menacée de dissolution et d'enlèvement, désarmée, sans autre appui que la loi, n'ayant obtenu du roi qu'une réponse sèche et hautaine à ses réclamations, avait conservé la plus noble attitude et décrété solennellement :

1° Que Necker emportait les regrets de la nation;

2° Qu'elle ne cesserait d'insister sur l'éloignement des troupes étrangères;

3° Que les conseils du roi, de *quelque rang* qu'ils pussent être, étaient personnellement responsables des malheurs qui pourraient arriver;

4° Que nul pouvoir n'avait droit de prononcer

l'infâme mot de *banqueroute* et de manquer à la foi publique.

En de telles circonstances, rien de plus majestueux sans doute que ces déclarations énergiques; mais il est évident qu'il fallait le soulèvement et la victoire de Paris pour leur donner un effet dans le présent et un écho dans l'avenir.

Et cependant, dans la grande Assemblée, personne peut-être n'eût osé conseiller de recourir à de telles extrémités.

L'aube du 14 juillet se leva lumineuse et sereine sur Paris pour éclairer le plus grand événement des temps modernes.

Hier, on ne songeait encore qu'à se défendre; aujourd'hui on sent que l'attaque est la seule voie de salut.

La ville, cernée par des campements barbares, est menacée tout à la fois de la famine et de l'extermination. Il faut vaincre et vaincre en un seul jour.

Le mouvement avait été jusqu'alors confus, désordonné; le voici qui se dessine avec une physionomie terrible, qui se précise et s'accentue avec une netteté formidable.

Une idée s'était levée sur Paris avec le jour, une lumière avait frappé tous les esprits; un seul cri retentit dans les rues de la grande cité : *A la Bastille!*

Cependant, la plupart des citoyens n'avaient

point de fusils. Malgré le camp du Champ-de-Mars, on se précipite aux Invalides, gardés par le vieux Sombreuil et défendus par du canon.

Avant neuf heures, trente mille hommes étaient sur l'Esplanade.

En tête était le procureur de la ville, Ethis de Corny, que le comité des électeurs n'avait osé refuser. Cette foule était l'élite du peuple, de la jeunesse et de la bourgeoisie, la fleur de la cité.

On y voyait le curé de Saint-Étienne-du-Mont, marchant intrépidement à la tête de son district; les élèves de la Basoche, avec leur vieil habit rouge; Camille Desmoulins et ses volontaires du Palais-Royal, qui ne l'avaient pas quitté un seul instant; les gardes françaises, les corps de métiers, les écoles, etc.

Sombreuil arrêta quelque temps la foule à la grille, par des pourparlers captieux.

Heureusement, quelques citoyens plus clairvoyants empêchèrent le peuple d'être ainsi mystifié; à leur voix, on se jette dans les fossés, on désarme les sentinelles, on envahit l'hôtel. Vingt-huit mille fusils furent trouvés dans les caves, cachés sous la paille et enlevés avec vingt pièces de canon.

Et maintenant Paris est armé : les Allemands peuvent venir !

Les rues, les quais, les ponts, les boulevards ressemblent à une mer écumante, soulevée par tous les vents; des pavés sont montés dans les maisons; les rues sont barricadées; les femmes, signe caractéristique, acclament les combattants et distribuent des cocardes; les volontaires nationaux s'organisent; les gardes françaises enseignent hâtivement aux citoyens le maniement du fusil; et partout, et toujours, retentit le même cri, qui sort de la poitrine d'un peuple entier : *A la Bastille!*

La foule le crie à la foule; les enfants le répètent au milieu des transports; les échos de la cité le répercutent avec une sonorité terrible; et dans les éclatantes vibrations du tocsin qui sonnait à tous les clochers, tous entendaient distinctement l'airain mugir dans la nue : *A la Bastille!*

« Et qu'importait la Bastille à ce peuple? ont répété les sceptiques, les petits esprits. Les hommes du peuple n'y entrèrent presque jamais; c'était une prison en quelque sorte patricienne. La Bastille des pauvres, c'était Bicêtre... »

Mais c'est là précisément ce qui fait la grandeur de ce mouvement; l'âme de la France éclate ici dans sa bonté héroïque, dans sa droiture et sa générosité.

Rien d'exclusivement personnel dans ce magnifique élan. Ce qui fait explosion dans le cœur du peuple, c'est le sentiment de la justice, la haine du despotisme; ce qui parle, c'est la voix de l'humanité, le cri de la miséricorde et de la pitié.

La Bastille était condamnée depuis longtemps

dans l'opinion publique. Aux motifs que nous venons d'indiquer, il faut encore ajouter que la vieille forteresse *écrasait* la rue Saint-Antoine et le faubourg. suivant l'énergique expression de Linguet, et qu'elle dominait Paris.

Sa destruction était donc une bonne opération stratégique, en même temps qu'elle était une œuvre de haute moralité.

Le règne de la justice et de la loi ne pouvait s'inaugurer d'une manière plus éclatante que par la ruine de cette caverne de l'arbitraire et de la tyrannie.

Cependant, dès neuf heures, au bruit du tocsin et de la générale, tout Paris roulait comme un torrent vers la Bastille.

Le gouverneur, de Launay, avait, depuis plusieurs jours, fait ses préparatifs de défense.

Outre les quinze canons braqués sur les tours, il en avait placé dans la cour intérieure. Les meurtrières, les embrasures avaient été préparées pour la défense et garnies de fusils de rempart, qu'on nommait les *amusettes du comte de Saxe*.

Six voitures de pavés, de boulets et de ferrailles avaient été montées dans les tours pour écraser les assaillants. Quatre cents biscaïens, quatorze coffrets de boulets ensabotés, trois mille cartouches complétaient le matériel de la défense.

La garnison n'était que de cent quatorze hommes, dont trente-deux Suisses de Salis-Samade et quatre-vingt-deux invalides, d'ailleurs tous soldats aguerris ; mais cette faible garnison était suffisante pour la défense, et, derrière les meurtrières et les doubles et triples grilles, elle pouvait, en toute sûreté, faire un affreux carnage des assiégeants.

La forteresse était, en réalité, imprenable pour le peuple, qui n'avait ni le temps ni les moyens de faire un siège régulier, et ses batteries pouvaient aisément démolir le Marais, le quartier et le faubourg Saint-Antoine.

Aussi, ces terribles éventualités troublaient-elles le comité de l'Hôtel-de-Ville, qui envoya une députation au gouverneur pour lui promettre qu'on ne l'attaquerait pas s'il retirait ses canons et ne commençait point les hostilités.

C'était s'avancer beaucoup et disposer assez légèrement de l'indignation populaire.

Un homme plus hardi, Thuriot de la Rozière, vint audacieusement au nom du district de Saint-Louis-la-Culture, dont il était électeur, sommer le gouverneur de rendre la forteresse.

Il est introduit ; il étonne, il effraye de Launay ; il ébranle la partie française de la garnison ; il demande enfin que la milice bourgeoise soit admise à occuper la Bastille conjointement avec la troupe.

Mais déjà cette combinaison n'était plus à la hauteur des circonstances, et Thuriot, en se retirant, fut menacé par le peuple, qui ne voulait pas qu'on occupât la Bastille, mais qu'on la détruisît.

Peu d'instants après, l'action s'engagea.

Quelques citoyens courageux, s'introduisant par le petit toit d'un corps de garde, parviennent à sauter dans la première cour, et brisent à coups de hache les chaînes du pont-levis.

La foule se précipite.

On n'était encore que dans la cour extérieure, celle où le gouverneur avait son hôtel. Une longue avenue conduisait au fossé et au pont-levis de la Bastille. Des meurtrières et du sommet des tours, un feu terrible moissonnait les assaillants, dont les coups ne pouvaient atteindre la garnison derrière ses épaisses murailles.

Un funèbre enthousiasme s'était emparé des citoyens, et, de minute en minute, la foule augmentait autour de la vieille forteresse. On y voyait jusqu'à des prêtres et des femmes.

Une deuxième députation des électeurs, qui vient sommer de Launay de recevoir un détachement de la milice pour garder la place de concert avec la garnison, ne peut pénétrer jusqu'à lui.

En ce moment, le peuple met le feu à plusieurs voitures de fumier, pour incendier les bâtiments qui masquent la forteresse, et pour asphyxier les assiégés.

Des fenêtres et des toits des maisons voisines, on tirait sans interruption. Mais tout cela n'amenait aucun résultat.

Une troisième députation des électeurs se présenta, en agitant un drapeau de paix.

La garnison arbore un drapeau de paix sur la plate-forme, et les soldats renversent leurs fusils.

En cet instant, suivant quelques récits contemporains, un officier suisse aurait fait passer, par un créneau, un billet ainsi conçu :

« Nous avons vingt milliers de poudre et nous ferons sauter le fort, la garnison et tout le quartier, si vous n'acceptez point la capitulation. »

Une planche avait été jetée sur le fossé.

Un homme s'élance sur ce pont et tombe frappé d'un coup de feu, dit-on. Un autre le remplace (les uns nomment Maillard, les autres Élie) et parvint à saisir le billet.

Les commissaires de l'Hôtel-de-Ville, confiants dans les démonstrations de la garnison, engageaient déjà à se retirer, lorsque, tout à coup, une décharge de mousqueterie partit du fort et fit un grand ravage parmi les citoyens.

Vraisemblablement, c'étaient les Suisses, qui étaient en bas avec de Launay, qui avaient tiré sans tenir compte des signes de paix et de fraternité que faisaient les invalides.

Mais la garnison entière subit la solidarité de cet acte sanglant.

L'exaltation du peuple tournait à la fureur; un mot fut dit, que tous répétèrent: « Nos cadavres combleront les fossés! »

Et, sans se décourager jamais, ils se ruaient obstinément à travers la fusillade contre ces tours meurtrières, pensant qu'à force de mourir ils arriveraient à les reverser.

Enfin, les gardes françaises forcèrent les commandants de ville à donner cinq des canons qui avaient été amenés des Invalides, et les mirent en batterie devant le pont-levis de la forteresse.

Cependant, à l'intérieur de la Bastille, le trouble et la confusion étaient parmi les assiégés.

La honte de cette guerre sans danger, l'horreur de verser le sang français, qui ne touchait guère les Suisses, finirent par faire tomber les armes des mains des invalides.

Leurs sous-officiers supplièrent le gouverneur de cesser un carnage odieux et une résistance dont on pouvait prévoir l'inutilité.

D'ailleurs si l'on avait d'immenses munitions, on manquait de vivres, et le flot sans cesse grossissant de la multitude, l'ardeur et l'exaltation des assiégeants, montraient assez que c'était Paris tout entier qui voulait invinciblement la chute la de Bastille.

Mais les Suisses voulaient continuer la lutte.

De Launay se sentait personnellement haï, non seulement pour le sang qu'il venait de répandre, mais encore pour ses persécutions envers les prisonniers, pour ses infâmes spéculations sur la faim (les terribles Mémoires de Linguet et d'autres révé-

lations avaient rendu son nom célèbre dans toute
'Europe); les cris du peuple qu'il entendait lui
semblaient autant de menaces pour lui-même.

Éperdu, frémissant, il saisit une mèche et
veut mettre le feu à ses centaines de barils de
poudre et ensevelir ainsi sa défaite et son suicide
dans la destruction d'un tiers de Paris; mais les
sous-officiers Ferraud et Béquard empêchèrent
l'exécution de cet épouvantable crime, en repoussant l'insensé à la pointe de leurs baïonnettes.

Pendant ce temps, le peuple continuait le combat,
ce grand combat qui allait faire éclore une France,
une humanité nouvelle.

Et parmi ces milliers de héros qui donnaient
ainsi leur sang pour les générations de l'avenir,
qui connaissons-nous, quels noms ont survécu?

Un petit nombre seulement dont les uns sont
demeurés obscurs, dont quelques autres rappellent
une destinée éclatante ou tragique.

C'est *Élie*, le brillant officier de la Reine;
Hullin, qui sera général et comte de l'empire;
Marceau, le sublime adolescent perdu dans la
foule; *Maillard*, qui siégera au guichet de l'Abbaye; *Santerre*, le maître de la brasserie de la
Rose-Rouge; *Rossignol*, le futur général, dévoué à
la proscription et aux calomnies de l'histoire; l'intrépide grenadier *Arné*; *Palloy*; le garde-française *Dubois*; *Templement*; le magnanime *Bonnemer*, qui sauva Mlle de Monsigny au milieu de

la fusillade et des flammes; l'horloger *Humbert*, qui éteignit le feu déjà mis au magasin de salpêtre de l'Arsenal; le marchand de vin *Cholat*, qui arracha à la mort le régisseur des poudres, Clouet; le chevalier de *Saudray*, un modèle d'héroïque humanité; *Parein*, qui sera l'un des chefs de l'armée révolutionnaire; le marin *Georget*, qui pointait le fameux canon du roi de Siam, enlevé au garde-meuble; le docteur *Souberbielle*, qui a survécu soixante ans à cette grande journée; Le charron du faubourg, Louis *Tournay*, qui brisa, à coups de hâche, les chaînes du pont-levis, aidé de *Davanne* et *Dassain*; et la *Maudinière*, et *Lauzier*, et *Pétaine*, et les sergents de gardes-françaises *Wargier* et *Labarthe*, à la tête de leurs détachements; et *Réole*, un des premiers à l'attaque; et *Fournier*, et *Rousseau*, et l'*Épine*, et *Legris*, et le grenadier *Delaurière*, qui s'empara du drapeau de la Bastille; et l'intrépide abbé *Fauchet*, et les députations d'électeurs, et tant de citoyens dévoués dont l'histoire n'a pas enregistré les noms et que leur modestie a dérobés à la reconnaissance et à l'admiration de la postérité. Mais, dans cette énumération, dans ce bulletin de héros, gardons-nous d'oublier le plus grand, le plus jeune, le plus brillant de tous, l'orateur imberbe du Palais-Royal : *Camille Desmoulins*.

Martyrs sublimes de la liberté, la patrie reconnaissante ne saurait plus désormais oublier vos noms.

Au moment où les ponts s'abaissèrent, le peuple se précipita comme un torrent sur les pas d'Élie, de Maillard de Hullin, d'Arné, et d'autres que nous avons déjà nommés.

Deux défenseurs de la forteresse périrent seuls au milieu de ce tumulte; encore l'un d'eux fut-il immolé par une funeste méprise; car, hélas! c'était le généreux sous-officier Béquard, qui avait empêché de Launay de faire sauter la moitié de Paris avec la forteresse.

Le peuple, du moins, pleura sa mort, et sa famille ressentit les effets de la reconnaissance publique.

Et le misérable de Launay, le geôlier, le bourreau des prisonniers, le meurtrier des citoyens, que va-t-il devenir?...

Reconnu, arrêté par Cholat, il est conduit à l'Hôtel-de-Ville à travers un océan de peuple, par Maillard et par quelques autres hommes de grand cœur, qui veulent sauver cet ennemi abattu.

L'entreprise semblait aussi difficile que les travaux d'Hercule.

Voyant qu'on reconnaissait le prisonnier à sa tête nue, Hullin eut l'héroïque idée de le coiffer de son propre chapeau, et dès lors demeura lui-même exposé au coups; mais malgré sa force physique et son courage, il est culbuté avec ses compagnons.

Quand il put se relever, la tête du gouverneur était au bout d'une pique.

Pendant que ce drame se passait au débouché de l'arcade Saint-Jean, le peuple se répandait dans la forteresse maudite, et enfonçait la porte des cachots.

Il ne s'y trouvait en ce moment que sept prisonniers. Deux étaient devenus fous. Un de ceux-là avait une barbe blanche qui lui tombait jusqu'à la ceinture et se croyait encore sous le règne de Louis XV.

Quand on lui demanda son nom, il répondit qu'il s'appelait le *Major de l'immensité*.

On trouva dans les noires profondeurs de la forteresse, des armes d'une nature bizarre, des instruments de torture inconnus; on devait y trouver bientôt, pendant la démolition, des squelettes et d'autres témoignages contre les fureurs du despotisme.

Les archives furent en partie détruites ou dispersées. Cependant il échappa un certain nombre de pièces accusatrices, et qui ont été publiées pour l'enseignement des générations.

Vers six heures du soir, le cortège des vainqueurs se mit en marche pour l'Hôtel-de-Ville, avec les trophées, les canons, les prisonniers, le règlement de la Bastille porté au bout de la baïonnette du tailleur Quigon, enfin les clefs de la forteresse, que l'Assemblée nationale plaça dans ses archives, et qui sont aujourd'hui aux *Archives nationales*.

La prise de la Bastille coûta au peuple quatre-vingts citoyens morts sur la place, et quinze des suites de leurs blessures, plus soixante-treize blessés.

La garnison tirait tellement à coup sûr et sans danger, qu'elle n'eût qu'un homme tué et un blessé pendant cet horrible combat de cinq heures.

Le peuple toujours généreux, à la voix d'Élie et des citoyens qui l'avaient guidé pendant le combat, fit grâce aux défenseurs de la Bastille, après qu'ils eurent juré fidélité à la nation.

Les Suisses même, qui avaient si cruellement fusillé les assiégeants, furent emmenés fraternellement au Palais-Royal, et le peuple poussa la magnanimité jusqu'à se cotiser pour leur donner du pain.

La nuit descendit sur la cité, mais sans amener le repos, car on redoutait une attaque.

Le tocsin tenait la population en éveil ; toutes les fenêtres étaient illuminées ; la défense était organisée partout, mais l'ennemi ne se présenta point.

Quelques partis de hussards, de dragons, de soldats de Nassau et d'autres corps rôdèrent dans la campagne pour observer les issues de cette ville si bien gardée, et qui flamboyait de la lueur fumeuse des lampions ; mais ce fut tout.

Bien mieux, Besenval fila prudemment le long de la Seine, sans attendre le jour, en abandonnant une partie de ses bagages au Champ-de-Mars et à l'École militaire.

Paris appartenait tout entier à la Révolution ; l'ancien régime était entièrement vaincu.

L'Assemblée nationale, assurée de son existence, allait poursuivre en paix son œuvre de rénovation ; tous les fantômes de réaction s'évanouissaient ; l'avenir appartenait à la civilisation et à la liberté.

A Versailles, la journée du 14 avait été pleine d'anxieuse agitation.

L'Assemblée était partagée entre deux craintes : les violences de la cour et les excès du peuple soulevé, dont le triomphe même pouvait compromettre la liberté.

Mais elle n'en conserva pas moins la plus noble attitude, et elle envoya deux députations au roi qui ne répondit que par quelques paroles froidement équivoques.

Au château, on organisait l'attaque.

Paris devait être, le soir même, attaqué de sept côtés à la fois ; on discutait en conseil la liste des députés qui seraient enlevés.

On ne doutait point du triomphe, et les soldats, gorgés de vin, le célébraient déjà dans l'Orangerie par des chants et des danses, aux applaudissements de la reine, de Mme de Polignac et de toute la cour.

Cependant, les nouvelles arrivaient, contradictoires, incertaines. Mais, voici Noailles, voici Wimpfen, qui arrivent de Paris et qui annoncent le grand événement à l'Assemblée : la Bastille est prise !

Au milieu de l'émotion universelle, la faction n'en pousuivait pas moins ses projets.

Berthier, l'intendant de Paris, agissait auprès de Louis XVI dans ce sens, dissimulant le véritable état des choses, et assurant que, dans le trouble où se trouvait Paris, il y avait encore des chances pour la grande attaque de nuit.

Mais le roi fut préservé d'un acte aussi insensé par son indécision habituelle.

Il ne donna aucun ordre, et, cédant aux exigences de son tempérament, se coucha à son heure accoutumée et s'endormit profondément, ne soupçonnant point sans doute qu'un monde venait de s'écrouler autour de lui.

Un serviteur dévoué, le duc de Liancourt, qui avait de droit officiel ses entrées, entreprit de tirer le malheureux roi de son apathie en lui montrant au vrai la situation, l'unanimité du peuple et la nécessité impérieuse de se rapprocher de l'Assemblée.

« Mais c'est donc une révolte, dit Louis XVI à demi éveillé.

— Non, sire, *c'est une révolution.* »

On le sait, c'est par ce mot si juste et si célèbre que l'ère de la vieille France fut close.

Le 17 juillet, la démolition de la Bastille fut décrétée.

Son emplacement demeura pendant la Révolution une sorte de lieu sacré où s'assemblait le peuple et l'un des centres principaux des fêtes publiques.

Au 14 juillet 1790, anniversaire de la victoire et jour de la grande fédération, on y avait planté un bois artificiel au milieu des ruines.

Quatre-vingt-trois arbres, couverts de leurs feuilles y représentaient les quatre-vingt trois départements ; la pique populaire et libératrice se dressait au milieu du feuillage, surmontée du bonnet de la liberté; des chaînes et des grilles brisées, des symboles caractéristiques rappelaient à la foule le despotisme vaincu, la victoire de la Révolution.

Le soir, parmi les illuminations, le peuple de Paris, les fédérés, les envoyés de la France entière, enivrés d'enthousiasme, célébraient par des farandoles fraternelles la fin d'un monde de douleur, de servitude et de larmes, l'avènement de la justice et de l'égalité.

Contraste éloquent!

Une inscription flamboyait, devise triomphale, d'une énergique jovialité, qui est le génie même de la nation; dernière ironie jetée par la France nouvelle à la tyrannie renversée : *Ici l'on danse!*

Nous ne referons pas ici l'historique de la Révolution, nous avons voulu simplement rappeler les incidents de cette glorieuse journée du 14 juillet 1789.

Sans doute, de douloureux événements se sont produits depuis et souvent l'on a pu croire que le peuple n'avait été victorieux qu'un jour et qu'il était condamné à retomber sous le joug de ses tyrans.

La République s'est absorbée, puis éteinte dans la dictature militaire; mais c'est une forme seule qui a péri pour renaître deux fois depuis et pour triompher définitivement du vieux fétichisme monarchique, cela est évident aujourd'hui pour toutes les personnes sensées.

Mais l'esprit de la Révolution a survécu.

Bonaparte a bien pu restaurer quelques-unes des institutions de l'ancien régime; mais il eut été impuissant contre les grandes réformes sociales qu'aucune réaction n'a pu atteindre.

L'œuvre de la *Révolution* est demeurée entière; elle ne peut que progresser et se compléter avec la marche de la civilisation, parce que nos pères lui ont donné d'abord pour bases de granit la justice, le droit et la liberté.

Ces nobles idées ne pouvaient mourir.

Malgré toutes les réactions politiques, malgré le despotisme de l'empire, elles se perpétuèrent et la tradition en fut religieusement conservée par quelques âmes fortes.

Mais dès lors, elles étaient proscrites et ne pouvaient plus se manifester que par la voie des conspirations.

La plus célèbre, dans cette période, fut celle du général Mallet, dont l'objet était bien réellement le rétablissement de la République.

Le sentiment républicain avait laissé des racines

dans l'armée, ou même des sociétés secrètes s'étaient formées, entre autres celles des Philadelphes.

L'esprit de 1789 se réveille pendant les Cent-Jours avec une certaine intensité et se manifesta dans le pays et dans la Chambre des représentants.

Mais les folies de Napoléon, les malheurs de l'invasion rejetèrent la France aux mains des Bourbons.

La *Révolution* et l'ancien régime se retrouvaient face à face et s'abordaient dans un duel qui devait durer jusqu'en 1830.

Le gouvernement de Juillet, cette oligarchie de hauts bourgeois, ce régime bâtard, devait succomber à son tour après s'être montré aussi réfractaire à toute réforme que l'ancien régime.

On sait que son obstination à refuser toute modification dans l'aristocratie électorale qu'il avait imposée à la nation, détermina sa chute en 1848.

Après cet effondrement de la monarchie bourgeoise, la République reparut sur la scène, et cette seule apparition provoqua l'enthousiasme des peuples de l'Europe.

De Paris, la commotion gagna successivement Vienne, Berlin, Francfort, la Hongrie, Milan, Rome, Venise, etc.

Nous n'avons pas à raconter ici ces divers mouvements; mais rien ne montre mieux le grand caractère de la *Révolution* que cette universalisation de ses principes.

On sait comment la République de 1848 fut renversée.

L'Assemblée législative, après avoir opprimé et démoralisé la France, l'avait finalement livrée au plus brutal et au plus grossier despotisme, par un esprit de réaction et son stupide aveuglement.

La démocratie vaincue, décimée, éprouvée par de longues et odieuses persécutions, devait se relever après de longs combats et triompher enfin de la tyrannie napoléonienne, qui venait de livrer la France à l'invasion étrangère.

La République reparut, fit les plus nobles efforts pour défendre, avec une épée brisée, le pays qu'un despotisme odieux avait plongé dans l'abîme, et parvint du moins à sauver l'honneur de la patrie.

Ainsi, l'œuvre de la *Révolution* française s'est continuée jusqu'à l'heure présente.

Elle est vivante, et elle vivra jusqu'à ce qu'elle ait détruit tous les abus, fondé toutes les institutions que réclament la justice et l'esprit moderne.

Le 14 juillet 1889, ainsi que nous l'avons dit plus haut, la France entière et tous les peuples libres du monde avaient été conviés à prendre part aux fêtes du centenaire.

Les compagnies de chemins de fer, malgré tous les trains supplémentaires organisés, ne pouvaient suffire au transport des étrangers qui se rendaient à Paris pour assister à la grande manifestation républicaine du dix-neuvième siècle.

Depuis plus d'un mois, la capitale de la France était envahie. Pour un moment, on avait vu les diligences faire leur réapparition. Nombre d'impatients, qui n'avaient pu trouver de places dans les chemins de fer s'étaient bravement résignés à prendre la patache.

Le ticket des chemins de fer faisait prime. Il y avait une foule d'industriels qui faisait queue aux guichets des gares pour s'en procurer et les revendre. On se serait cru à la veille d'un grand emprunt national.

Plus d'un million de personnes étaient arrivées à Paris. Les hôtels ne suffisant plus à loger tout le monde, les maires avaient invité les Parisiens qui pouvaient avoir une chambre ou un lit disponible à le mettre à la disposition des étrangers.

L'enthousiasme et le patriotisme de la population étaient excités à un tel point, que tous les citoyens se rendaient d'eux-mêmes aux gares pour attendre les arrivants. C'était à qui ramènerait quelqu'un chez lui.

La vieille hospitalité écossaise semblait être entrée dans les mœurs parisiennes.

Qu'il y eût parmi les nouveaux venus des chevaliers d'industrie, des pick-pokets ou des flibustiers quelconques, personne n'y prenait garde.

Les maisons particulières étaient pour ainsi dire

transformées en auberges, en caravansérails, ou mieux en casernes, car on y campait plutôt qu'on y logeait. Dans certaines maisons des faubourgs, on avait installé des lits dans les caves, ce qui rappelait d'une façon agréable l'époque terrible où les Parisiens assiégés avaient dû se réfugier dans leurs sous-sols pour se soustraire aux effets du bombardement.

Les cours, en certains endroits avaient été garnies de baraquements en planches, de cabines, où les soldats étrangers avaient établi leur gîte.

On avait, en outre, établi des tentes sur un grand nombre de boulevards extérieurs.

La plume est impuissante à donner à ce tableau si vif, si saisissant, si pittoresque de la capitale, toute la couleur qu'il présentait.

L'entrain du reste était général. Étrangers et Français se trouvaient réunis dans la même pensée. On sentait que tous ces peuples étaient venus, le cœur débordant d'effusion et d'amour, se donner l'accolade et communier sous les trois espèces de l'idée républicaine : la Liberté, l'Égalité et la Fraternité.

Comment faire le compte rendu complet de cette journée sans précédent dans l'histoire, il faudrait avoir les cent yeux d'Argus et plusieurs in-folio à sa disposition.

Nous essaierons toutefois d'en donner un aperçu succinct.

Quel spectacle ! et comment le décrire ?

Il est des événements qui ne se racontent pas. On les a vus, on en a plein la tête et plein le cœur, et on sent à l'émotion qui vous étreint, qu'il est impossible de les rappeler par des phrases banales.

Grand Paris, toujours le même !

Le voilà bien avec son enthousiasme, sa fièvre de liberté, sa soif de justice, ses bouillonnements, ses générosités, son héroïque passion et sa foi pour tout ce qui est beau, ce qui relève, tout ce qui est la conscience de l'humanité.

Comme il a bien retrouvé les tressaillements de jadis !

Quel rayonnement sur les visages ! quelles palpitations dans les poitrines !

Et sur tout cela, autour de tout ce peuple, je ne sais quoi d'inexprimable planant dans l'air, quelque chose de la patrie républicaine enveloppant la ville et réchauffant les cœurs.

Il y a parfois, dans ces moments solennels, des retours qui s'imposent vers les choses passées et un souvenir est revenu au milieu de l'allégresse populaire.

Notre pensée est retournée en arrière et nous nous sommes rappelés les époques douloureuses où Paris se débattait contre le froid et la faim, dans le cercle de fer de l'armée allemande ; où les obus pleuvaient dans nos murs et éventraient les femmes et les enfants qui, tous aussi bien que les hommes, avaient leur sang à donner.

Tout Paris, dès le matin, était à Longchamps, heureux de fournir un témoignage de sympathie à *son* armée, l'armée de la nation.

Sur l'immense pelouse verte, les escadrons et les bataillons, serrés, étendaient leur ligne brillante.

Les armes reluisaient au soleil, jetant des éclairs d'acier dans les masses sombres.

Le peuple, innombrable, avait pris place partout où il avait pu.

On eût dit une mer humaine, couvrant plusieurs kilomètres carrés.

Cent mille parasols éclatants, rouges, blancs, bleus, verts, tiraient l'œil et donnaient à la plaine comme l'aspect bizarre d'une forêt de champignons; sur les routes, vers Saint-Cloud et Suresnes, on s'entassait déjà et l'on se pressait dans la chaleur qui plombe.

Tout autour de la piste, jupes et chapeaux poudroient au soleil ; c'est un papillotement de couleurs, un chatoiement formidable de reflets, on dirait d'une palette mouvante...

On a déjeuné sur l'herbe ; les fioles vides brûlent les mains ; on a mangé, — vrai campement joyeux, sous les cliquetis des fourchettes et des timbales.

Entre les tribunes et la route de Sèvres, déjà la masse houleuse des uniformes roule comme une vague garance. L'acier prend au loin des feux d'éclairs et les ors scintillent, — petites taches de soleil.

Les ministres, les fonctionnaires, les membres du corps diplomatique s'installent peu à peu sous les yeux de la foule qui s'intéresse déjà à ce commencement du spectacle, si cher au masses.

En attendant mieux, on compte les marches de l'escalier qui donnent accès à la tribune du chef de l'État; on remarque la toile rose à raies rouges qui la recouvre; on suit des yeux le frémissement des oriflammes et des drapeaux dont sont formés les faisceaux et les trophées servant à la décoration.

Les initiales R. F. se détachant sur fond d'azur au milieu d'un écusson, parmi les lambrequins de velours grenat, à franges et galons d'or, et alternant avec des inscriptions : — 14 juillet 1789-1889, — frappent tous les yeux, satisfaits de voir ces grandes dates républicaines affronter glorieusement le grand jour et le beau soleil de cette chaude journée.

La décoration est la même pour les tribunes réservées à la Chambre.

Des toilettes aux couleurs nationales mettent une note gaie dans la foule.

Tout à coup, un grand mouvement se produit. Le Mont-Valérien tonne, les tambours battent aux champs, et, sonores, fières et superbes, au-dessus de tout, éclatent les notes endiablées de la *Marseillaise*.

C'est le président de la République qui arrive, accompagné des présidents de la République italienne et de la République espagnole et des représentants des autres États libres.

Le ministre de la guerre survient. Il est accompagné du gouverneur de Paris. Leurs états-majors se placent à leur suite, en face de la tribune présidentielle. Non loin de là se trouvent les attachés militaires des puissances étrangères, et enfin les élèves des écoles militaires.

Le président de la République se lève et prononcent le discours suivant :

« Officiers, sous-officiers et soldats qui représentez l'armée française à cette solennité :

Grâce à votre bravoure, à votre fidélité au devoir et à votre dévouement à la patrie, la République a vaincu les rois. La France n'a plus d'ennemis. L'ère des luttes fratricides est fermée. Les peuples délivrés se sont tendus la main et marchent côte à côte vers l'avenir, n'aspirant plus qu'aux conquêtes pacifiques. En ce jour glorieux où nous célébrons le centenaire de la Révolution, nous avons voulu, pour bien montrer que l'heure de la réconciliation était venue, avoir auprès de nous les présidents et les représentants des États libres d'Europe et d'Amérique. Dans un instant, les drapeaux de ces Républiques mêleront leurs couleurs à celles du drapeau de la République française, et les officiers français donneront l'accolade aux officiers étrangers.

« Il faut que les monarchies encore debout apprennent que les peuples ont fait un traité d'éternelle alliance en se donnant aujourd'hui le baiser fraternel des hommes libres, et il faut encore qu'elles sachent bien que toutes les armées des Républiques unies se lèveraient en même temps si jamais un tyran quelconque osait menacer l'une d'elles. »

A cette allocution, couverte d'applaudissements, répondirent les acclamations de la foule et les hurrahs de l'armée.

La cérémonie des drapeaux commence de suite.

Tous les officiers français et étrangers viennent avec leurs bannières se ranger devant les tribunes ainsi que leur garde d'honneur.

Les premiers drapeaux qui apparaissent, claquant au vent, sont salués par des applaudissements enthousiastes. Cet arc-en-ciel multicolore, après l'orage des règnes monarchiques, semble être pour tous la promesse d'un avenir plein de gloire et de paix après un passé plein de honte et de guerres désastreuses.

Un porte-drapeau français et un porte-drapeau étranger sortent des rangs et marchant tous les deux l'un au-devant de l'autre, s'arrêtent devant le buste de la République érigé sur une sorte d'autel de la Liberté, élevé devant la tribune présidentielle. Les deux officiers se serrent la main et s'embrassent, pendant qu'au-dessus de leurs têtes leurs oriflammes mêlent leurs plis et leurs couleurs. D'autres officiers les remplacent, répétant la même scène.

Pendant tout le temps que dure cette cérémonie touchante, les musiques militaires réunies exécutent la *Marseillaise* l'*Hymne à Garibaldi* et d'autres chants nationaux, aux applaudissements frénétiques de cinq cent mille personnes dont l'enthousiasme a atteint le paroxysme.

Puis le défilé des troupes commence. Il se fait en colonnes serrées, drapeau en tête, à huit pas du premier peloton.

Des salves d'artillerie éclatent des hauteurs du Mont-Valérien.

Ce spectacle émouvant s'achève dans les sonorités du canon.

Pendant que les derniers régiments défilent devant les tribunes, la foule s'ébranle et se disloque en tous sens; les uns veulent voir à outrance; les autres songent au départ, et sur toutes les routes le fourmillement compact s'allonge.

En commémoration de la fête fédérative du 14 juillet 1790, le Champ-de-Mars a été couvert de tables ou plus de deux cent mille personnes viennent banqueter et porter des toasts. On y boit à la majesté des peuples, à la destruction des derniers tyrans, à la Révolution, aux États-Unis d'Europe, à la République universelle.

Jamais depuis la grande fédération de 1790, fête patriotique et républicaine n'avait eu l'élan cordial de celle-ci. C'est véritablement la communion des peuples.

Les nouveaux États libres fraternisent pour célébrer la récente délivrance de la patrie. C'est comme le sacrifice de la vieille patrie monarchique, des préjugés de frontières, de toutes ces divisions artificielles qui avaient si longtemps séparé les enfants d'une même famille.

La France embrasse l'Italie, l'Espagne, l'Autriche, la Bavière, la Prusse, la Saxe, la Hongrie, sur l'autel de l'Égalité. Cette fusion, que des politiques, que des Bismarcks avaient jugée impossible, folle même s'accomplissait d'élan.

Comment ne pas reconnaître que c'était l'état précédent qui était artificiel et contre nature.

Rien d'officiel dans ce grand mouvement qui jaillit naturellement de l'âme des peuples.

Ainsi que nous l'avons déjà dit, l'hospitalité parisienne fut admirable : les maîtres d'hôtel, les aubergistes avaient baissé leurs prix en faveur de délégués étrangers; tous les citoyens se disputaient l'honneur de leur offrir leur table et leur lit.

Les étrangers étaient dans le ravissement; ils témoignaient un enthousiasme idolâtrique.

Plusieurs arcs de triomphe avaient été élevés autour du Champ-de-Mars.

On y lisait entre autres inscriptions, les suivantes, renouvelées de 1790 :

« Les droits de l'homme étaient méconnus depuis des siècles ; ils ont été rétablis pour l'humanité entière.

« Nous ne vous craindrons plus, subalternes, tyrans,
Vous qui nous opprimez sous cent noms différents ! »

« La patrie ou la loi peut seule nous armer ;
Mourons pour la défendre et vivons pour l'aimer. »

« Vous chérissez cette liberté ; vous la possédez maintenant ; montrez-vous digne de la conserver. »

La place de la République est splendide. On ne peut voir d'effet plus grandiose.

Au pied de la statue, d'innombrables bouquets ont été déposés.

De nombreuses Sociétés orphéoniques et chorales viennent faire le tour du monument.

La foule grossit toujours. Les restaurants, les cafés, les marchands de vin sont envahis ; impossible d'entrer.

Les cochers ne veulent plus rien entendre.

La place de la Bastille est inabordable.

De la rue Saint-Antoine, du faubourg et des boulevards, une mer humaine débouche.

Impossible d'approcher du monument.

Un superbe arc de triomphe, formé de feuillages et de guirlandes tricolores, est dressé à l'angle de la rue de Rivoli.

Tout le long de la rue Saint-Antoine jusqu'à la Bastille, on aperçoit une longue file de mâts portant des écussons sur lesquels on peut lire les *facsimilés* des vœux extraits des cahiers des états généraux de 1789.

La colonne de la Bastille est décorée. Une immense oriflamme, portant en lettres d'or » 14 juillet 1789, prise de la Bastille, » est accrochée au haut du monument.

Dans le quartier des Halles et de la Bourse, les rues sont pavoisées avec une profusion telle que les maisons disparaissent entièrement sous leur parure de guirlandes de feuillages, de lanternes et de drapeaux français et étrangers.

Il y a foule avenue Victoria, place du Châtelet, place Saint-Germain-l'Auxerrois où les fêtes foraines ont attiré plus de trente mille personnes.

Ce ne sont que tirs, loteries, saltimbanques, camelots, baraques en tout genre.

Les dames de la Halle font florès. Superbes dans leurs magnifiques toilettes et sous les feux de leurs diamants, car elles en ont comme des princesses, elles se livrent dans plusieurs pavillons à des danses folles.

Ce n'est pas elles que la chaleur effraye. Quelques-unes sont rouges comme des pivoines, elles n'en dansent que mieux ; les valses succèdent aux mazurkes, les mazurkes aux quadrilles dans un tourbillonnement sans fin.

Il faudrait aussi décrire le bal charmant entre tous qui a lieu place de la Bourse. Orchestre choisi, estrade superbe, tout contribue à donner à ce bal un caractère particulier ; la gaieté n'est ni plus grande, ni plus franche qu'ailleurs, mais la place est vaste, le cadre grandiose et l'ensemble confortable.

Ainsi qu'aux précédentes fêtes du 14 juillet, ce sont les rues du Faubourg-Saint-Denis, du Faubourg-du-Temple qui méritent la palme.

Admirablement pavoisées, illuminées d'une façon splendide avec leurs guirlandes de feuillages et de lampions de toutes couleurs bordant et traversant la rue, leurs arcs de triomphe majestueux, elles sont pour les promeneurs un véritable lieu de pèlerinage, si l'on nous permet d'employer cette expression.

Rien ne peut peindre l'effet produit par cette immense fourmilière de drapeaux montant par étages jusqu'au sommet des maisons et par ces lampions jetant leurs lueurs douces sur les éclatantes couleurs nationales. De la boutique à la mansarde, personne ne s'est abstenu.

Les quais sont pavoisés, de nombreuses embarcations élégamment décorées sillonnent la Seine en tous sens. Les joutes organisées à Bercy et au

Point-du-Jour obtiennent un grand nombre de curieux.

Enfin des bals et des fêtes enfantines sont organisés un peu partout, dans chaque arrondissement.

Les municipalités se sont surpassées et semblent avoir rivalisé. C'est à celle qui aura réuni le plus d'attraits. Partout des fêtes foraines.

Celle de l'Esplanade des Invalides est notamment remarquable. Plus de deux cents baraques s'y sont établies, depuis les tirs classiques, les loteries, les ménageries, les cirques, les chevaux de bois, les somnambules extra-lucides, jusqu'aux miroirs magiques où, pour deux sous, vous voyez l'image de celle qui vous aime.

On admire beaucoup les dispositions décoratives de la Chambre des députés, de l'Hôtel-de-Ville, du Louvre, du ministère des postes et télégraphes et surtout du ministère des affaires étrangères, dont les faisceaux, les oriflammes et les écussons sont placés avec un goût très artistique.

Des représentations populaires, des spectacles gratuits ont lieu dans presque tous les théâtres de Paris et y retiennent un public nombreux.

Les artistes y sont applaudis des pieds et des mains par cette foule excellente, qui, quoiqu'un peu gobeuse, juge toujours avec tant de justesse, apprécie mieux que les spectateurs blasés des représentations ordinaires ou les critiques bougons des premières.

En dépit de cinquante degrés centigrades, elle s'amuse sans marchander, rit ou pleure, trépigne ou sanglote à tous les bons endroits.

Inutile de dire que partout la *Marseillaise* est chantée et que des à-propos patriotiques sont déclamés sur toutes les scènes.

A l'Hippodrome a lieu la représentation offerte aux élèves des écoles communales.

Six mille enfants des deux sexes, gentiment habillés, joyeux, la mine franchement épanouie et groupés dans cet immense vaisseau, le plus beau assurément de tous les établissements de ce genre.

Dans les loges et aux premières, les demoiselles, sous la conduite de leurs institutrices.

Nos charmantes bambines sont, pour la plupart, vêtues de blanc avec ceintures ou rubans tricolores.

En face d'elles, sur les gradins des secondes, les garçons, avec leurs instituteurs.

Rien de plus pittoresque que de voir toutes ces têtes éveillées et ces yeux ouverts démesurément aux prouesses des clowns et des acrobates.

Les rires bruyants partent comme des chandelles romaines vocales.

Pendant l'entr'acte la fête des yeux est coupée par le régal des estomacs, et des commissaires font aux jeunes élèves une ample distribution de tartelettes et de sirops variés qui est non moins goûtée que le programme.

Aux Tuileries, les étudiants français ont organisé, avec le concours des étudiants étrangers, une grande manifestation républicaine internationale à laquelle ont été conviées les Sociétés de tir, de gymnastique et de musique de tous les pays.

Enfin, les Italiens, les Espagnols, les Allemands ont organisé des cavalcades qui obtiennent le plus grand succès et soulèvent sur leur passage les acclamations frénétiques de la foule.

Les bataillons scolaires ont aussi apporté leur appoint aux réjouissances publiques. Tous ces fantassins de Lilliput, tous ces braves petits bonshommes qui manœuvrent comme de vrais troupiers, excitent au dernier point l'enthousiasme des citoyens.

Nous terminerons ce récit un peu long peut-être par quelques lignes sur l'aspect de Paris dans la soirée.

Pour jouir de ce splendide panorama, nous nous placerons sur le haut du balcon de la tour de droite du Trocadéro.

Il est huit heures. Il fait grand jour encore. Le soleil jette sur la ville ses derniers rayons brûlants. Une poussière chaude et lumineuse plane dans l'air.

Les monuments se dégagent : les Invalides, l'Obélisque, l'arc de triomphe de l'Étoile, Saint-Augustin, l'Opéra, le Panthéon.

Cependant le crépuscule arrive. A l'occident, une teinte orangée d'abord faible s'agrandit et se forme.

Soudain une raie lumineuse se dessine dans les massifs de verdure des Champs-Élysées.

Ce sont les illuminations qui commencent.

L'ombre descend. Les raies du gaz se décuplent. Le ministère des affaires étrangères est entouré de lignes de feux.

Puis, de tous côtés, tout s'allume avec une rapidité qui tient du prodige.

Certaines places flamboient tout à coup comme sous la baguette d'un magicien.

Voici des feux à droite, d'autres feux à gauche, d'autres devant nous, d'autres derrière, partout des lumières, partout des cordons étincelants.

Le ciel s'obscurcit de plus en plus, par contre. Il prend une teinte gris de fer, puis se plombe, puis devient de ce ton neutre indéfinissable qui n'est plus le jour et qui n'est pas encore la nuit.

Il est huit heures et demie.

Sur le balcon où nous sommes, on a allumé des appareils électriques, ainsi que sur le balcon de gauche.

Ce balcon de gauche, que nous avons en face de nous, est d'un aspect tout à fait surprenant. Éclairé comme en plein jour, il semble suspendu dans l'espace, au milieu du noir qui s'amoncelle autour de lui, planant sur Paris comme une gigantesque lanterne aérienne.

Nous montons au campanile de la tour, d'où la vue s'étend encore davantage.

La nuit est venue. Pas de lune encore, un ciel profond et sombre.

Au-dessous, Paris, Paris étincelant de mille et mille feux, Paris, noir de suie, avec plus d'étoiles que n'en montre le plus beau ciel d'été.

Les Champs-Élysées, par exemple, donnent aux regards une sensation indéfinissable.

Leurs illuminations sont cachées par la frondaison des arbres, mais elles rendent ces masses feuillues, transparentes, d'une nuance d'une délicatesse ineffable.

C'est de l'Arc-de-Triomphe à la place de la Concorde un fourré lumineux, semblable à ces lanternes couvertes de papier vert à travers lequel on voit la flamme d'une bougie. Ainsi, du bois de Boulogne, où la place du lac est marquée par une réverbération rouge et verte, produite par les feux de bengale des barques vénitiennes.

Les Invalides, l'Arc-de-Triomphe, Saint-Augustin, l'Opéra, la Madeleine, le Panthéon, — là bas, là bas! — sont des points de repère.

Quant à la Seine, vue de cette hauteur, elle offre un aspect saisissant.

C'est une bande de moiré glauque, sans transparence et immobile! Rien n'indique de l'eau, à part certains reflets espacés çà et là.

Soudain, une fusée jaillit, trace son sillon, s'épanouit en gerbe et... s'efface comme un souffle!

C'est le feu d'artifice du lac du bois de Boulogne

qui commence. Puis, là-bas, une autre fusée, c'est celui du viaduc du Point-du-Jour! Puis, à gauche, tout près, nouvelle fusée, ce sont les Invalides. Et derrière notre dos, des bombes éclatent au loin, c'est la butte Montmartre.

Le lac semble embrasé, bien qu'on ne voit aucune flamme. C'est une réverbération d'une puissance inouïe, rouge et verte.

Là-bas, au Point-du-Jour, chaque pièce d'artifice se reflète dans la Seine, qu'elle colore de ses teintes variées!

Et Montmartre lance ses soleils, les Invalides leurs flammes de bengale.

Partout, dans le ciel, des traînées qui paraissent des poussières d'or, et se terminent en explosions lumineuses. Cinq, dix, vingt, cinquante à la fois!

Et, chose étrange, ces fusées, ces bombes, ces pièces d'artifice, qui s'épanouissent comme des bouquets, ne sont que des points brillants sur le vaste horizon noir.

Un bouquet blanc, deux bouquets blancs, c'est le lac; un bouquet rouge, Auteuil; un bouquet blanc, ce sont les Invalides. Tout s'élance, se déploie et s'éteint.

C'est fini.

Reste la lumière électrique que le Trocadéro projette et qui nous montre à six cents mètres, dans un verre de lanterne magique, un coin d'avenue où les voitures, comme les hommes, la foule, semblent des fourmis se mouvant à peine. On dirait des projections d'infusoires.

Mais descendons de notre observatoire et rentrons dans le cœur de Paris.

La Bastille une fois en poussière, un écriteau se dressa sur son emplacement portant ces mots : Ici l'on danse!

Cet écriteau eût pu, le 14 juillet 1889, s'étaler sur tout Paris : Paris entier dansait.

Un moment, on fut inquiet. Le ciel s'assombrissait, quelques gouttes de pluie tombèrent.

Ce n'était qu'un entr'acte, ou, si l'on veut, un rafraîchissement.

Au bout de cinq minutes, l'averse était tarie.

Les jeunes filles aux cocardes tricolores se précipitèrent. Les chefs d'orchestre donnèrent le signal. Et le galop et les valses et les polkas commencèrent.

Où? Partout. Il y avait deux mille bals prévus, le double d'imprévus, sans compter les petites sauteries dans les maisons.

On s'invitait en disant :

— Citoyenne, pour l'amour de la République!

Et la réponse était sûre. On partait aussitôt en cadence, se heurtant, tellement l'affluence était considérable, et ne se fâchant jamais, tant la cordialité était dans l'âme.

Et la banlieue, et les faubourgs, et les petits coins, sous l'illumination perpétuelle, regorgeaient de couples charmés qui se réjouissaient.

Montmartre, mieux que tout autre quartier, ayant ses dures montées, ses éclaircies soudaines, ses enchevêtrements de rues ouvrières, très animées toujours, se prête à des décorations pittoresques.

Les Montmartrois ont usé avec un goût charmant de leurs avantages.

La rue Lepic qui se présente d'abord, toute en pente, comme on sait, est étonnamment parée.

De grands mâts sont plantés tous les cinq pas, couverts d'écussons et de drapeaux, qui s'agitent au vent pour aboutir à un arc de triomphe.

Les dates glorieuses de la Révolution et de nos dernières victoires sont tracées sur le fronton, au-dessus duquel deux grandes figures allégoriques se donnent la main. Au centre, la République, l'écharpe tricolore tombant de l'épaule.

La rue Tholozé, qui grimpe vers les buttes, est un fouillis délicieux.

La rue Durantin est inouïe. Il n'est pas, j'en jurerais, un seul des citoyens de ce petit coin de Paris, jeté comme un pont sur la hauteur, entre la mairie et la côte Tourlaque, qui n'ait prodigué ses soins, ou du moins son argent, pour la rendre superbe.

Pas une porte, pas une vitre qui ne trahisse l'élan intérieur. Partout les hampes, coiffées ou de piques, ou de bonnets phrygiens, s'allongent.

Au carrefour, un mât de cocagne s'élève. Devant la mairie, on a dressé un simulacre d'arbre de la liberté, et des draperies sont tendues sur la devanture des magasins.

Et plus on va, plus les surprises augmentent. Autant de rues, autant de forêts bleues, blanches, rouges, vertes, jaunes, qu'encadrent et rectifient parfois d'énormes portes improvisées qui coupent des autels de la patrie et qu'envahissent des groupes ardents et joyeux.

Seul, perdu sur les buttes, énorme, laid, chauve, on distingue l'emplacement du Sacré-Cœur, qui n'est encore qu'un souterrain.

Vision du passé triste, vision de bastille qui s'érige au temps où les bastilles sont en poussière.

Il est vrai que tout autour, les charpentiers, sur leurs échafaudages, ont attaché, eux aussi, des drapeaux qui protestent en s'agitant contre le silence et cette solitude.

A l'entrée des Batignolles, par l'avenue de Clichy, on est ravi du spectacle qui s'offre.

Ici la verdure touffue des arbres se mêle au flottement des drapeaux et aux miroitantes couleurs des guirlandes. Sur les oriflammes se lisent mille inscriptions toutes patriotiques.

On en remarque une qui est souvent répétée : France nouvelle.

A la Fourche, vers Saint-Ouen, l'horizon aussi est coupé par les étendards et le feuillage qui descendent en une perspective infinie.

Les rues qui coupent les larges voies sont merveilleuses de diversité.

Chacun a organisé une fête dans la fête.

Avec les mêmes ornements, différemment disposés, on a obtenu des variétés de panoramas extraordinaires.

Les rues de Flandres, d'Allemagne, de Crimée, la rue de Puebla, qui monte vers les buttes Chaumont, présentent le coup d'œil le plus divers et, en sortant de ces grandes artères, on se perd dans les démonstrations sans fin de tous les habitants de cet arrondissement populeux.

Comme toujours certains journaux enragés de réaction, s'accrochant quand même aux dernières branches pourries des monarchies déracinées, avaient réédité leur refrain des années précédentes :

Pas de drapeaux, pas de lampions, que les honnêtes gens gardent le lit et ne se commettent pas avec la canaille qui chahute et gueule dans les rues.

Ces journaux en ont été, comme on vient de le voir, pour leurs frais d'injures.

Nous avons vu, avec une joie profonde, comment le patriotisme des masses dont les prédications blanches, ni les croisades noires n'ont pu ralentir l'élan, a fait justice de ces invites à l'abstention, qui seraient sacrilèges si elles n'étaient ridicules.

Lorsqu'un souverain est au pouvoir par droit de puissance, par un coup de main, comme y furent les Bonaparte, ou par l'hérédité, comme y voudrait être le comte de Paris ou le prince Napoléon (père et fils), on conçoit que les journalistes, les conseillers du peuple lui disent :

« Ne fête pas cet homme qui se dit ton père et qui s'intitule ton pasteur ; ne baise pas, en signe d'amour et de reconnaissance, la main qu'il te tend ! Ce père est un maître, ce pasteur est un loup déguisé ; c'est lui qui te doit de l'amour et de la reconnaissance, puisque tu lui donnes tout ; sa main, armée du sceptre, ne mérite pas plus ton baiser que la main du commandeur, armée du fouet, ne mérite le baiser de l'esclave ! Pas de drapeaux, pas de lampions ! »

Mais quand c'est la France qui règne et gouverne, quand c'est à la Patrie que s'adresse ce solennel hommage, venir dire à des Français :

« Ne fêtez pas votre Mère ! Pas de lampions ! pas de drapeaux ! »

C'est plus qu'un crime, c'est une niaiserie !

Ces millions de drapeaux flottant à des millions de fenêtres, cette orgie de lampions, aussi innombrables que les étoiles, ont dû produire à ces imbéciles l'effet que produit la lumière sur les chauves-souris ou sur les taupes aventurées hors de leur trou !

Le vieil us monarchique : Le roi s'amuse ! a fait son temps. Place au nouvel us républicain : Le peuple s'amuse !

Et comme il s'amuse, ce bon peuple !

Il a payé son amusement de ses deniers ; il a donné, pour fêter son idole, jusqu'au dernier sou de sa quinzaine ; chacun de ces mâts, chacune de ces banderolles représentent une goutte de sa sueur.

Mais son plaisir ne doit rien à personne et il en a pour son argent.

C'était un ravissement de le voir se répandre à travers les rues, l'air gai, la physionomie heureuse, les hommes décorés de ces emblèmes symboliques aussi fièrement portés que la croix d'honneur, les femmes parées des couleurs nationales plus belles que la soie et le velours, celles-ci pendues au bras de ceux-là, trainant après eux leur marmaille extasiée.

Rien n'est d'un plus noble exemple, rien ne donne idée plus grandiose de la santé d'une nation, que cet enthousiasme unanime à célébrer le glorieux anniversaire d'où datent son émancipation et son avènement à la liberté.

Rien ne prouve aussi mieux qu'elle est mûre pour elle et digne d'en jouir que la sérénité majestueuse qu'elle y apporte.

Et l'on peut dire que c'est un grand peuple celui qui, après s'être montré si vaillant et si résigné dans l'épreuve, se montre si calme et si maître de lui dans sa joie.

Cette joie d'un jour, qu'il achète par toute une

année de travail et de sagesse, ceux qui la lui marchandent ont peut-être de vieux parents dont ils n'oublient pas l'anniversaire, de petits-enfants auxquels ils enseignent à ne pas oublier le leur.

Ils n'auraient garde d'y manquer ni de tolérer qu'on y manquât.

C'est un devoir qu'ils transmettent comme on le leur a transmis.

Eh bien ! ne leur en déplaise, les fêtes nationales sont aussi nécessaires que les fêtes de famille, dont ils proclament la nécessité; car si les unes entretiennent le culte du foyer, les autres entretiennent le culte de la patrie.

Ces ennemis jurés des drapeaux et des lampions, ces fous furieux de l'esclavage à outrance, ces élégants farceurs qui trouvent séditieux le cri de : Vive la République! célèbreront *inter pocula* tous leurs anniversaires sans qu'aucune voix s'élève dans la presse pour leur dire : « Pas de toasts! »

Cachant dans le mystère du huis-clos leur fidélité menteuse, comme nous promenions au grand soleil notre foi sincère, ces tristes débris des couches fossiles réuniront leurs maigres contingents et se donneront la satisfaction innocente de crier :

— Vive le roi — ou — Vive l'empereur!

Mais à ce cri d'outre-tombe, de l'atelier, de l'usine, du comptoir, des champs, de la ville, du bourg, de tous les milieux où l'on peine et de tous ceux où l'on pense, une voix jeune, fière, vibrante, joyeuse et narquoise répondra :

— Vive la République !

Dans les départements, aussi bien qu'à Paris, on célèbre le grand centenaire.

Pas une commune, pas un hameau qui n'ait sa fête particulière.

Dans le Midi, malgré une chaleur torride, la manifestation est particulièrement animée.

A Toulouse, dans la soirée, une grande retraite aux flambeaux est exécutée par les musiques de la garnison.

Elle parcourt les boulevards suivie par une foule immense, chantant les airs nationaux. La ville est brillamment pavoisée. L'enthousiasme est indescriptible.

A Marseille, les colonies italiennes et espagnoles se distinguent par des démonstrations amicales et se rendent à la mairie pour remercier officiellement la République française des services qu'elle a rendus à la cause des peuples.

A Aix, la fête nationale commence par la promenade d'un char allégorique représentant toutes les Républiques d'Europe que figuraient de petits enfants revêtus de leur costume national respectif, et entourant la République française figurée par une citoyenne costumée aux trois couleurs.

A Lyon, à Lille, à Bordeaux, à Nantes, la manifestation présente le même caractère d'enthousiasme.

En Espagne, en Italie, en Allemagne, le centenaire de la Révolution fut célébré sinon avec autant de splendeur qu'à Paris, au moins avec autant d'enthousiasme.

Cette manifestation des peuples libres était comme le prélude de leur alliance définitive.

Il n'était pas douteux que, dans un temps prochain, les États-Unis d'Europe seraient constitués.

Cette fête républicaine du 14 juillet 1889 rappelait le grand mouvement fédératif qu'on avait vu se produire pendant la Révolution.

Les peuples, de même que les provinces françaises l'avaient fait pour constituer l'unité de la patrie, s'unissaient pour le bonheur d'être ensemble, s'aimer les uns les autres, pour célébrer par des fêtes l'idée nouvelle de la confédération européenne, pour saluer, tous ensemble, l'aurore d'une ère nouvelle, celle de la Fraternité.

A propos de ces fêtes, nous dirons quelques mots de celles qui ont marqué la première Révolution.

Elles eurent, toutes, un caractère nouveau, comme les idées qu'elles exprimaient.

Jamais rien de pareil ne s'était vu dans l'ancienne société.

Chacun s'ingéniait pour exprimer par des symboles particuliers les sentiments dont il était pénétré.

A Dôle, le feu sacré, au moyen duquel le prêtre devait brûler l'encens sur l'autel de la patrie, fut emprunté directement au soleil, par la main d'une jeune fille, au moyen d'un verre ardent.

A Saint-Pierre (près de Crepy), à Mello (Oise), à Saint-Maurice (Charente), on mit sur l'autel la *Loi* elle-même, c'est-à-dire les décrets de l'Assemblée nationale.

A Mello, ils y furent portés dans une arche d'alliance.

Il semble qu'on se trouve reporté aux belles solennités de la Grèce antique.

Toutes ces fêtes eurent lieu en face de la Nature; les fleuves, les forêts, les montagnes leur servaient de cadre.

Dans beaucoup d'endroits, des jeunes filles en robe blanche, *ceinture à la Nation* (ceinture tricolore), faisaient l'ornement de la fête.

Souvent, comme à Sparte, des bataillons d'enfants et quelquefois aussi des bataillons de femmes et de filles portaient les armes.

A Maubes (Isère), les femmes défilaient en bon ordre, le drapeau en tête, l'épée nue.

Dans certaines communes, elles figuraient avec des palmes; dans d'autres avec des guirlandes de fleurs; ailleurs elles se montraient couronnées de chêne.

Du reste, chaque contrée portait dans ces fêtes son caractère particulier.

Dans le Nord, la joie des populations avait un caractère grave et contenu; dans le Midi, au contraire, elle s'épanchait en vifs transports, en farandoles désordonnées, témoin la commune de Valréas, où la fête de la bénédiction des drapeaux se termina par une danse violente, dans laquelle on vit pêle-mêle bourgeois, paysans, châtelains, soldats, et jusqu'au Père gardien du couvent des cordeliers (Louis-Blanc, *Histoire de la Révolution*).

Dans toutes ces fédérations, si différentes d'aspects, de costumes, qui avaient chacune leur symbole particulier, régnait le même esprit.

Rien de prémédité, nul accord préalable; cependant les âmes n'avaient aucune peine à se rencontrer.

Les voix étaient diverses, mais leur ensemble formait un chœur plein d'harmonie.

La plupart de ces fédérations ont elles-mêmes conté leur histoire. Elles l'écrivaient à leur mère l'Assemblée nationale, et presque toujours l'envoi était accompagné d'une lettre pour La Fayette, à qui l'on faisait part de tout ce qui s'était passé, de tout ce qu'on avait ressenti.

Un de ces récits finit par ces mots empreints d'une touchante naïveté :

« C'est ainsi que s'est écoulé le plus beau jour de notre vie. »

Chaque province, chaque commune a sa formule. Beaucoup sont peut-être déclamatoires; mais comme Michelet le fait remarquer avec beaucoup de raison : « Ce qu'on peut y trouver d'art, de rhétorique, de déclamation, n'est autre que l'embarras du jeune homme qui, ne sachant comment exprimer le sentiment le plus sincère, emploie le mot de roman faute d'autres, pour dire un amour vrai. »

Le détail matériel a aussi souvent préoccupé ceux qui envoyaient ces adresses à l'assemblée.

Nulle écriture assez belle, nul papier assez magnifique, sans parler des rubans tricolores.

Du reste, partout les idées sont les mêmes, partout on veut les mêmes choses, l'unité de la patrie, la concorde.

Les procès-verbaux de toutes ces fédérations expriment parfaitement les idées de l'époque, de même que les cahiers généraux marquent l'état de la France en 1789.

On y sent que les masses sont profondément recueillies et possédées d'un véritable enthousiasme. Partout règne un véritable esprit de concorde et de fraternité.

Telles furent les *fédérations*, ces mouvements spontanés, irrésistibles, qui signalèrent la résurrection du plus généreux des peuples.

Quant à leur effet, au résultat qu'elles produisirent, il fut immense. L'ordre et la sécurité ne tardèrent pas à renaître.

En montrant à la France combien elle était unanime dans son dévouement à la Révolution, elles lui donnèrent la confiance en elle-même.

En faisant cesser l'hostilité sourde qui régnait entre les villes et les campagnes, en détruisant les rivalités provinciales, elles mirent le sceau à l'unité nationale, qu'elles établirent sur des bases inébranlables.

En entraînant les masses populaires, surtout les paysans, dans le courant de la Révolution, elles rendirent celle-ci victorieuse.

A la fin de 1790, la Révolution a fait cesser toutes les résistances. Partout à la même époque, à Caen, à Brest, en Corse, à Montauban, à Nîmes, les soldats fraternisent avec le peuple, et l'épée est décidément brisée aux mains de la contre-révolution.

La France, qui se cherchait, s'est reconnue par les *fédérations*, et, par leur voix, elle proclame l'unité de la patrie, la solidarité entre ses membres et la fraternité entre ses citoyens.

Ce sont elles, enfin, qui dans notre grande formule révolutionnaire, la véritable charte de l'avenir, ont inscrit le troisième terme, *fraternité*, qui exprime le côté si profondément social de notre Révolution, et qui ouvre devant le monde moderne d'immenses et nouveaux horizons, dont nul n'a encore sondé la profondeur.

La fête du 14 juillet 1889 devait être la fédération des démocraties. La constitution des États-Unis d'Europe était imminente. Toutes les nations libres sentaient la nécessité de se solidariser, de s'allier étroitement pour faire face aux monarchies encore debout, qui, sentant leur fin prochaine, préparaient la lutte suprême des désespérés.

Avant d'entrer dans le récit des événements qui marquèrent l'année 1889, et qui, pour ainsi dire, bouleversèrent le monde entier, il est nécessaire de présenter un historique succinct des démocraties nouvellement nées qui, avec leur grande sœur, la France, devaient former la famille des peuples et assurer le triomphe de la Révolution.

Nous commencerons par l'Italie.

Avant de rendre compte de la situation dans laquelle elle se trouvait, au moment où, vaincue par nos armées, elle renversa son roi et proclama la République, il convient de jeter un coup d'œil rapide vers le passé.

Il est toujours difficile, à quelques années d'intervalle, de saisir le caractère intime d'une grande rénovation, d'en fixer l'origine réelle et de reconnaître ses vrais auteurs.

La démocratie italienne était plus particulièrement exposée à ce phénomène, car tout ce qui concerne la révolution par laquelle l'Italie a fondé son unité était trop complexe pour ne pas donner lieu à des commentaires inexacts, à des appréciations erronées, à des intervertissements mensongers, à des escamotages habiles.

Le fait est que cette révolution, sortie des entrailles mêmes du peuple, s'est trouvée tout à coup comme enchaînée sur les marches d'un trône.

Certes, aux heures du péril, après une hésitation peut-être trop prolongée et même après des tergiversations qui ont failli compromettre le succès des aspirations populaires, il s'est trouvé, en Italie, une monarchie qui a su identifier ses intérêts avec les vœux de la nation.

Mais l'idée de l'unité nationale en Italie a-t-elle été une pensée monarchique ou est-elle une aspiration républicaine?

Voilà, selon nous, le point qu'il faut éclaircir, si l'on veut comprendre la révolution italienne.

La plupart de ceux qui se sont occupés à l'étranger des affaires de la péninsule ont répondu affirmativement à la question que nous venons de poser.

Il nous sera facile de prouver qu'il y a là une erreur, grâce à laquelle on a voulu attribuer exclusivement à une dynastie le mérite d'une rénovation qui était le fruit de l'héroïsme et du martyre d'un peuple entier.

La pensée de l'unité italienne est demeurée stérile, tant que la réalisation en a été confiée aux conquérants.

Les aspirations de la péninsule restent lettre morte lorsque Dante, gibelin fanatique, dans sa haine contre la papauté, fait un appel inspiré à l'empire, dont il chatouille l'ambition, en lui offrant une proie que déjà il convoite, — lorsque Pétrarque, dans un accès de douleur patriotique, invoque la pitié de ceux qui déchirent l'Italie, — lorsque Borgia, alliant le crime à l'ambition, inaugure par le fratricide l'œuvre qu'il poursuit par le poison et le poignard jusqu'au jour où il est victime lui-même des singuliers procédés qu'il a introduits dans la politique, — lorsque Machiavel emploie sa science diabolique à enseigner aux conquérants l'art de la conquête, — lorsqu'au commencement de ce siècle la génération italienne, en qui la révolution française vient de réveiller l'amour de la liberté, place imprudemment son espoir dans les promesses trompeuses de Bonaparte, — et lorsque enfin presque au lendemain de Waterloo, la Franc-Maçonnerie et la Charbonnerie accueillent dans leurs rangs : Mastaï-Ferreti, Louis Bonaparte et le prince de Carignan, et fondent sur ces trois recrues des espérances qui aboutissent au bombardement de Gênes, à l'expédition de Rome et au *Syllabus*.

Ainsi donc, l'idée unitaire végète pendant des siècles dans le secret de quelques esprits hardis et élevés, et demeure à l'état d'incubation patriotique, à travers une longue suite de désillusions cruelles et de trahisons.

C'est à mesure que le martyre du peuple la féconde qu'elle devient vivante et lumineuse, et qu'elle commence à briller d'un bout à l'autre de la péninsule, comme un astre dans lequel les masses, épuisées de souffrances et lasses d'esclavage, voient luire le pressentiment de leur délivrance prochaine.

C'est alors qu'un plébéien génois trouve le secret de greffer cette pensée sur la conscience populaire, et de lui donner une forme compréhensible et attrayante.

Cet homme est un républicain; c'est Mazzini, et Mazzini représente le peuple qui, las de compter sur ceux qui veulent seulement changer l'expression de sa servitude, va ne plus compter que sur lui-même.

Mazzini fouille avec passion dans l'histoire de son pays; il voit que la papauté a eu sa grandeur sinistre, mais il n'a pour elle que de l'horreur; il retrouve la trace de la terreur que répandait autour de lui le césarisme romain, mais il n'a que du dédain pour ce colosse aux pieds d'argile; il va se retremper aux sources pures des traditions républicaines, et le peuple s'y retrempe avec lui; il revient ainsi au sentiment de sa dignité et de son individualité en faisant son héritage du souvenir de la République romaine et des républiques du moyen âge.

Dès lors, le traité de Vienne, qui sert d'épigraphe au tombeau dans lequel on a voulu ensevelir la liberté italienne, est condamné à être emporté par le premier souffle révolutionnaire, car la *giovine Italia*, fondée sous les ruines des anciennes sectes où fourmillent les ambitieux et les espions, est une première consécration de cette sublime pensée patriotique, qui n'avait été jusqu'alors qu'une fiction poétique.

Les prémisses de la révolution étaient posées et son triomphe était fixé d'avance au jour où le peuple puiserait dans sa maturité l'élan insurrectionnel.

Quand donc l'idée nationale a-t-elle été couronnée par la victoire?

Est-ce lorsqu'un monarque, Charles-Albert ou Victor-Emmanuel, a jeté cette idée et son épée sur un plateau de la balance européenne qui portait, sur l'autre plateau, l'équilibre de 1815?

Non! C'est lorsque Victor-Emmanuel, qui a recueilli une couronne le soir d'un défaite, a appris qu'un souverain peut déchoir s'il renonce à ce héros de la patrie, et lorsque ayant remis l'épée de Novare dans le fourreau, il tremble en présence de la démocratie que la raison d'État égorge à Gênes, et qui, à Rome, sous les ordres de Garibaldi, sauve l'honneur italien; de cette démocratie républicaine anxieuse et frémissante, toujours vaincue et toujours debout, qui ne désespère point du sort du pays et qui, sortant à peine de désastres qui semblaient irréparables, poursuit nécessairement sa croisade patriotique et continue à prêcher la guerre sainte contre l'étranger.

Alors, comme le roi, qui est la raison d'État, n'entend point le cri du peuple au milieu du bourdonnement que font autour de lui les chauves-souris de la diplomatie, c'est le peuple même qui se fait héros et la gloire de Garibaldi atteint son apogée.

Le patriote guerrier reparaît à la tête des volontaires, et on commence déjà à deviner en lui celui qui, avec mille hommes, marchera à la conquête d'un royaume, et qui, en le touchant du bout de son épée, fera crouler le vieil édifice italien devant des cohortes en haillons, pour jeter ensuite sur ces ruines les bases de l'indépendance italienne.

Ce n'est qu'au moment où l'on commence à entendre le bruit précurseur de cet effroyable écroulement, dans lequel le tourbillon populaire va engloutir les trônes vermoulus, que la monarchie piémontaise, redoutant d'être dévorée, elle aussi, — comme elle l'aurait été, inévitablement, si elle avait voulu servir de digue à la marée insurrectionnelle, — c'est alors, disons-nous, qu'adroitement secondée par un ministre clairvoyant, elle consent à servir de chaperon à la révolution.

Et la révolution sentait bien qu'en face des inquiétudes jalouses de la diplomatie, en qui vivait encore le génie attardé de Metternich et de Talleyrand, elle ne pourrait consolider ses conquêtes si elle ne les mettait à l'abri des revendications ultérieures en les couvrant d'une enveloppe monarchique.

Dans cette nécessité d'ordre international, se trouve la raison du mariage conclu entre la dynastie et le peuple. Mariage de convenance si jamais il en fut.

A mesure qu'elle a vu la jeune nation italienne sortir comme une nymphe séduisante des ondes révolutionnaires, la monarchie italienne, fatiguée de vivre au milieu de deux grands empires qui la menaçaient tour à tour, et qui, souvent, l'avaient prise pour enjeu de leurs compétitions, placée entre l'alternative de perdre une couronne modeste et chancelante, ou de se tailler un royaume comme jamais, depuis l'invasion des barbares, on n'en avait vu d'aussi beau entre les Alpes et l'Adriatique, la monarchie piémontaise, disons-nous, a brûlé ses vaisseaux, et, se laissant entraîner par les événements vers l'alliance bonapartiste, elle a conclu avec la démocratie italienne un pacte dans lequel celle-ci a offert son idéal pour otage.

Dans la phase de préparation qui la précède, alors que l'idée nationale devait être corroborée par le dévouement et l'abnégation, on ne voit dominer que la figure de Mazzini, entourée de tous les républicains à qui il a inspiré sa foi, qui meurent par la main du bourreau ou sur les champs de l'insurrection, et qui gémissent dans les prisons ou dans l'exil, consacrant, par leurs souffrances ou par leur mort, la pensée dont ils sont les précurseurs.

Puis, plus tard, pendant la période héroïque où éclatent toutes les haines amoncelées contre l'étranger, et où les aspirations patriotiques que proclame l'apôtre avec une grande ardeur jettent des éclairs lumineux au milieu des ténèbres de la servitude italienne, alors qu'il faut que le rêve national s'affirme comme une réalité par l'agitation, la lutte et le sang, c'est la grande figure de Garibaldi qui, à côté de celle de Mazzini, se détache entourée des légions innombrables d'esclaves marchant résolument au combat, décidés à conquérir la liberté par la victoire ou à ensevelir dans le tombeau la honte du servage.

Entre ces deux symboles, dont l'un représente le martyre patient et laborieux, l'autre la vertu héroïque du peuple, la monarchie ne semble plus jouer qu'un rôle très secondaire. Il était dit cependant que ces deux grandes personnalités, qui marchaient vers un but identique et qui étaient mues par le même sentiment, devaient préparer dans la démocratie deux courants divergents, en raison des rôles disparates qu'elles étaient appelées à jouer.

Mazzini était le symbole de la pensée qui mûrit dans la méditation, grandit dans la solitude, se fortifie dans l'étude, s'annoblit dans le sacrifice, et qui, austère et sereine, procède vers son triomphe par la voie que lui trace l'organisation tenace et patiente.

Garibaldi était l'expression violente et pour ainsi brutale du droit foulé aux pieds par l'injustice historique, le despotisme et l'hypocrisie, et qui, après une longue somnolence, se relève et se rebelle en disciplinant autour de lui toutes les haines, tous les ressentiments, toutes les indignations qui fermentent dans le cœur du peuple outragé et avili.

Garibaldi était, en un mot, l'ouvrier et le héros de la donnée nationale dont Mazzini était le prophète et l'apôtre.

Autour du philosophe devaient se coordonner les éléments intellectuels qui ne séparent jamais la doctrine de l'action, et qui considèrent la force déterminante des évolutions progressives comme une résultante d'une gestation morale sans laquelle l'évolution est impossible ou périlleuse.

Autour du soldat devaient accourir tous ceux pour qui la honte de l'esclavage était comme une goutte de fiel qui ronge le cœur, et ceux qui, ayant l'instinct de la délivrance, avaient aussi l'amour du combat.

A mesure que les éléments de la démocratie s'organisaient, on vit donc se ranger, d'un côté, les hommes d'action, qui voulaient la chose sans trop épiloguer sur l'étiquette, et, de l'autre, les doctrinaires, qui, sans disjoindre l'agitation de la propagande, faisaient de la révolution une œuvre d'éducation morale.

L'impatience du joug grossissait les rangs du parti garibaldien, tandis que l'amour de la liberté, conçu sous forme d'idéal, réunissait autour de Mazzini les esprits les plus élevés et les intelligences les plus nobles.

Sans se détester, les chefs de ces deux écoles démocratiques ont dû souvent se contrarier ; on a vu pendant ces longues périodes de préparation qui ont entrecoupé la révolution nationale, le philosophe prendre le dessus sur le héros, tandis qu'aux heures décisives où l'élan matériel détermine le sort des idées, c'est le héros qui a prévalu sur le philosophe.

Les forces de la démocratie étant ainsi groupées, ses désaccords éclatèrent lorsque, l'unité nationale ayant été couronnée par la conquête de Rome, le moment semblait venu pour une propagande résolument républicaine.

On tenta immédiatement quelque entreprise, mais on constata que la démocratie était épuisée et divisée : épuisée par les longs et laborieux efforts qu'elle avait consacrés à l'œuvre nationale ; divisée par la différence de tempérament et de doctrine existant entre les éléments hétérogènes qui la composaient.

Il s'ensuivit un état de prostration dont les conséquences se font encore sentir et auquel on doit la période d'apaisement qui est à son déclin.

Mais on a eu tort de croire pour cela que le républicanisme italien était mort, car on ne pouvait pas demander à une démocratie, qui avait réalisé un rêve plusieurs fois séculaire, de fonder du même coup une République.

Ce qui, chez les peuples les plus avancés, demande des efforts prolongés et répétés, ne pouvait pas être fondé comme par enchantement au milieu d'un peuple qui, dans le premier ébahissement d'une renaissance miraculeuse, demandait au moins à respirer et à se rendre compte de sa délivrance.

On n'a donc pas lieu de s'étonner que les quelques tentatives d'agitation que l'on a organisées dans ces dernières années aient avorté.

Le besoin du repos, la satisfaction du fait accompli, cet instinct de recueillement qui se manifeste dans les masses après les grands bouleversements, produisirent un état de torpeur duquel le peuple tend à sortir.

Avant de pousser plus loin notre travail, nous devons passer en revue les principaux héros de l'épopée républicaine italienne.

Sur Garibaldi, tout a été dit.

On peut admettre que, comme le commun des mortels, il ait commis des erreurs dans le cours de sa vie, car il est toujours ardu de soutenir qu'un homme soit parfait, fût-il le plus grand de son pays et de son siècle.

Après tout, n'y a-t-il pas toujours quelque aspérité sur les flancs du géant dont la cime orgueilleuse domine les Alpes, et l'heure n'est pas encore venue de comparer les hommes aux dieux en les déclarant parfaits ?

Mais quels sont les défauts qui ne seraient pas rejetés dans l'ombre de l'oubli par la lumière étincelante que projette cette majestueuse personnalité ?

Les petits défauts s'éclipsent devant les grandes vertus, et quelques points noirs troublent à peine l'harmonie éblouissante de l'auréole qui entoure la figure du héros.

Mais les peuples, lorsqu'ils rêvent des idoles, les veulent parfaites, et Garibaldi, depuis qu'il a renoncé à la simplicité qui couronnait si bien sa grandeur, a cessé d'être l'enfant gâté de la jeunesse italienne. *Omnia fert ætas, animum quoque.* Quant à la jeune démocratie, qui s'est trouvée un moment égarée au lendemain du jour où son idole a fait un faux pas, elle a repris hardiment sa route et a gravé sur son drapeau l'apostrophe que lui a léguée la sagesse latine : *Maete novâ virtute, puer, siv itur ad ostra.*

Garibaldi, du reste, n'est pas un homme, c'est une tuile qui est tombée sur la tête de la papauté et du despotisme bourbonien ; c'est la foudre qui a renversé, d'un seul coup, le trône pontifical et la domination étrangère, c'est-à-dire la servitude de l'Italie.

A ce titre, il résume toute une époque de l'histoire italienne, et l'homme, quelque grand qu'il soit, disparaît derrière la majesté des événements dont il a eu la fortune d'être pour ainsi dire l'expression nominale.

Nous n'hésitons pas à placer, en première ligne, après Garibaldi, M. Giuseppe Petroni. C'est le plus rigide et le plus intraitable des continuateurs de Mazzini.

On se plaît à le détester parce qu'il ne veut point faire à ses admirateurs le sacrifice de ses convictions.

Malheureusement, nous vivons dans un siècle où la fermeté passe pour de l'entêtement, le respect des principes pour de l'afféterie, la cohérence pour de l'intransigeance, la loyauté pour de la sottise, l'indifférence pour les honneurs pour de la superbe et le mépris des hommes pour de l'impertinence.

Petroni est entré mazzinien et italien dans les prisons du pape; il y est resté presque vingt ans, et il en est sorti plus italien et plus mazzinien que jamais, sans avoir prononcé un mot ni fait un geste qui trahît la moindre défaillance.

Le gouvernement pontifical avait peur de ce captif qui, du fond de son cachot, traitait avec hauteur son geôlier; il lui fit des promesses, des offres, des pressions. Petroni était immuable, et sa longue captivité fut une protestation sublime contre le Vicaire du Christ, qui se travestissait en tyran d'une nation malheureuse. Il sortit pur et vieux de sa prison où il était entré à l'âge où la liberté est si chère à tous.

Il lui eût été facile de se couvrir de récompenses et d'honneurs, mais la génération présente lui demandait ce qu'il n'avait pas voulu accorder à ceux qui le retenaient prisonnier.

Sa foi intègre effraie les consciences faibles, pour lesquelles toute conviction est un poids insupportable. Il avait fait à sa foi le sacrifice de sa liberté; il ne pouvait point faire à une vaine ambition le sacrifice de sa foi.

Voilà pourquoi Petroni est presque rentré dans l'ombre, tantôt oublié des uns et tantôt mis en dérision par les autres, parfois même détesté et honni; mais du fond de sa solitude se dégage un rayon de grandeur qui guidera l'historien anxieux de remettre sur un piédestal digne d'elles les grandes personnalités que l'ingratitude des générations impatientes avait renversées pour faire place à des idoles improvisées.

M. Aurelio Saffi appartient aussi à l'école mazzinienne, mais bien que doué d'une grande intelligence, c'est un type aux lignes moins amples et aux traits moins grandioses que Petroni. Son esprit, d'une élévation singulière, est apte à tous les efforts ; sa conscience est d'une pureté immaculée, mais son tempérament n'a pas cette essence virile qui rend les hommes chers au peuple. Il se méfie de la révolution, et il a une foi trop absolue dans la méthode éducative.

Au fond de sa pensée démocratique, il y a un levain de mépris pour les masses auxquelles il ne dit pas toute sa manière de voir.

Il dédaigne toute tentative qui ne soit pas le fruit d'une préparation philosophique ; c'est dire qu'il ne comprend pas une agitation dont l'élan soit inspiré par un intérêt purement populaire.

Il est doctrinaire dans sa manière de prévoir l'assiette future de la nation, et la forme de l'évolution d'où sortira l'ordre nouveau.

Il veut que le peuple, avant d'être révolutionnaire, soit philosophe et gentilhomme, et il ne comprend les barricades qu'à la condition qu'on y puisse monter en habit noir et en cravate blanche et y mourir, le cas échéant, en récitant par cœur les articles du code de l'avenir.

Telle qu'il la comprend, la propagande courrait le risque de s'éterniser et de n'être plus qu'une prédication platonique et une spéculation contemplative. C'est enfin un homme qui, dans une atmosphère où tourbillonnent encore toutes les imperfections d'une société abrutie par le despotisme sacerdotal, a su s'élever au-dessus des sphères ordinaires et entrevoir les hauteurs qu'atteindra l'esprit humain le jour où il sera parfait.

Ce sera sa gloire aux yeux de la prospérité, mais c'est aussi son tort aux yeux de ses contemporains qu'il oublie à force de s'éloigner d'eux.

Federico Campanella, mazzinien excommunié par ses coreligionaires, conspirateur et philosophe, est l'incarnation vivante de la formule de mazzinien : *Pensiero e azione*. Se vouant tantôt avec passion à une définition subtile des théories abstraites, et tantôt faisant de sa plume une épée avec laquelle il livre les premières escarmouches de la révolution, ce penseur profond, cet agitateur infatigable, cet homme d'étude et d'organisation, déploie, dans sa vieillesse, une activité bilieuse, qui inspire aux jeunes, attiédis par le scepticisme précoce, le feu sacré des grandes entreprises.

Presque tous les continuateurs de Mazzini ont mal interprété sa doctrine.

Les uns, comme Saffi, se sont retranchés systématiquement dans l'Olympe de la pensée éthérée ; les autres, comme Quadrio, mort il y a quelques années, se sont laissé entraîner parfois par les courants de la subversion irrationnelle.

Campanella, lui, se tient dans un équilibre parfait entre les deux termes de la formule mazzinienne parce qu'il pense toujours aux moyens d'organiser l'action sérieuse et immédiate, et il agit sans retard dès que, dans sa pensée, il a entrevu le ressort qu'il faut toucher pour mettre en mouvement une des voies du mécanisme démocratique.

Agostini Bertani, l'ancien chef de la démocratie parlementaire, est une individualité dont les traits caractéristiques sont difficiles à saisir. Plus on étudie de près son tempérament, plus il vous échappe.

Né médecin, il veut introduire la méthode expérimentale dans la politique républicaine. Il voit de loin son but, et il est décidé à suivre tous les chemins, grands et petits, qui l'y peuvent conduire; il s'élance constamment vers son idéal; rien ne l'arrête, ni les buissons, ni même les abîmes, et il marche toujours droit ou de travers à son but, au risque même de tomber dans un piège.

Il déploie une activité prodigieuse, et son imagination enfante nombre de projets magnifiques qu'il a le tort de ne jamais conduire à terme. C'est sa prodigieuse mobilité de concept qui rend trop souvent stérile son activité fébrile; mais on dit de lui qu'il a résolu en politique le problème du mouvement perpétuel.

Il combat le privilège corps à corps, et, dans cette lutte acharnée, il se sert de toutes les armes qui lui tombent sous la main. Homme d'un caractère indomptable et d'une fermeté à toute épreuve, il sait montrer tout à la fois, et selon les circonstances, la souplesse de l'homme d'État, l'ardeur du tribun et la brutalité du soldat. Il pourrait être le bourreau de la monarchie, mais, s'il n'y prend garde, il pourrait bien en être la dupe.

Alberto Mario, esprit doué d'une subtilité toute florentine et d'une grâce tout hellénique, procède en droite ligne de Cattaneo et de Ferrari, dont les écrits ont été trop tôt oubliés en Italie.

C'est l'enfant terrible de la démocratie; il se dispute avec tout le monde, et surtout avec ses amis.

Il est resté fédéraliste par amour pour ses maîtres et il continue à faire du fédéralisme au nom d'un parti qui n'existe presque plus.

Selon nous, il a eu le tort d'imprimer le cachet de l'immuabilité aux théories que Cattaneo a mises en avant à une époque où le fédéralisme n'était que de l'opportunisme.

Lorsque l'illustre exilé écrivait, il n'y avait que Mazzini qui fût assez téméraire pour rêver une unité complète; pour beaucoup d'autres, qui aimaient cependant l'Italie autant que Mazzini, ce rêve était une démence.

On cherchait des moyens termes, et le fédéralisme était justement une transaction entre l'état de division douloureuse dans lequel se trouvait la péninsule et la centralisation qui effrayait tant d'intérêts locaux et blessait tant de susceptibilités de clocher. Le fédéralisme était une étape qu'on croyait nécessaire. On a atteint ce but sans temps d'arrêt, et c'est tant mieux.

Mario s'est attardé systématiquement, et il se trompe aujourd'hui en prenant pour une question politique ce qui n'est qu'une question administrative, et en croyant que, seule, la fédération nous donnera ce qu'on pouvait obtenir par un seul système de centralisation.

Il prend pour du régionalisme, ce qui n'est que l'instinct des libertés municipales, très naturel dans un pays où les communes ont été, après l'invasion des barbares, le point de départ de la renaissance politique.

Après tout, Mario n'est pas un fédéraliste militant. Il aime l'Italie autant que l'unitaire le plus convaincu, et il ne bougera jamais le plus petit pion, tant qu'il craindra de commettre une imprudence qui puisse être fatale à son pays.

Luigi Castellazo est un bénédictin vêtu d'une armure d'acier. C'est le chef d'une école qui n'a pas d'adeptes. Il professe une espèce de socialisme scientifique qui devrait conduire le monde à ce qu'il appelle l'*anarchie sublime*. Nous parlerons plus loin de ses théories.

N.. Castellazo n'a pas de parti à lui, il n'a que des amis; mais il possède le talent de guerroyer avec les forces d'autrui; ce qui l'expose souvent au danger de rester seul au moment décisif, et d'avoir toute la responsabilité des défaites sans pouvoir profiter des victoires.

Il n'est pas difficile dans le choix des instruments qu'il emploie au triomphe de ce qu'il croit être la bonne cause. « Le fumier même est bon, dit-il, puisqu'il fait mûrir les blés; l'essentiel est de n'y pas toucher de trop près. »

Dans sa méthode pratique, il ne connait et il n'estime que la force; il a le tort d'ignorer que le sentiment est, à lui seul, une force considérable, puisque c'est presque toujours de lui que procèdent les grands élans populaires.

Il a de l'intelligence une estime illimitée, et, en revanche, il pense qu'on doit se méfier du cœur comme d'un organe superflu.

Dans sa longue familiarité avec la vieille société romaine, il a appris à aimer les institutions démocratiques, mais il a aussi puisé une admiration inconcevable pour la dictature et le césarisme.

Entre César et Caton, il opte résolument pour le premier, parce qu'il représente la force triomphante, tandis que Caton est ce que M. Castellazzo appelle l'ingénuité vaincue.

Ajoutons que M. Castellazzo est un des meilleurs écrivains de son époque et que son *Tito Vezio* est le seul ouvrage du répertoire romantique italien qui puisse être comparé aux *Promessi Sposi* de Manzoni. On ne peut lui reprocher qu'une chose en littérature, c'est de s'être endormi sur ses lauriers.

En première ligne, au milieu des individualités remarquables qui se pressent autour de ces sommités, se détache M. Bovio, que le souffle de la popularité commence à élever vers les sphères de la haute renommée.

C'est un esprit original et aventureux, qui flotte entre les brouillards de l'hégélianisme et les théories de Vico, et qui voudrait assimiler l'école philosophique allemande à la vieille école italienne; mais sa conception est encore vague et confuse.

Il écrit et parle beaucoup; mais il résume peu; on retrouve dans ses discours et dans ses écrits toutes les anxiétés et les perplexités d'une intelligence qu' s'agite dans des tourbillons au milieu desquels elle sème de temps en temps quelques éclairs de compréhension extraordinaire. C'est une nébuleuse en voie de formation, mais qui ne sera jamais ni un astre ni une planète.

M. Bovio a peut-être devant lui un grand avenir politique. Il se croit assez mazzinien, mais il passe son existence à se quereller avec ceux qu'il prend pour ses coreligionaires, et à cligner de l'œil à ceux qui servent dans les camps opposés et qui sont presque tous ses amis.

Après M. Bovio, brille, autour des chefs dont nous avons parlé, un état-major où la vertu, le patriotisme, l'abnégation, le dévouement et l'intelligence sont largement et dignement représentés.

Cet état-major se groupe en raison des opinions.

Autour de Menotti et de Stephano Canzio, le fils et le beau-fils de Garibaldi, on voit Alessandro Castellani, archéologue distingué, fort connu à Paris, Dell' Isola, qui, blessé à Mentana, a laissé une jambe à la bataille de Presnoy, Domenico Narratone, apôtre dévoué et sincère des théories mazziniennes, mais qu'une amitié chevaleresque avait attiré vers le maréchal, G. Avezzana, l'ancien ministre de la guerre sous la République romaine, Renato Imbriani, le champion de l'*Italia irredente*, dont le frère, Giorgio, mourut à Dijon le 21 janvier 1871, Dobelli et Soci, publicistes intelligents et patriotes éprouvés, Missori, militaiire distingué, et Pais, orateur et écrivain émérite.

M. Saffi attire à lui des éléments plus cultivés et plus disciplinés dans l'ordre intellectuel; sa phalange, sauf quelques rares exceptions, est la phalange des poètes et des philosophes.

Voici, en tête, M. Gioscie Carducci, le poète de la révolution, qui a commis il y a quelques années un péché de gourmandise en adressant à la reine Marguerite des strophes archaïques : puis viennent : M. Ceneri, le célèbre avocat communaliste; Filopanti, esprit excentrique, mais nature virile, Fortis, Venturini, Frotti, Pantano, Greco-Ondizzone, défenseurs infatigables des droits du peuple, au barreau, dans la presse et dans les assemblées publiques; N. Montenegro, le traducteur de Quinet, Valzania, milicien courageux de la démocratie et vieux conspirateur, Dagnicio, le tribun ligurien.

Notons qu'à l'exception de MM. Pantano et Greco, qui sont Siciliens, de Dagnicio, qui est génois, et de M. Montenegro, qui publie un journal à Adria, les républicains que nous venons de nommer habitent tous les Romagnes et l'Émilie.

Dans le groupe auquel M. Campanella donne son nom, on remarque surtout Achille Bizzoni, le valeureux pamphlétaire dont le style indigné rappelle parfois celui de Desmoulins, M. Battaglia, avocat, tribun remuant et fanatique, Bagnasco, preux et loyal républicain, Lemmi, banquier millionnaire qui consacre avec une modestie exemplaire son intelligence et son argent aux œuvres populaires, et Mosto, le célèbre républicain génois.

Dans la démocratie parlementaire, à la tête de laquelle se trouve M. Bertani, figurent des individualités brillantes, telles que M. Cavalotti, poète qui sait donner aux vers italiens le sel attique et la douceur homérique, G. Mussi, orateur mordant, Marcora, qui est une illustration du barreau milanais, Cadenazzi, Mayer, d'Arco, Del Carlo, Bassetti et Salomone, vétéran des batailles nationales qui consacrent les loisirs de leur retraite à la propagande laborieuse à la tribune parlementaire.

Quelques personnalités marquantes se pressent

encore autour de M. Mario, fédéralistes, entre autres : M. Gabriel Rose, qui honore la science archéologique italienne, M. Ardigo, qui avait d'abord embrassé la carrière sacerdotale, et qui, déjà chanoine, a jeté la soutane à la figure de son évêque pour se faire philosophe rationaliste, et enfin M. Tivarone, écrivain dont le style nerveux plaît aux masses souffrantes dont il reproduit l'irritation.

A côté de ces escouades qui offrent l'image d'une organisation plus ou moins parfaite, grandit le parti socaliste, dont l'organisation, pour être moins visible, n'est peut-être pas moins solide. Le personnage le plus important de ce parti est Costa, déjà connu à Paris pour y avoir été condamné comme faisant de la propagande internationaliste.

C'est une tête forte, mais légèrement entachée d'un doctrinarisme qui fait de lui une sorte de mazzinien tombé dans le socialisme.

Viennent ensuite M. Cafliero, homme probe et exalté, qui a employé un patrimoine considérable à la propagande de ses idées, et à qui il ne manque plus, pour ressembler à Flourens, que de mourir sur une barricade ; puis M. Martinati, philosophe hargneux et solitaire, mais d'un caractère noble et intègre ; Natta (ouvrier à Florence) ; Ingegneros (négociant à Palerme) ; les frères Cemetù (de Mirandola) ; Snocchi-Viani et Bignami (Milan) ; De Montel (Livourne) ; Nabruzzi (avocat exilé à

Lugano) ; Barbante (avocat à Bologne); Malatesta et Zanardelli (en exil en France); Sambuzzi (avocat à Naples).

Il y a, indépendamment des groupes que nous venons de classer, un certain nombre de républicains distingués qui, bien que d'origine mazzinienne, se maintiennent, avant l'avènement de la République, dans l'isolement qu'inspire l'horreur des transactions ou dans l'hésitation qu'on éprouve avant de hasarder le premier pas sur un terrain nouveau.

De ce nombre est d'abord M. Petroni père, dont nous avons parlé plus haut; Petroni *junior* qui, jeune encore, après avoir fait ses preuves sur les champs de bataille, illustra la démocratie au barreau de Rome; les frères Nathan dont le tort est de vouloir imprimer au principe républicain la froideur du puritanisme anglais, mais dont le mérite est de professer leurs idées avec une fidélité que rien n'ébranle; Filipperi et Lizzani, plébéiens purs et honnêtes; Bruno-Omnis, démocrate incorruptible, mais dont la vertu a des allures de brutalité légèrement choquantes; Dotto, Mantovani et Ernesto Sorri, écrivains éclairés et sympathiques.

Enfin, nous ne saurions terminer cette revue sans appeler les regards de nos lecteurs sur une pléiade de poètes républicains qui sont garibaldiens de cœur et ont un léger penchant pour le socialisme, et qui, en vrais amants des muses, forment une espèce de bohème politique qui fait l'école buissonnière dans les sentiers parfumés et ensoleillés du réalisme.

Citons, en premier lieu, P. Cossa, le poète dramatique, qui a pris à tâche de réhabiliter les grands coupables du passé, Néron et Messaline, Cléopâtre et Lucrèce Borgia ; M. Stenhetti, le grand pontife de l'école réaliste ou naturaliste.

Autour de ces deux astres gravitent U. Bacci, Antonelli et Fontana.

Ces éloquents interprètes de la poésie italienne, tout en montrant les affinités que nous avons indiquées plus haut, ne se sont asservis à aucun parti.

En bons disciples d'Apollon, ils adorent avant tout la liberté comme un don précieux, et se plaisent à garder les habitudes de vagabondage chères aux habitants du Parnasse.

Nous croyons avoir nommé tous les hommes illustres à quelque titre que ce soit qui devaient un jour saluer avec joie l'avènement des institutions républicaines.

Il n'est qu'une catégorie de républicains que nous avons oubliée à dessein ; c'est celle à laquelle appartiennent les hommes qui applaudissent à la liberté d'où qu'elle vienne et qui, bien que pris autrefois dans le rouage monarchique, n'hésitèrent pas à prêter au gouvernement républicain un appui sincère et loyal, à l'instar des républicains du lendemain qui, en France, fournirent au gouvernement du Quatre-Septembre un concours qui, pour être tardif, n'en fut pas moins utile.

Parmi ces républicains à l'état latent, nous pourrions citer, par exemple, MM. Mazzoni, Mauro-Macchi et Tomaïo, anciens sénateurs du royaume, et plus d'un des hommes politiques qui, à la Chambre, siégeaient à gauche, à côté de MM. Cairoli, Crispi et Zanardelli.

S'il est assez facile, comme on vient de le voir, de distinguer la façon dont les personnalités se coordonnent en Italie, il est malaisé, au contraire, de définir les théories en raison desquelles se forment les groupes.

L'esprit public et surtout l'esprit démocratique n'ont pas atteint un degré de maturité suffisant pour préparer l'éclosion de doctrines nettes et claires.

On voit partout s'affirmer des aspirations vraiment libérales; mais il y a une certaine confusion dans les formes diverses que prennent ces aspirations, et il règne une espèce d'anarchie dans les sphères où l'on cultive les maximes républicaines.

La théorie qui se dégage le plus nettement du milieu des données vagues et incohérentes qui fourmillent dans le camp de la démocratie, est assurément la théorie mazzinienne.

Cette théorie tend à concilier l'esprit de conservation avec les innovations qu'entraîne l'établissement du système républicain.

A l'idée religieuse, dont l'éclat doit être soutenu par le culte extérieur et le sarcerdoce, Mazzini substitue la notion d'un Dieu invisible et impersonnel, de qui découle la loi morale, source du progrès infini.

Dieu dans le ciel et le peuple sur la terre, voilà les deux termes de la compréhension de l'univers telle que l'expose Mazzini : Dieu, de qui naît la pensée du perfectionnement infini, et le peuple, à qui appartient l'action qui doit accélérer ce perfectionnement.

Entre le principe divin du monde et l'humanité marchant à la conquête d'un idéal, qui s'embellit à mesure qu'on s'en rapproche et s'éloigne à mesure qu'il s'embellit, il n'y a point d'intermédiaire.

L'homme a la conscience d'une noble mission à remplir, et sa pérégrination dans ce monde n'est qu'une préparation à l'état de perfection qu'il rêve.

Il doit accomplir cette mission en dehors de toute préoccupation matérielle, et il est tenu de n'aspirer à aucune récompense avant d'avoir rempli ses obligations envers ses semblables et envers Dieu, de sorte que le droit n'est pas un attribut naturel de l'individu, mais bien l'équivalent d'un devoir accompli.

Il y a surtout, dans ce système, un instinct de réaction contre la Révolution française, que Mazzini abhorre, et une tentative de retour à la croyance chrétienne, pour laquelle il professe une admiration illimitée.

Mazzini considère l'humanité comme une devant Dieu, et repousse par conséquent tous les privilèges qui peuvent troubler l'union constante entre l'auteur de la loi éternelle et ceux qui doivent la suivre; il renie le trône et l'autel, et il veut que l'homme seul, en communion parfaite avec l'esprit supérieur, s'allie à tous ses semblables dans le principe de la liberté, de l'égalité et de la fraternité, les hommes étant tous frères et Dieu seul régnant sur eux.

En politique, il repousse toute transaction avec le privilège; toutes les conquêtes populaires doivent, jusqu'au jour où la justice sera la souveraine du monde, être accomplies par l'insurrection.

En économie, il dédaigne les formules de l'école française; il admet que le capital et la propriété ne peuvent être que le fruit du travail; mais il ne veut point qu'on corrige l'usurpation par l'usurpation, et il se méfie de toute solution violente.

L'association des travailleurs, voilà le seul moyen légal par lequel il croit que l'on puisse ramener la terre et l'argent entre les mains de ceux qui les rendent productifs par leur labeur.

« Il n'y a pas à nos yeux de révolution purement politique, écrivait-il à un Espagnol, M. Garrigo. Toute révolution doit être sociale, en ce sens qu'elle doit avoir pour but la réalisation d'un progrès décisif dans les conditions morales, intellectuelles et économiques de la société; et comme le besoin de ce triple progrès se fait sentir avec plus d'urgence pour les classes ouvrières, c'est surtout à ces classes que doivent profiter les bienfaits de la révolution.

« Il ne peut, d'autre part, y avoir de révolution purement sociale; la question politique, ou, en d'autres termes, l'organisation du pouvoir dans un sens favorable au progrès moral, intellectuel et économique du peuple est une condition nécessaire de la révolution sociale.

« Le bien, l'amélioration des classes ouvrières ne peuvent venir d'une source impure et corrompue, ni d'un état de choses qui nie, par le despotisme, jusqu'à l'existence même du progrès.

« Le travailleur a besoin de sa dignité de citoyen et d'une garantie de stabilité pour ses conquêtes dans la voie de la liberté.

« Le mot d'ordre de nos temps, c'est *association*, qui doit s'étendre à tous. Le droit aux fruits du travail est le but de l'avenir, et nous devons travailler pour rapprocher l'heure de la réalisation.

« Les associations volontaires, multipliées indéfiniment, outre qu'elles réuniront un capital inaliénable, augmenteront progressivement et attireront, en conséquence, au travail libre et collectif, un nombre chaque jour plus croissant de travailleurs. Voilà ce que j'entends par les deux mots également sacrés que je ne cesse de répéter : *Liberté! Association!* »

Dans la pensée mazzinienne, l'État, émanation directe du peuple, est chargé d'interpréter la loi morale, sous le contrôle du peuple même, qui en est le dépositaire; et l'homme, à qui le bien-être est assuré par le travail et la liberté, par la loi universelle et éternelle, travaille à son perfectionnement en remplissant la mission qu'il a reçue de Dieu.

Dans l'ordre platonique, ce système est admirable; mais il est composé de subtilités philosophiques qui ont séduit quelques intelligences d'élite, mais auxquelles les masses sont demeurées étrangères.

Mazzini a tenu un langage qui ne pouvait pas être compris par le peuple, et c'est là ce qui explique pourquoi, en dépit de la puissance d'organisation qu'il a léguée à son parti, celui-ci dépérit, et que, loin de gagner du terrain, il en perd chaque jour.

Le côté scabreux de la théorie mazzinienne, c'est le côté philosophique. Cette croyance en Dieu, posée comme point de départ de la vérité démocratique et devant servir de base aux institutions politiques, est considérée comme un principe d'intolérance et d'exclusivisme.

Mazzini même a banni du giron républicain ceux qui n'admettent pas l'existence d'un être supérieur. « Quiconque, a-t-il dit dans sa malencontreuse lettre à Quinet, ne croit en Dieu, ne peut être ni un bon citoyen, ni un honnête républicain. » On a voulu atténuer la signification de cette phrase, à laquelle on a opposé des pensées de tolérance que Mazzini a exprimées ailleurs.

Nous voulons bien croire que le plus mauvais service que l'on puisse rendre à un écrivain, c'est de citer une phrase détachée de ses écrits, mais nous croyons aussi que le plus mauvais service qu'un homme risque de se rendre à soi-même, c'est d'affirmer une idée qui, isolée ou non, puisse lui être reprochée.

Toujours est-il qu'au milieu d'une société divisée en deux camps, dont l'un était encore dominé par la superstition catholique, tandis que l'autre, mû par un esprit de réaction, se sentait entraîné vers le matérialisme, la croyance religieuse que Mazzini plaçait au faîte de son système est considérée comme un lien inutile par lequel on voulait de nouveau asservir la conscience tendant à s'émanciper. Cette croyance retarda de beaucoup le développement des théories mazziniennes, et le parti qui avait pris à tâche de répandre ces théories fut pendant long-temps mis au ban de la démocratie, qui posait comme base de tout travail révolutionnaire la liberté d'examen et de la pensée.

Depuis la mort de Mazzini, une heureuse diversion s'est opérée au sein du parti mazzinien, et ceux qui, tout en demeurant fidèles à l'idéal philosophique du grand agitateur, n'ont pas voulu rompre le lien de solidarité qui les unissait aux autres fractions de la démocratie, ont posé comme base de réconciliation l'élimination, dans la politique militante, de toute question religieuse.

M. Campanella est à la tête du groupe qui a fait cette sage évolution, tandis que MM. Petroni et Saffi avec leurs amis sont demeurés strictement attachés à la doctrine mazzinienne dans toute son intégrité.

A côté de l'école mazzinienne, qui représente tout ce qu'il y a de plus méthodique dans l'esprit révolutionnaire, fleurit l'école socialiste, divisée en deux camps, savoir : les internationalistes qui, se plaçant au-dessus des institutions politiques, invoquent les réformes sociales, indépendamment de toute question de forme de gouvernement, et les socialistes doctrinaires qui, tout en posant comme but final la suppression de l'État, admettaient comme nécessité transitoire l'évolution qui de la monarchie devait conduire à la République.

Selon les premiers, qui ont pour organe principal la *Plebe*, de Milan, tout mouvement politique est un mouvement bourgeois et ne peut qu'aboutir à la satisfaction des ambitions et des convoitises d'une caste ; la classe ouvrière doit donc se tenir loin des luttes dans lesquelles elle court le risque de servir d'instrument et de dupe aux ambitieux.

Elle ne doit songer qu'à faire triompher ses droits sociaux par la conspiration et l'insurrection.

L'école socialiste doctrinaire vise aux mêmes résultats. M. Castellazzo, qui est un de ses apôtres, dit : « Un jour viendra où la *sublime anarchie* règnera seule sur les peuples émancipés, moralisés et heureux; ce sera le jour où, à la loi écrite dans les codes, succèdera la loi éternelle que la nature a gravée dans les cœurs en caractères indélébiles, et que la civilisation aura commencée à son tour, en la rendant accessible à l'intelligence de tous. »

Pour atteindre cet état de perfection, la société actuelle est trop corrompue; il faut qu'elle arrive au dernier degré de dissolution, afin que, par un miracle de transformation, elle sorte régénérée de son abaissement.

« Lorsque la corruption s'est emparée de tout le corps social comme une gangrène épouvantable et universelle; lorsque les racines du privilège sont tellement solides et profondes qu'on ne peut songer à les extirper sans ébranler tout l'organisme; lorsque l'atmosphère est imprégnée de miasmes et de vapeurs pestilentielles qui rendent la multitude aveugle et sourde à tout ce que la science pourrait suggérer, il est nécessaire que la société s'effondre et s'empresse de se dissoudre, afin que la vie renaisse de la mort et de la corruption : *Patrescat ut resurgat!* »

Nous citons et n'apprécions pas, car nous faisons un travail d'exposition et non de critique.

Entre ces deux partis extrêmes, les mazziniens et les socialistes, qui sont comme les ailes de la grande armée démocratique, se déroule la phalange garibaldienne.

Indépendamment de ceux qui, au moment de l'action, se détachent des deux écoles opposées pour venir à elle, cette phalange se compose de tous ces éléments populaires, aspirant à un état meilleur sans s'arrêter aux questions de doctrine.

C'est dans ses rangs que se pressaient les fils du peuple qu'animait le souffle éternel de la liberté et qui étaient impatients de respirer l'air brûlant des batailles.

Et en avant de cette grande armée républicaine, que des divergences de principes divisaient, mais dont les divers corps fraternisaient dans l'attente des saints combats, opérait la démocratie parlementaire, qui était comme l'avant-garde de la République sur le terrain officiel.

Cette avant-garde suivait une tactique plus adroite que les corps auxquels elle voulait frayer la voie. Au lieu de prendre la citadelle d'assaut, elle préférait y pénétrer munie d'un sauf-conduit électoral et y manœuvrer ensuite de façon à ouvrir la place.

La démocratie parlementaire, c'est le cheval de Troie introduit dans la forteresse monarchique.

Disons, avant de passer à un autre sujet, que le

parti mazzinien est prédominant dans les Romagnes où, cependant, les internationalistes lui tiennent tête vigoureusement; que, dans les Marches, dans l'Ombrie, en Toscane et dans quelques provinces du Midi, la suprématie est aux socialistes; que la démocratie parlementaire puise ses forces principales en Piémont et en Lombardie, qu'en Vénétie le haut du pavé appartient à M. Mario et aux quelques fédéralistes qui suivent son inspiration, qu'en Sicile ce sont les internationalistes et les mazziniens intransigeants qui se disputent le terrain, et qu'enfin, presque partout, les garibaldiens sont en équilibre avec les autres partis.

Rome est une espèce de champ clos où les diverses écoles se disputent la palme de la victoire.

Telle que nous venons de la voir, la démocratie italienne offrait un tableau attristant et consolant à la fois : attristant en ce sens que, malgré les excellentes facultés qu'elle possédait, elle était en proie à une désorganisation déplorable; consolant parce qu'en dépit de ses discordes, elle apparaissait encore douée d'une grande puissance de reconstitution.

En dehors des divergences qui ne pouvaient disparaître, parce qu'elles reposaient sur des différences de convictions, il y avait bien des malentendus et des équivoques qui entretenaient la mauvaise humeur entre les divers groupes.

Selon nous, la jeunesse républicaine s'est montrée trop impatiente de se soustraire à la tutelle des vétérans de la démocratie. On trouve M. Petroni trop anguleux, M. Saffi trop dogmatique, M. Campanella trop rancuneux, et l'on en prend prétexte pour se méfier d'eux, pour se soustraire à leur autorité, et en un mot, pour les mettre à la retraite.

Pauvre jeunesse égarée, qui oublie qu'il n'y a pas de plus nobles symboles, pour la démocratie, que des fronts ridés par l'étude, des visages amaigris par la souffrance, des dos courbés par l'âge, des cheveux blanchis dans l'exil et des corps mutilés dans les combats!

Il est certain, toutefois, que les chefs eux-mêmes n'ont pas tous fait ce qui était en leur pouvoir pour unifier la démocratie.

Rome, qui a été découronnée par la Révolution, devait être le point de ralliement de tous ceux qui avaient voué leur existence à l'œuvre de l'indépendance.

Par une contradiction dont ils n'avaient pas la conscience, de grands patriotes qui avaient combattu pour l'unité de la patrie ont fait, au contraire, du fédéralisme en pratique et sont allés se reposer à l'ombre de leur clocher.

L'intelligence démocratique étant ainsi disséminée, l'anarchie n'a pas tardé à s'introduire dans les rangs du parti républicain.

Les hommes éminents s'étant absentés pour la plupart, on a vu, pendant quelques années, les médiocrités monter à la surface, et une multitude d'hommes sans autorité et sans valeur s'agiter bruyamment sur la scène politique et se poser en meneurs.

Les sectes aidant, les personnalités les plus audacieuses se sont rendues maîtresses de la situation, et il en est résulté un état de choses équivoque pour tous et plein d'amertume pour les bons patriotes.

Les ambitions prématurées éclatent impunément au milieu de cette situation étrange, les convoitises les plus immodérées sont satisfaites, les réputations les plus compromises sont réhabilitées et les fronts qui portent la trace de souillures récentes sont ceints de couronnes civiques.

On honore beaucoup le succès et peu ou pas du tout le caractère.

Toute ambition est permise à qui sait se rendre sympathique par les génuflexions devant les grands dispensateurs de la popularité, et rien ne vaut chez qui n'a pas le don de plaire à ceux qui ont le monopole de la claque.

Les caractères nobles et les consciences honnêtes s'isolent au milieu ou à côté de cette atmosphère impure où s'agitent tant de passions malsaines, où la vertu est souvent méconnue ou mise en dérision, et où l'intrigue remporte toujours la palme.

Les intelligences élevées dépérissent ou se recueillent là où le vrai talent consiste dans l'audace et où l'on ne peut être estimé sans briguer.

Il en résulte que cette démocratie d'emprunt présente l'image d'un parti qui marche à l'assaut des honneurs et du pouvoir, sans discipline et sans tenue, donnant tous les signes d'une outrecuidance orgueilleuse et d'une cupidité sans bornes, ce qui, en semant l'hésitation et la peur dans les masses, crée envers le parti républicain des défiances invincibles et nuit considérablement à son crédit.

Quelques hommes éminents et influents, qui auraient dû employer toute leur autorité à arrêter ce courant d'immoralité, se sont laissé entraîner à leur tour et ont quelquefois donné l'exemple des compromis par lesquels la démocratie, qui devrait être la gardienne incorruptible de la moralité publique, a ouvert ses rangs à des recrues interlopes qui ne faisaient qu'augmenter son discrédit.

Corruptio boni vira pessima.

Rien n'est de nature à décomposer le sens moral comme le spectacle donné par un grand citoyen lorsqu'il tend sa main pure et sans tache à des hommes réprouvés.

La conscience populaire en est troublée, et du coup son accès est ouvert à la démoralisation.

La démocratie italienne était en proie, il y a dix ans, à de pénibles divisions, ainsi qu'on vient de le voir et semblait donner raison à M. O. Méren lorsqu'il écrivait en 1879 :

« Dans ces conditions, il n'était pas possible qu'il se formât en Italie un parti républicain capable d'assurer les destinées du pays.

« Le caractère du peuple n'a pas été ennobli par ceux que tourmente la généreuse ambition de préparer son émancipation finale ; le joug sacerdotal a disparu, mais la nature populaire, façonnée par l'éducation catholique et bourbonienne, est demeurée presque intacte.

« Or, ce n'est pas sans frayeur que l'on envisageait parfois la probabilité de fonder une République avec une génération qui porte encore l'empreinte de l'ancienne domination.

« Exception faite de la haute Italie, le niveau moral des masses ne s'est pas élevé de beaucoup : le culte des intérêts matériels, l'incontinence de l'orgueil dominent, et la parole des tribuns, loin de blâmer ces instincts anti-démocratiques, semble, au contraire, les caresser.

« Ces sectes ont survécu au passé et se combattent au grand jour avec les armes qu'elles ont aiguisées dans les ténèbres.

« La presse, qui est l'éloquence des partis, est impuissante à remédier à ces maux, pour lesquels, d'ailleurs, elle n'est pas toujours sans complaisance.

« Ceux qui emploient leur plume à répandre la notion de la vérité et à propager les sentiments austères et vertueux, passent leur temps à écrire pour un peuple qui ne lit pas et s'escriment à émanciper un esclave qui ne s'indigne pas trop de sa captivité.

« La presse républicaine succombe, parce que l'idée du sacrifice n'a pas encore porté ses fruits ; c'est ainsi que l'on voit périr de temps en temps les organes du parti démocratique, qui a à sa tête plus d'un millionnaire.

« Nous sommes encore bien loin, par conséquent, des prodiges qu'opérait en France, sous Napoléon, le dévouement populaire pour conspirer la destruction du trône impérial.

« Les journaux républicains meurent d'inanition et ne peuvent point lutter avec les feuilles dont les propriétaires puisent à pleines mains dans le fond des reptiles.

« Il s'ensuit que, n'ayant presque pas d'organe de publicité, le parti républicain n'a point les moyens d'influence nécessaires. »

Nous venons d'esquisser à grands traits les raisons principales pour lesquelles la démocratie, qui s'était rendue si populaire par la Révolution, a eu ses heures de décadence.

Nous avons glissé rapidement sur les sujets qui nous auraient inspiré une sévérité excessive et nous n'avons fait qu'effleurer les points auxquels se rattachent des susceptibilités que la prudence nous conseille d'épargner.

Nous en avons assez dit pour expliquer comment, au milieu d'une société accablée d'impôts, où les jouissances de quelques-uns sont fondées sur la misère du peuple, où, au lendemain même d'une grande Révolution, les abus et les privilèges refleurissent et se reconstituent, la parole chaude et éloquente des tribunes républicaines n'avait pu faire jaillir l'étincelle politique qui allume dans les cœurs l'amour de la vraie liberté.

Mais le mal grandissait, les souffrances s'accumulaient et le levain de la haine commençait à fermenter parmi ceux qui, après avoir été les héros de l'indépendance, en avaient été les dupes ou en étaient les victimes.

Il n'y avait pas de classe proprement dite à qui l'on dût attribuer la faute de l'injustice qui régnait alors ou en qui l'on pût placer l'espérance d'une prochaine délivrance.

Nous avons déjà dit ailleurs que les forces sociales, en Italie, n'étaient pas coordonnées, et c'est là ce qui a retardé le travail du progrès, car l'organisation des classes est comme un crible à travers lequel passent toutes les facultés sociales pour se fondre, par le progrès, dans l'unité démocratique.

M. Ellero a écrit, il y a quelque dix ans, un livre qui fera époque pour retracer l'égoïsme et la puissance d'envahissement de cette classe dominante en Italie, qu'il appelle la *bourgeoisie*.

Tout est vrai dans son livre, sauf le titre.

Il y a un peu de tout dans cette bourgeoisie apocryphe, qui n'est qu'un pseudonyme, derrière lequel se pressent les éléments les plus hybrides et les appétits les plus immodérés.

Il y a des nobles déchus et des plébéiens parvenus, des spéculateurs, des ambitieux, des intrigants et des renégats.

Elle a confisqué toutes les sources de la prospérité matérielle ; elle s'est emparée de tous les foyers de l'activité publique ; et, quel que soit le nom qu'elle prend au pouvoir, c'est elle qui gouverne le peuple et le gouvernement.

Par la police et la bureaucratie, elle tient le pays comme enfermé dans un double réseau de fer ; elle compte ses pulsations, elle mesure sa circulation, elle arrête ses élans, elle suffoque ses aspirations, elle modère ses mouvements, et, peu à peu, elle éteindrait en lui la flamme vitale, si quelque revirement salutaire ne survenait.

Que l'obstination et l'aveuglement qui ont laissé créer cet état de choses disparaissent ; que le patriotisme, dans toute sa pureté, reprenne son empire sur la démocratie, que la vertu inspire de nouveau sa conduite, et l'on verra alors se produire, comme par enchantement, une de ces évolutions qui déterminent parfois le salut des peuples, qu'un errement passager avait conduits jusqu'aux bords de l'abîme.

Au moment même où le livre de M. Ellero

paraissait en Italie, des symptômes dignes d'attention se produisaient.

Les diverses fractions de la démocratie manifestaient des idées d'apaisement et de concorde. Un commencement de rapprochement et de réconciliation s'opérait et, Garibaldi encore vivant, consacrait le désir commun par la fondation de la *Ligue démocratique*.

Des tentatives d'unification avaient été faites quelque temps auparavant : on avait fondé, entre autres, à Rome, le *Circolo republicano*, dont faisaient partie des hommes, jeunes pour la plupart, et appartenant à presque tous les groupes.

Mais, soit que cette tentative fût prématurée, soit qu'il ne se trouvât, parmi les membres du cercle, aucune individualité capable de s'imposer par son énergie et son autorité, toujours est-il que les dissentiments ne tardèrent pas à éclater et que les fractions qui tendent ouvertement au matérialisme et au socialisme furent expulsés du cercle ou se retirèrent.

Ces dissidents ont fondé l'*Association des Droits de l'homme*, qui a gagné beaucoup de terrain, et qui entretient, il faut le dire, avec le *Circolo republicano*, des relations empreintes d'un cachet de fraternité sincère.

Ces deux institutions représentent, à Rome, la démocratie organisée, et c'est à côté, où, si l'on aime mieux, au-dessus d'elle, qu'a surgi la *Ligue démocratique*.

Garibaldi, grâce à l'ascendant qu'il exerçait, avait pu réunir autour de lui les chefs des diverses écoles. Petroni et Castellazzo seuls avaient été oubliés ou s'étaient abstenus.

Garibaldi fit adopter par le comité exécutif de la Ligue un plan de campagne qui devait aboutir à la réforme électorale, à l'abolition du serment politique, à la réforme tributaire, à l'évaluation du patrimoine ecclésiastique respecté par les lois de suppression, à l'abrogation de la loi des garanties, en un mot, à toutes les réformes qui peuvent assurer momentanément le bien-être politique et administratif du peuple.

Ce plan devait être poursuivi sur un terrain légal ; il s'ensuivait qu'une espèce de trêve devrait être conclue entre la démocratie et la dynastie, et que cette trêve durerait tant que ce parti constitutionnel ne contesterait pas au parti républicain le droit d'invoquer le statut pour la réalisation des réformes dont il recherche l'application immédiate.

Ce plan fut adopté, et, pour la première fois depuis longtemps, on vit Alberto Mario et Campanella, Garibaldi et Saffi, Bertani et Bovio, c'est-à-dire matérialistes et spiritualistes, socialistes et mazziniens, fédéralistes et unitaires, s'acharner à la poursuite d'un but identique.

Voici à ce sujet ce que pensait M. Mereu, que nous avons déjà eu l'occasion de citer :

« Est-ce à dire que, dans la composition du comité à qui est confié la direction de la Ligue, on ait renoncé aux errements du passé et l'on ait inauguré une méthode qui soit la négation des traditions auxquelles l'on doit le dépérissement du parti républicain ?

« Nous nous sommes proposé d'être sincère jusqu'au bout, et ne contesterons point, par conséquent, que dans les choix qui ont été faits, on semble avoir voulu tenir compte des droits acquis dans la démocratie par la médiocrité et par l'intrigue.

« Comment croire, en effet, que le parti républicain soit représenté dans toutes ses gradations, là où ne figurent point Petroni et Castellazzo, c'est-à-dire la thèse et l'antithèse, et où, au contraire, s'affirment les personnalités qui, sans être dépourvues de mérite, n'ont pas encore l'autorité nécessaire pour tenir en main les rênes du commandement ?

« On a voulu, sans doute, faire, dans le comité central de la Ligue, une place assez considérable à la jeunesse, qui est un des principaux éléments de succès, et à l'argent, qui en politique comme ailleurs, est le nerf de la guerre.

« Mais il nous semble que la part faite au capital et au zèle ne correspond pas à la mesure dans laquelle ont été exclus le talent, les droits acquis par les services rendus, par les preuves de dévouement données en maintes circonstances, par la fidélité inaltérable aux principes et par la résistance incorruptible aux séductions de toute sorte dont le démon monarchique entoure les hommes de quelque valeur.

« Au demeurant, il n'y a pas à désespérer, et quelque opinion que l'on ait de ceux à qui a été octroyé le soin de diriger la propagande républicaine, il ne faut pas oublier qu'il y a des situations qui effacent l'insuffisance des hommes en engendrant des événements qui les grandissent. Espérons donc que les collaborateurs dont Garibaldi s'est entouré, sauront et pourront se montrer dignes de l'œuvre à laquelle il les a conviés et s'élèveront, au besoin, au-dessus de ses propres égarements et de ses défaillances séniles.

« Quel sera le résultat probable de la nouvelle méthode que vient d'adopter le parti républicain ? Nous ne sommes ni prophète, ni fils de prophète. Mais il nous est permis de souhaiter que, dans le travail de reconstitution qui a été entrepris, la transfiguration morale du parti marche de pair avec sa transformation organique.

« Il faut qu'on ait le courage de jeter à la mer tout ce qui peut compromettre la marche du navire et surtout faire tache sur le pavillon.

« A cette condition, la démocratie a devant elle un brillant avenir et peut rêver le prochain avènement d'un état de choses digne d'elle.

« Dans le cas contraire, la nation ne l'estimera pas assez pour voir en elle le champion de la justice et pour espérer d'elle la renaissance future; en voyant des individualités indignes se faufiler dans ses rangs et des hommes incapables recevoir, par elle, la récompense des honneurs, le pays peut craindre que le triomphe éventuel de la République ne soit ce *Jusque datum sceleri.* »

Nous venons de faire l'exposé succinct des forces démocratiques en Italie telles qu'elles se trouvaient constituées il y a dix ans. Depuis cette époque, les événements dont nous avons fait le récit dans la première partie de cet ouvrage ont fait surgir des hommes nouveaux, qui ont été les démolisseurs de la monarchie italienne et les édificateurs du régime républicain.

Nous aurons l'occasion de parler d'eux plus loin, quand nous aborderons la question de la papauté.

Nous jetterons d'abord un coup d'œil sur les petits États qui existaient en Europe avant la dernière guerre, nous montrerons ce qu'ils étaient, ce qu'ils sont devenus, et le rôle qu'ils sont appelés à jouer dans la grande confédération des Républiques d'Europe.

Supposons que nous soyons en 1870.

Il n'existe alors dans notre système européen qu'un nombre assez restreint de groupes nationaux de second ordre.

Avant ces derniers temps, ils semblaient en voie de se multiplier, car il s'en était produit trois depuis un demi-siècle : la Grèce d'abord, puis la Belgique et enfin la Roumanie ou groupe moldo-valaque, qu'un lien de suzeraineté rattache encore à l'empire turc, mais qui forme néanmoins un corps indépendant.

La constitution de l'unité italienne a supprimé naguère quelques-uns de ces petits États.

La marche audacieuse de la Prusse à travers l'Allemagne vient d'en emporter d'autres.

Si nous laissons de côté l'Italie et l'Allemagne, où l'ancien ordre de choses est plus ou moins détruit, pour faire place à un ordre nouveau, si nous négligeons en même temps les groupes slaves du Midi, dont l'existence est encore mal assise, nous ne trouverons aujourd'hui en Europe que huit petits États : deux au nord, le Danemark et la Suède; un au sud, le Portugal; deux à l'est, la Grèce et la Roumanie; et trois au centre, la Belgique, la Hollande et la Suisse.

Les conditions de ces divers États ne sont pas les mêmes, et comment s'en étonner?

Il est impossible, par exemple, que la Grèce et

la Roumanie, dont l'une date d'hier, et dont l'autre, un peu plus ancienne, est en proie à toutes sortes de difficultés, offrent la consistance et la solidité des autres groupes qui existent depuis de longues années, même depuis des siècles, ou qui, grâce aux éléments qui les constituent, se trouvent doués d'une vitalité énergique.

Mais on peut bien dire de ceux qui sont le moins favorisés, qu'ils ne sont pas au-dessous du milieu dans lequel ils figurent, et que, s'ils ne remplissent pas mieux les devoirs de l'institution politique, relativement aux autres, ils sont en retard de plusieurs centaines d'années.

Ils appartiennent véritablement à une autre époque, et on ne saurait exiger d'eux qu'ils répondent de la même manière aux besoins des populations.

La vie a ses phases pour les peuples comme pour les individus ; il n'y a donc là rien qui doive étonner et qui permette de conclure d'une manière trop rigoureuse contre ces sociétés nécessairement imparfaites.

Quant aux autres États, il est permis d'affirmer qu'ils rivalisent convenablement avec leurs grands voisins, et qu'ils peuvent même parfois leur être préférés, si l'on cherche avant tout l'intérêt de la civilisation ou la satisfaction des besoins de l'humanité.

Le Portugal, par exemple, n'a rien à emprunter à l'Espagne, qui aurait même le droit de lui porter envie.

Nous ne dirons pas que la Hollande, le Danemark et la Suède l'emportent sur l'Allemagne par leurs institutions et leur culture générale; mais on peut assurément les comparer avec elle, et si l'Allemagne s'unit demain sous la main de la Prusse, cette comparaison pourrait bien leur être plus favorable.

Quant à la Belgique et à la Suisse, il faudrait être aveugle pour ne pas reconnaître qu'elles sont, l'une et l'autre, par leurs conditions sociales, comme par l'esprit qui les anime, les dignes voisines de la France.

Ce serait peut-être ici le lieu de passer en revue chacun de ces petits États et de montrer comment ils remplissent leur rôle.

Il ne nous serait pas difficile d'établir qu'ils n'ont pas perdu leur capacité sociale et qu'ils peuvent prétendre légitimement au droit de vivre. Mais une pareille étude nous entraînerait trop loin.

La Révolution fait chaque jour des progrès, et l'heure est peut-être moins éloignée qu'on ne croit où nihilistes et socialistes russes triompheront; leur parti n'est pas abattu par les pertes immenses qu'il subit constamment; il augmente toujours en nombre, en se recrutant d'un côté parmi la jeune génération, et de l'autre en pénétrant toujours plus profondément dans les couches les plus pauvres de la population.

FIN DE LA DEUXIÈME PARTIE

Imprimerie Émile Colin, à Saint-Germain.

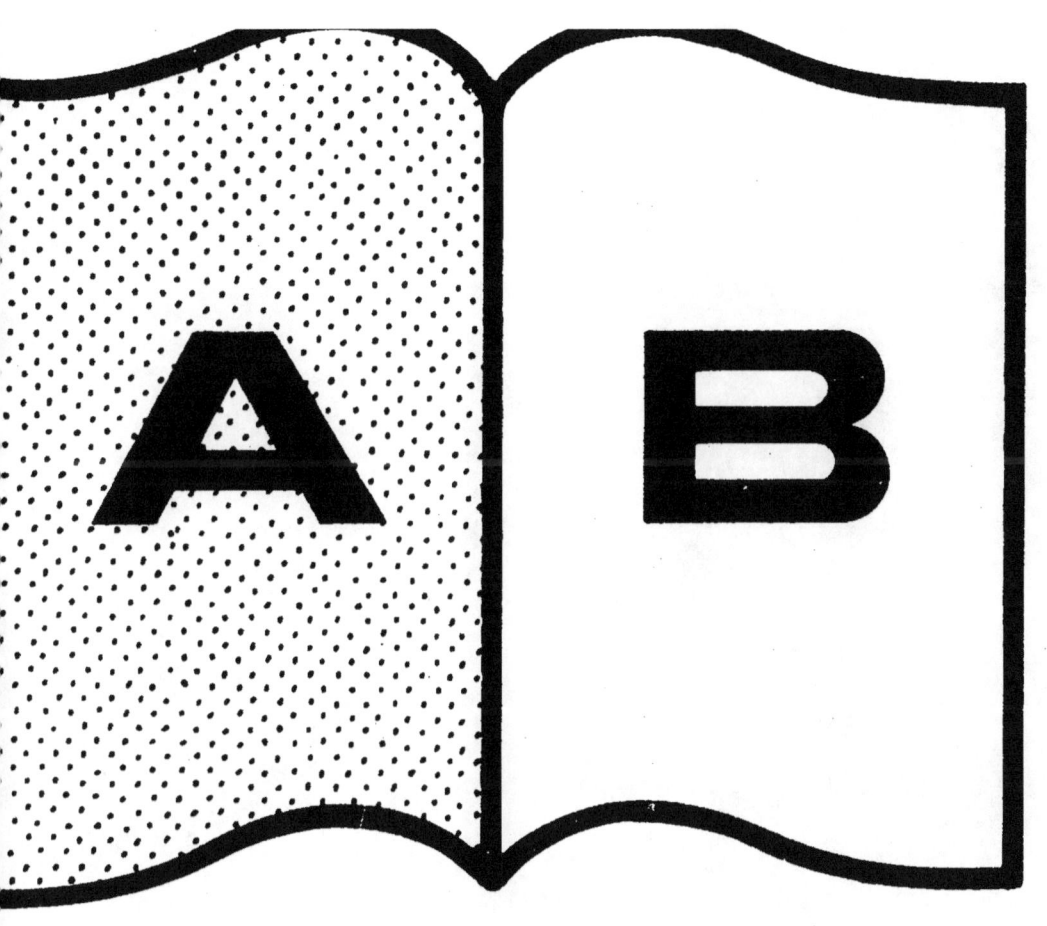

Contraste insuffisant

NF Z 43-120-14

www.ingramcontent.com/pod-product-compliance
Lightning Source LLC
Chambersburg PA
CBHW070908170426
43202CB00012B/2236